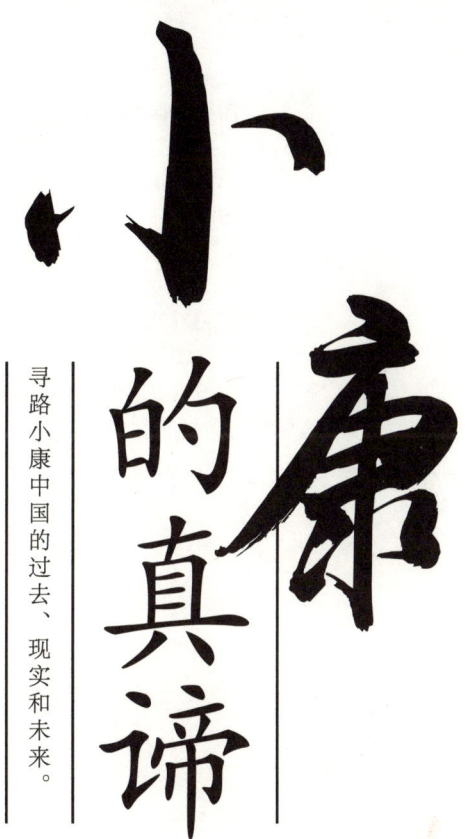

小康的真谛

寻路小康中国的过去、现实和未来。

周锟 著

商务印书馆

图书在版编目（CIP）数据

小康的真谛 / 周锟著. — 北京：商务印书馆，2020
ISBN 978 – 7 – 100 – 19045 – 9

Ⅰ. ①小⋯ Ⅱ. ①周⋯ Ⅲ. ①农村小康建设 — 研究 — 中国 Ⅳ. ①F323.8

中国版本图书馆 CIP 数据核字（2020）第 172917 号

权利保留，侵权必究。

小康的真谛
周锟 著

商 务 印 书 馆 出 版
（北京王府井大街36号 邮政编码100710）
商 务 印 书 馆 发 行
天津联城印刷有限公司印刷
ISBN 978 – 7 – 100 – 19045 – 9

2020年9月第1版　　　开本 710×1000　1/16
2020年9月北京第1次印刷　　印张 19
定价：65.00 元

目录

第一章
20 世纪 70 年代末：
小康目标诞生

克松的巨变 / 2
邓小平与"小康之家" / 7
民亦劳止，汔可小康 / 18
中国式的现代化 / 24

第二章
20 世纪 80 年代：
小康社会启动

小岗村的改革试验 / 32
经济特区传出时代强音 / 41
小康社会理论初成 / 49
正定的改革突破 / 56
改革开放第一案 / 62
小康与从严治党 / 68
精神文明的支撑 / 76
科教的力量 / 83
完成"三步走"的第一步 / 89

第三章
20 世纪 90 年代：
达到总体小康

上海是我们的王牌 / 94
南方谈话定了调 / 103
提前翻两番与"新三步走" / 112
抗洪斗争 / 120
维护港澳繁荣稳定 / 125
克服亚洲金融危机 / 138
总体达到小康水平 / 143

第四章
进入 21 世纪：
全面建设小康社会

农户叶家脱贫路 / 154
全面建设小康社会新目标 / 157
防治非典型肺炎 / 162
科学发展与和谐社会 / 168
"中国制造"经历淬炼 / 182
由又快又好到又好又快 / 193
抗震救灾 / 199
生态文明 / 205

第五章
中国特色社会主义新时代：
全面建成小康社会

合寨的民主步伐 / 210
全面建成小康社会宏伟目标 / 216
共享发展理念 / 222
文化自信 / 228
脱贫攻坚战 / 237
扎实解决三农问题 / 248
保卫绿水青山 / 261

第六章
小康的现实与未来

改革的答卷 / 270
共同富裕的曙光 / 282
实现民族复兴的行动指南 / 290
小康的真谛 / 295

第一章

20世纪70年代末
小康目标诞生

克松的巨变
邓小平与『小康之家』
民亦劳止，汔可小康
中国式的现代化

克松的巨变

达瓦，是西藏自治区山南市乃东区昌珠镇克松社区的居民。2020年，他59岁。按照中国人的传统，今年是他的六十大寿。

尽管自家有8亩农田，但已经租了出去，租金也仅仅收取一些制作糌粑的原料——青稞。如今，住在自家装修精致、设施完善的二层小楼里，达瓦已经卸下了身上的担子，从事着自己热爱的事业。爱好歌舞的他在社区里组建了一个民间艺术团。

克松2012年改为居委会，2017年改为社区，不过，居民们还是习惯称这里为"克松村"。"克松村"的名头很是响亮，因为这里树立着"西藏民主改革第一村"的石碑。

在西藏民主改革以前，这里叫克松庄园，是旧西藏农奴主索康·旺清格勒在山南的六大庄园之一。西藏和平解放后，索康是西藏叛乱的始作俑者，随十四世达赖一起叛逃境外。克松村史馆旁特别保留的3间土坯房，见证着60年前吃不饱、穿不暖的苦难岁月。民主改革前，克松庄园内共有1200多克[①]土地。索康派一个豁堆[②]，住在庄园里全权管理。农奴中又分差巴24户，堆穷35户，还有朗生和差徭50多人，共302人。[③] 作为农奴，除了受到的经济剥削外，更悲惨的是人身奴役。村里的人均寿命只有30多岁。当年，达瓦的父母

[①] 克为旧西藏的计量单位，1克地即1克青稞种子所撒面积，约合1亩。
[②] 豁堆，藏语音译，意为农奴主庄园的代理人。
[③] 在旧西藏，农奴分为差巴、堆穷和朗生三种人。差巴，意为支差者；堆穷，意为小户；朗生，意为奴隶。

都是克松庄园里的差巴。

1959年，在中国共产党的领导下，西藏开始实行平叛和民主改革。当年7月5日，克松成立了西藏第一个村级农民协会，分得土地1696亩，成为西藏第一个进行民主改革的村庄。12月2日，克松村发展了5名党员，建立了西藏第一个农村党支部。达瓦的父母分到了土地，过上了真正属于自己的生活，有了土地才养活了达瓦和他的7个兄弟姐妹。随着社会主义新型生产关系的确立，加之新式农具的推广和大力兴修水利，克松村的农业生产迅速增长。克松群众的生活条件也得到了极大的改善。

不过，在20世纪70年代末小康目标提出的时候，克松还是一个贫困的村落。1978年，克松村村民第一次有了现金收入，并且用上了电，但人均收入只有270元。

对来之不易的土地，达瓦的父母看得很重，从小就要求达瓦和他的兄弟姐妹除了种地什么也不能干。达瓦理解父母的心情，可他也有自己的小心思。

1984年，克松村实行家庭联产承包责任制。1986年，达瓦贷款购买了一辆手扶拖拉机，用于提高耕种效率。农闲时，他还通过运输建材赚钱，很快还上了所有贷款。再后来，达瓦又购买了中巴车、出租车跑起了客运。往返于城乡之间，达瓦发现很多游客到了克松村却没有地方吃饭，就又陆续开了饭馆和商店，日子越过越红火。

达瓦的经历在克松并非个例。位于城郊的地理位置和后天生成的红色基因，便于克松发展城郊经济和旅游文化产业。在正确的指导下，居民们也确实抓住了良机。1988年，克松人均收入增加到508元。到1998年，则达到1587元，90%以上村民的肉食、酥油达到了自给，不少农户用上了液化气灶。村里还修了水塔，喝上了自来水，创建了合作医疗室。95%的农户修了旱厕，全村所有农户都修建了新房，多的修建过三四次。除了专门留下的3间土坯房，民主改革前的老房子已经看不到了。

2008年，克松人均收入达到6380元，随后这里更是发生了翻天覆地的变化。在政府的资助下，不仅修建了西藏民主改革第一村陈列馆，还建起了80余座温室大棚。

2013年，居委会通过土地流转，集体种植青饲玉米213亩。同时，积极探索土地集中连片规模经营的模式，通过与相关公司洽谈，签订收购协议，为群众每亩地创收3000多元。

2014年，克松人均收入超过13000元，居委会经济总收入为2041.6万元。而且这一年，在"小康示范村"建设资金的帮助下，克松人重修了村大门、民主大道、村委会办公楼、群众文化活动中心，村容村貌上了一个大台阶。

2017年，克松被确定为自治区级生态村，全社区17户贫困户实现脱贫摘帽，迈上了全面建成小康社会的康庄大道。2018年，克松社区人均收入达17620.9元，经济总收入2988.21万元。

克松共有4个居民小组，242户，872人，耕地面积1578.9亩，在2017年就有115户拥有各类车辆，而今农机化作业率更是达到了100%。[①] 每到青稞成熟的季节，农田里机器轰鸣。社区的8台收割机、4台翻地机，无偿供群众使用，春播秋收的极度辛劳一去不复返。除农业外，居民收入来源还有交通运输业、外出务工、小型生产经营合作社等，日益多元化的收入来源也为克松人的富足生活提供了有力保障。

---

① 以上数据均来自中国西藏网。

2019年,达瓦和他的艺术团走进了西藏山南雅砻文化节,把自己的爱好带到了面向世界的舞台上。尽管只有小学文化,但达瓦靠着跑运输和做生意赚的钱,供出了两名大学生,唯一没有上大学的二儿子也子承父业跑起了客运。这一年,达瓦家人均可支配收入达到3万元,早已行进在小康路上。

如今,克松人有敞亮舒适的住宅,种菜有大棚,种地有机械,家家通电通自来水,条条硬化路通到田间地头,公交车开进社区,宽带网络入户,通信网络、广播电视100%全覆盖,太阳能路灯、健身器材等设施基本完善,以现代商贸、旅游、通信等为重点的第三产业迅速发展,实现了几代人梦寐以求的小康生活。除了60年前"一块红色的土地"的荣誉、"西藏民主改革第一村"的石碑,40年来克松又多了"军民共建小康示范村"和"生态文明小康示范村"的牌匾。居民庭院中的格桑花,与院子外面的沙棘树相映成趣。不远处,新种下的1万多棵树苗已经茁壮成长起来。克松由红色、金色和绿色交织的小康之路,正在谱写新的篇章。

十二届全国人大常委会副委员长向巴平措说:"作为后发展地区,克松的小康,表明在条件较好的东部、中部地区普遍达到小康后,中国更广大的地区摆脱了贫穷。"[①] 克松的小康,可以说是西藏小康社会建设、中国小康社会建设的一个缩影。

共同生活在这片热土上的人们,早就体会到中国小康引发的巨变。从黄土高坡到白山黑水,从蒙古草原到南海之滨,千千万万的中国人不由感叹,曾经刻骨铭心的饥饿和短缺一去不复返,一个繁荣兴旺的国度就在眼前。

---

① 向巴平措采访记录,2010年。

共同生活在一个星球上的人们，也能感受到小康中国带来的变化。当世界开始谈论如何与一个和平崛起的中国相处的时候，人们难免疑惑，40多年前才告别内乱、走出封闭的中国，靠什么创造了历史奇迹？

改变了中国命运和世界格局的小康，到底是什么？

从理论到实践，小康的真谛，就包含在一系列的事实之中。

邓小平与"小康之家"

在中国,很多地方都有观音寺,在日本也一样。日本还有一座城市,就叫观音寺市。

观音寺市,位于日本四国地方香川县的西端,西临濑户内海,南面隔着赞岐山脉与德岛县相邻。尽管这里有著名的太鼓台祭,但来自中国的旅游者还是很少将观音寺市作为目的地。

讲中国的小康故事,为什么要提到日本的这座小城呢?

小康,无疑非常富有中国特色,但它的产生,既立足于中国的实际,也来自于全球的视野。

在观音寺市,日本第68、69任内阁总理大臣(首相)大平正芳的墓静静矗立,他也是这座城市的标志性人物。1988年8月26日,邓小平会见日本首相竹下登,在回顾提出小康目标的过程时说:"提到这件事,我怀念大平先生。我们提出在本世纪内翻两番,是在他的启发下确定的。"①2018年12月18日,在庆祝改革开放40周年大会上,党中央、国务院向十位国际友人颁授中国改革友谊奖章,其中也包括大平正芳。他被称赞为"推动中日邦交正常化、支持中国改革开放的政治家"。

大平与中国的小康又有什么样的联系?这要从日本的现代化说起。

二次大战结束以后,日本为侵略战争付出惨重代价,国家被美国占领,城市、工厂被炸成一片废墟,战争债务和赔款让财政捉襟

---

① 《邓小平年谱(1975—1997)》(下),中央文献出版社2004年版,第1243页。

见肘。

然而，就是这样一个基础薄弱、资源缺乏的国家，从1955年开始，在"经济现代化"的口号下，实现了长达20年的高速经济增长，1968年成为世界第二经济大国，创造了现代化的奇迹。

1960年池田勇人内阁提出《国民收入倍增计划》，用十年内增加国民收入一倍的目标，吸引人们从政治纷争转入经济建设，极大地促进了现代化进程。

大平正芳作为内阁官房长官，是大政方针的实际制定者之一。他负责拟订了以这个计划为基础的池田内阁新政策体系，将池田的设想具体化，在日本现代化中扮演了重要角色。

近邻日本的现代化，对中国当然是一个极大的刺激。中国1978年重提十多年前的目标，到20世纪末要实现农业、工业、国防、科技四个现代化，赶上世界先进水平。

1978年一年当中，中国共产党和中国政府就派出各种代表团529个，人数达3200多人，其中包括12位副总理、副委员长以上级别的领导人，先后20次访问了51个国家。国门外的变化让我们大吃一惊。赴欧洲五国考察团成员、时任水利电力部部长的钱正英回忆："记得到西德的当天晚上，我国驻西德大使张彤就在使馆给我们放了一个西德的纪录片，描写德国战败后经济从破败到复苏的过程。当时柏林城乡都是一片废墟，人民无以为生。到战后70年代的时候，已经完全恢复发展了。这个纪录片我一直到现在都印象很深。我感觉这几十年，欧洲国家发展很快，对我们非常震动。那个时候感觉我们同西方国家的差距在20年以上。"[①] 这一年，带着对中国

---

① 钱正英采访记录，2008年。

应该怎样发展、怎样赶上世界潮流的战略思考，邓小平也频繁出国考察，上半年访问了缅甸、尼泊尔、朝鲜，下半年访问了日本、泰国、马来西亚、新加坡。这是他一生中出国次数最多的年份。

这一年的10月19日，邓小平前往日本进行了为期10天的访问。26日，他乘新干线"光—81号"超特快列车前往文化古城京都进行访问。在火车上，应日本记者之请谈对新干线的观感时，邓小平说："就感觉到快，有催人跑的意思，我们现在正合适坐这样的车。"①

时任中国外交部亚洲司日本处副处长的王效贤是邓小平访日的随行人员，她回忆道："他（邓小平）说你看，人家安排日程，都是几分几秒到几分几秒干什么。我们安排日程，上午一个，下午一个，说像我们（这么）慢吞吞的，我们搞不了建设。"②

访日期间，邓小平每天的行程排得很满，开记者会，参观企业，会见日本客人，他要求随行人员要学习日方的时间观念，随行人员一时不适应，还闹出了一个小插曲。王效贤回忆："每天他（邓小平）出发都是非常准时的，他是分秒不差的。有一天，我们的一位局长来晚了，也就来晚了几秒钟。他一到马上就得开车，他一到，车就开了，差了一步没赶上。所以就挨批了，不能这样慢吞吞，我们一定要学人家。"③

把百废待兴的中国尽快地提升到世界领先水平，邓小平的心情比任何时候都要急切。他在日本发表演讲时说："中国人民决心在本世纪内把中国建设成为社会主义的现代化强国。我们的任务是艰巨的。我们首先要靠自己的努力，同时我们也要学习外国的一切先

---

① 《邓小平年谱（1975—1997）》（上），中央文献出版社2004年版，第413页。
②③ 王效贤采访记录，2013年。

进经验和先进技术。"① 在参观日产汽车公司座间工厂时，邓小平了解到公司每个工人每年能生产汽车 94 辆，而我国最先进的长春第一汽车制造厂每个职工只能年产 1 辆汽车，他坦承："我懂得什么是现代化了。"② 而回答日本记者有关中国现代化的问题时，邓小平充分表现了他的坦率、务实和开放，他说："这次到日本来，就是要向日本请教。我们要向一切发达国家请教，向第三世界穷朋友中的好经验请教。世界在突飞猛进地发展，要达到日本、欧美现在的水平就很不容易，达到 22 年后本世纪末的水平就更难。我们清醒地估计了困难，但是树立了雄心壮志，一定要实现现代化，这就要有正确的政策，就是要善于学习，要以现在国际先进的技术、先进的管理方法作为我们发展的起点。首先承认我们的落后，老老实实承认落后就有希望，再就是善于学习。本着这样的态度、政策、方针，我们是大有希望的。"③ 时任大平正芳秘书的森田一评价："邓小平先生肩负全中国的责任，经营管理中国，他是以这样一种气魄来与我们谈话的，他从整个国家的角度来进行谈话。"④

为了求取"真经"，邓小平拜访的"老师"，不仅仅是日本。1978 年 11 月 12 日，邓小平在结束对马来西亚的访问后，抵达新加坡，进行为期两天的正式访问。新加坡前总理李光耀曾回忆：当他（邓小平）来到新加坡，他很吃惊，我们有西方资本的公司，美国的、日本的、欧洲的，在这里做生意，用我们的人，我们的毕业生，我们的技术人员，制造出口产品。但是，我们从中得到税收，通过他

---

① 《邓小平年谱（1975—1997）》（上），中央文献出版社 2004 年版，第 410 页。
② 李岚清：《突围——国门初开的岁月》，中央文献出版社 2008 年版，第 58 页。
③ 李岚清：《突围——国门初开的岁月》，中央文献出版社 2008 年版，第 58—59 页。
④ 森田一采访记录，2013 年。

们的工作,我们能够建设邓小平所说的美丽的花园城市国家,人人都开始有自己的家。邓小平则对中国驻新加坡机构的负责人说:"我们穷,为什么要讲排场呢?本来穷,就别摆富样子,好起来再说。""我在日本说,本来长得很丑,为什么要装美人呢?苏联就吃这样的亏,自以为什么都是自己的好,其实农业、技术都很落后,结果是自己骗自己。我们的框框太多了,一下子要改过来不容易。""可派人出来看看,学人家是怎么搞的。大家要开动脑筋,有的人总认为自己好。要比就要跟国际上比,不要与国内的比。"①

1979年1月1日,中华人民共和国和美利坚合众国在互相隔绝30年之后建立了两国政府间完全的外交关系。邓小平接受美国总统卡特的邀请,于1月28日到2月5日访问美国,在全世界掀起了"邓小平旋风"。

邓小平访美之行,大致可以分为两个阶段:自1月28日抵达,在华盛顿的4天时间,是前半程,以政治磋商为主。邓小平与美方进行了一系列重要会谈,出席了一系列重大活动,取得了一系列重要成果,极大地推动了中美关系向前迈进,从而也改变了世界格局。2月1日到5日,是后半程,以科技经济考察为主。他连续造访佐治亚州、得克萨斯州和华盛顿州,为中国的巨变打下了深刻伏笔。

邓小平科技经济考察之旅的第一站是福特公司在亚特兰大的汽车装配厂,福特董事长亨利·福特二世专程从底特律总部赶来,全程陪同。

在这里,邓小平参观了约一个小时。他乘坐电动汽车,从一个厂房到另一个厂房,听取有关操作介绍,前后逗留4个地方,还与

---

① 《邓小平年谱(1975—1997)》(上),中央文献出版社2004年版,第429页。

工人进行了交谈。据工人们回忆，邓小平用英文向他们问好，和他们握手，"他的手很软，但很有力"。邓小平问他们，是否喜欢这个工作，工作时间和工资情况。工人后来对媒体说："他真是一位友好的人。我很抱歉，当时竟然忘记对他讲些美好的话。"

当工人们为邓小平的到访兴奋不已时，邓小平的心情却并不轻松。邓小平看到的是福特LTD型汽车装配生产线的作业，全部工程由计算机控制，每小时可生产50辆这种类型的汽车。据统计，当时福特公司一个月的产量相当于中国所有汽车企业一年产量的总和。

实事求是地承认差距，所谓："穷且益坚，不坠青云之志。"参观临近尾声的时候，邓小平当众讲话。他称赞福特汽车公司的先进技术，表示中国将向美国学习。同时他也说道，中国需要发展汽车工业，并且20年后将见到成绩，中国将通过建设四个现代化成为世界工业强国。这段预见性的讲话，在当时很多美国专家看来不切实际，其中就包括美国著名的未来学专家、《大趋势》一书的作者约翰·奈斯比特。他曾回忆说：他的发言对当场的大多数美国人，包括我来说，都是不可想象的。但是，日后中国的发展证明，邓小平此言绝非虚妄。2009年，约翰·奈斯比特访问中国时提起1979年的往事，力赞邓小平：他的预言现在已经成真，看来他才是真正伟大的预言家。

2月2日，邓小平抵达休斯敦。欢迎仪式后他就马不停蹄地赶往此行最重要的高科技考察项目——美国国家航空和航天局。其全名为"林登·贝恩斯·约翰逊太空中心"，设立在休斯敦市南面的一个湖畔，美国第一艘宇宙飞船就是从这里升空的。

在"太空中心"，邓小平对宇航馆内的各种设施都表现出很大的兴趣。中心主任克里斯托弗·克拉夫特博士负责引导，边走边向邓小平介绍美国宇航历史。邓小平参观了宇航船"阿波罗17号"的指令舱、月球车、登月机器等复制模型，会见了美国首批宇航员之一的约翰·格伦，并且登上航天飞机模型座舱进行模拟飞行，迟迟不愿意下来。他在这里度过了3个小时，不厌其烦地询问了大量的问题，并且与宇航局的工作人员共进午餐。在场的人都能感受到邓小平对航天事业的重视。

2月3日上午，是邓小平在休斯敦的最后一段行程，10点钟，他前往休斯工具公司参观。邓小平戴上专业的护目镜，参观了实验和生产钻头等器材的车间。他细听每一件器材的性能描述和有关数字，尤其详细地询问了价钱。邓小平还亲自视察了即将运往中国的25套采油器材，并仔细观看其中一枚送给他的钻油井用钻头，这是他访美期间收到的技术含量最高的一件礼品。回国后，他将这枚钻头交给国务院副总理兼国家经委主任康世恩。

2月4日下午3点半，邓小平来到西雅图以北的埃弗里特，波音747飞机装配厂。波音公司的飞机盘旋于西雅图的低空，拖着一条大长幅："热烈欢迎邓小平！"邓小平参观了11个工作流程车间中的6个。在巨大的飞机装配车间里，邓小平观看一架接近完工的巨型喷气式客机着陆排挡的操作测试。在厂房外面，他还登上一架已出售并准备起飞的巨型喷气式客机参观。波音公司是世界上规模最大的飞机制造公司，它从世界各地的2200多家供应商进口飞机零件，生产过程的绝大部分受计算机控制。邓小平参观的工厂占地就达2亿平方英尺，其制造技术世界领先。结束时，邓小平表示："看到了一些很新颖的东西。"[1]

---

[1] 《邓小平年谱（1975—1997）》（上），中央文献出版社2004年版，第485页。

访美 9 天，邓小平出席了近 80 场会谈、会见等活动，参加了约 20 场宴请或招待会，发表了 22 次正式讲话，并 8 次会见记者或出席记者招待会，美国人第一次近距离领略了新中国领导人的风采。通过访美之行，邓小平为中国打开了全新的外交局面，为保障国家安全、争取和平的外部环境创造了良好条件，有利于国内建设的顺利开展。更为重要的是，邓小平进一步了解了世界现代化建设的实际情况，大大丰富了其改革开放的设计蓝图。

在美国和日本等高度现代化发达国家的所见所闻，深深触动了邓小平。邓小平深切地感受到了中国与世界的巨大差距，更清楚地看到了在中国实现现代化的艰难。一贯讲究实事求是的邓小平，又在深入思考中国式现代化的道路。他在反复地思考，反复地比较，反复地计算，看到我们跟日本、美国、欧洲这些发达国家的差距。在这个基础上，他对中国的四个现代化做了一个重要的调整。

1979 年 12 月 6 日，大平正芳以日本首相身份访华，邓小平会见了他。

这是他们的第三次见面。1978 年 10 月邓小平访日时，就特意拜会了时任自民党干事长的大平正芳，并对他说："一九七二年阁下和田中前首相一起访华，实现中日邦交正常化，为发展中日关系开辟了道路。签订了中日和平友好条约，我们要感谢福田首相的决断，同样也要感谢田中前首相和大平前外相。"[①]1979 年 2 月，邓小平访美归程，大平已担任日本首相，邓小平又专程到日本会见了他。邓小平盛赞，大平是日本屈指可数的可以信赖的政治家。

这次两位老朋友重逢，都十分高兴，非常亲热，紧握的双手迟

---

① 《邓小平年谱（1975—1997）》（上），中央文献出版社 2004 年版，第 408 页。

迟不肯松开。

此时，中国的现代化雄心，也引起了日本的极大关注。中国能用二十几年时间赶上日本？人们的普遍反应是不相信。这种心情也直接影响着日本对中国投资和开展合作的信心。

作为亲历日本现代化的行家，大平正芳对中国23年实现"四个现代化"也不相信。因此谈话一开始，他就向邓小平提出了两个日本国内议论较多的问题："中国根据自己独自的立场提出了宏伟的现代化规划，要把中国建设成伟大的社会主义国家。中国将来会是什么样？整个现代化的蓝图是如何构思的？"大平正芳问这些问题，也是有特殊含义的。他知道中国当时的状况，说用20年的时间就能达到世界强国的水平，这个目标显然是不切实际的。如果邓小平的回答空而无物，他也要重新评估与中国合作的风险。

对此，邓小平略作思考，回答道：

> "我们要实现的四个现代化，是中国式的四个现代化。我们的四个现代化的概念，不是像你们那样的现代化的概念，而是'小康之家'。到本世纪末，中国的四个现代化即使达到了某种目标，我们的国民生产总值人均水平也还是很低的。要达到第三世界中比较富裕一点的国家的水平，比如国民生产总值人均1000美元，也还得付出很大的努力。就算达到那样的水平，同西方来比，也还是落后的。所以，我只能说，中国到那时也还是一个小康的状态。"[①]

[①] 《邓小平文选》第2卷，人民出版社1994年版，第237页。

邓小平的这一重要表述却令当时担任翻译的王效贤非常为难，她说："当时给我愣住了，小康社会我没想过啊，我也没听过这词儿，怎么翻呢？我翻不出来。"① 还好她的反应很快："日本和中国有个方便的地方，因为小康都是中国字嘛，我用日文一念，念过去了，念过去，我就看着大平他能不能听懂，他会不会，皱眉头听不懂。我一看他笑了，他听懂了。因为，日本也有小康这词。什么叫小康呢？就是人病重康复期间，叫小康状态。"②

邓小平说明了，中国20世纪末的现代化，只是达到不穷不富的生活状态，远达不到强国水平，与日本相比还差得远。

另一方面，邓小平开始勾画中国式现代化的明确目标，那就是人均国民生产总值翻两番，从250美元达到1000美元，人民生活达到小康。

大平正芳听懂了"小康"一词，他对邓小平说，祝您和中国人民早日"小康"。大平正芳在这次访华半年后不幸辞世。邓小平前往日本驻中国使馆吊唁，并在留言簿上题词："大平先生是一个卓越的政治家，他为发展中日两国关系，作出了重要的贡献，我们永远铭记着他。"③ 他还对日本外相伊东正义表示："大平先生的去世，使中国失掉了一位很好的朋友，对我个人来说，也是失掉了一位很好的朋友，感到非常惋惜。尽管他去世了，中国人民还会记住他的名字。"④ 后来，邓小平在会见日本客人时曾多次提到，"小康"是大平正芳首相考他以后，他才想出来的一个词。

就是这个词，成为影响中国和世界此后几十年命运的重要设想。

---

①② 王效贤采访记录，2013年。
③ 《邓小平年谱（1975—1997）》（上），中央文献出版社2004年版，第647页。
④ 《邓小平年谱（1975—1997）》（上），中央文献出版社2004年版，第670页。

大平首相的启发、世界先进水平的激励是一个方面，但立足于中国的实际情况，邓小平关于"小康社会"的思考其实早已开始，并且经历了艰辛的探索。

民亦劳止，汔可小康

用"小康"来定位一个时期中国现代化建设的战略目标，是把现代社会价值观与传统社会理想结合起来的睿智创造。

"小康"的概念最早出现在《诗经·大雅·民劳》："民亦劳止，汔可小康。惠此中国，以绥四方。"在历朝历代的文献中，对其有不少的描述，含意也多有变迁，但可以确定的是，"小康"一词自诞生时起，就反映了长期处于贫困状态的中国老百姓，对于美好生活的向往。小康目标今天看来似乎没有什么神奇，就像邓小平说的："中国历史上有'小康之家'的说法。小康社会就是还不富裕，但日子好过。就我们来说，目标定得低一点有好处。目标定低一点是为了防止产生急躁情绪，避免又回到'左'的错误上去。"[1] 然而，在中国现代化的探索中，这又是一个付出重大代价、来之不易的成果。

实现现代化，是几代中国人的梦想。中华人民共和国成立后，特别是随着社会主义基本制度在中国的建立，中国共产党和中国人民开始了建设社会主义现代化的伟大历程。

1953年，随着各项社会改革完成和国民经济迅速恢复，我国进入大规模经济建设时期。当年9月，党中央提出过渡时期总路线，指出："要在一个相当长的时期内，逐步实现国家的社会主义工业化。"[2] 1954年6月，毛泽东在《关于中华人民共和国宪法草案》

---

[1] 《邓小平年谱（1975—1997）》（下），中央文献出版社2004年版，第1243页。
[2] 《建国以来重要文献选编》第4册，中央文献出版社1993年版，第495页。

的讲话中提出，用"三个五年计划，即十五年左右"的时间，为社会主义工业化打下一个基础。①9月，周恩来在第一届全国人民代表大会第一次会议上所做的《政府工作报告》中提出，建设"强大的现代化的工业、现代化的农业、现代化的交通运输业和现代化的国防"②。这是我们首次提出"四个现代化"的战略目标。

1956年，在党的八大前夕，毛泽东提出中国社会主义现代化建设分两步走的构想：第一步，用三个五年计划的时间实现初步工业化。第二步，再用几十年的时间接近或赶上世界最发达的资本主义国家。③八大期间，他把第二步的时间明确为五十年到一百年。④八大把"四个现代化"目标写进《中国共产党章程》，提出"使中国具有强大的现代化的工业、现代化的农业、现代化的交通运输业和现代化的国防"。

自20世纪50年代末开始，我们在指导思想上逐渐陷入"左"的泥潭，在经济建设上不切实际地提出"超英赶美"的口号，"大跃进"和人民公社化运动使国民经济遭受严重损失。经过纠"左"和调整，到1963年，党对社会主义现代化建设目标和发展步骤的判断回归八大的正确认识。这年9月，中央工作会议明确提出分"两步走"，实现四个现代化的发展战略：第一步，用15年时间，建立一个独立的、比较完整的工业体系和国民经济体系，使我国工业体系大体接近世界先进水平；第二步，用50年到100年时间，使我国工业走在世界前列，全面实现农业、工业、国防和科学技术的现代化，使我

---

① 《毛泽东文集》第6卷，人民出版社1999年版，第329页。
② 《周恩来选集》（下），人民出版社1984年版，第132页。
③ 《毛泽东传（1949—1976）》（上），人民出版社1999年版，第350页。
④ 毛泽东会见南斯拉夫共产主义者联盟代表团时的谈话记录，1956年9月24日。

国经济走在世界前列。从而形成了关于"四个现代化"的完整表述。

把科学技术现代化作为四个现代化之一,反映了毛泽东和党中央对当时世界生产力发展大势的正确判断。20世纪50年代以后,新科技革命逐渐成为解放和推动生产力发展的主动力。美国、联邦德国、日本等在新科技革命的推动下,经济步入高速发展期。美国从1961年1月到1969年10月,经济连续增长106个月,被称为"繁荣的十年"。日本从1955年至1960年,经济年均增长8.5%,1960年至1965年为9.8%。联邦德国从1951年到1971年的20年间,国内生产总值增加了5倍多,是除日本之外发展最快的西方国家。毛泽东和党的其他领导人看到了中国在经济和科学技术上同西方发达资本主义国家之间的巨大差距,对现代化的发展目标和战略的考虑更加务实和全面。1964年12月13日,毛泽东强调:"我们不能走世界各国技术发展的老路,跟在别人后面一步一步地爬行。我们必须打破常规,尽量采用先进技术,在一个不太长的历史时期内,把我国建设成为一个社会主义的现代化的强国。"[①]12月21日,周恩来在三届全国人大一次会议上,正式向全党和全国人民宣布了"四个现代化"目标和分"两步走"的发展战略:"今后发展国民经济的主要任务,总的说来,就是要在不太长的历史时期内,把我国建设成为一个具有现代农业、现代工业、现代国防和现代科学技术的社会主义强国,赶上和超过世界先进水平。""我国的国民经济发展,可以按两步来考虑:第一步,建立一个独立的比较完整的工业体系和国民经济体系;第二步,全面实现农业、工业、国防和科学技术的现代化,使我国经济走在世界的前列。"[②]

---

① 《毛泽东文集》第8卷,人民出版社1999年版,第341页。
② 《周恩来选集》(下),人民出版社1984年版,第439页。

"文革"的爆发使党的工作重心转向"以阶级斗争为纲","四个现代化"和"两步走"的发展战略刚开始实施就被迫中断,我国社会主义现代化建设遭受十分严重的破坏和损失。据统计,1967年到1969年动乱最严重的三年中,我国经济建设已经陷于停顿和倒退。[①]而同时期,在新科技革命的推动下,日本、美国和欧洲发达国家的经济持续高速发展,中国周边原来一些比较落后的国家和地区,如韩国、新加坡、中国香港、中国台湾等,也抓住机遇实现了经济腾飞。

　　"文革"后期,面对国民经济的严重局面,毛泽东和党的其他一些领导人把注意力转移到经济建设上。1974年11月,毛泽东做出"把国民经济搞上去"的指示。[②]1975年1月,周恩来在四届全国人大一次会议上重申"四个现代化"目标和"两步走"发展战略:"第一步,用十五年时间,即在一九八〇年以前,建成一个独立的比较完整的工业体系和国民经济体系;第二步,在本世纪内,全面实现农业、工业、国防和科学技术的现代化,使我国国民经济走在世界的前列。"[③]这给正在经受动乱之苦的全国人民以极大的振奋,使人们看到了国家由乱到治的希望。

　　不久,经毛泽东批准,复出的邓小平代替病重的周恩来主持国务院工作。他全力领导了以经济领域为主的全面整顿,同时也对20世纪内实现"四个现代化"的目标做了务实的思考。1975年4月,邓小平对美国众议院议长卡尔·艾伯特、众议院共和党领袖约翰·罗兹等人说:"我们这个国家还很落后。我们也有一些雄心壮志,看

---

① 《中国十个五年计划研究报告》,人民出版社2006年版,第286页。
② 《毛泽东思想年编(1921—1975)》,中央文献出版社2011年版,第951页。
③ 《周恩来选集》(下),人民出版社1984年版,第479页。

能不能在二十世纪末达到比较发展的水平。所谓比较发展的水平，比你们、比欧洲的许多国家来说，还是落后的。我国人口多，有八亿人，人均国民收入还是很低的。"①6月，他在会见以尤金·帕特森为团长的美国报纸主编协会代表团和美联社董事长保尔·米勒时也谈道："所谓现代化水平，就是接近或比较接近现在发达国家的水平。当然不是达到同等的水平。在这个时期内还办不到，因为中国有自己的情况，首先是人口比较多。但还有二十五年的时间，我们有信心达到比较接近通常说的西方的水平。"②

邓小平在与"发达国家的水平"的动态比较分析中揭示了实现"四个现代化"目标的艰巨性。1975年9月15日，他在讲话中提出："二十五年来，在农业方面，我们由过去旧中国的半饥饿状态做到了粮食刚够吃，这件事情不可小视，这是一个伟大的成绩。在工业方面，我们也打下了一个初步的基础。但是，我们应该有清醒的头脑，尽管有了这个基础，但我们还很穷、很落后，不管是工业、农业，要赶上世界先进水平还要几十年的时间。所以，我们说形势好，有希望，大有希望，但是，头脑要清醒，要鼓干劲，不仅路线要正确，而且要政策正确，方法正确。"③他既看到了"四个现代化"建设的艰巨性，又具有实现这一雄心壮志的坚定信心。但在系统纠正指导思想上的"左"倾错误之前，我们不可能集中精力进行现代化建设。不久，邓小平又一次被打倒，整顿被迫中断，现代化进程再次遭受严重挫折。

对社会主义现代化建设道路的探索，既有成功的经验，也有惨

---

① 《邓小平年谱（1975—1997）》（上），中央文献出版社2004年版，第30页。
② 《邓小平年谱（1975—1997）》（上），中央文献出版社2004年版，第53页。
③ 《邓小平年谱（1975—1997）》（上），中央文献出版社2004年版，第97—98页。

痛的教训，无论哪一种都是我们的宝贵思想财富。"小康"作为中国特色社会主义的重要组成部分，如习近平总书记指出的，以毛泽东为核心的党的第一代中央领导集体，为其"提供了宝贵经验、理论准备、物质基础"[①]。

[①] 习近平：《紧紧围绕坚持和发展中国特色社会主义学习宣传贯彻党的十八大精神——在十八届中共中央政治局第一次集体学习时的讲话》，人民出版社2012年版，第3页。

中国式的现代化

　　发展目标是一个国家发展战略的核心，关系着社会生活的方方面面，直接影响着发展战略的成败。故而，一个发展目标的提出，往往是经过深思熟虑，再慎重提出的。通常，一个成熟的发展目标包括三个要素：对此前目标的继承、发展和修订；对现实情况的针对性；对战略蓝图的总结。换句话说，要综合关照过去、现在和未来。"小康"目标，正是如此。

　　1976年10月，"文革"结束。浩劫之后，百废待兴，人民群众强烈盼望迅速恢复发展经济，摆脱贫困；党的领导人也急切希望把国民经济在短期内搞上去，改变各方面工作的被动局面。重提"四个现代化"，国民经济得到较快恢复，一些方面还有所发展。但是，我们接着又犯了急于求成、片面追求高速度的毛病。1977年5月1日，《人民日报》的文章将20世纪末实现"四个现代化"目标解释为赶超世界强国。8月，十一大把实现"四个现代化"作为党在20世纪的奋斗目标写进了党章。年底召开的制定国民经济长期规划的会议，则提出了具体方案：到2000年分三个阶段，即3年、8年和23年，打几个大战役，建设120个大项目，本世纪末使中国的主要工业产品产量分别接近、赶上和超过最发达的资本主义国家，各项经济技术指标分别接近、赶上和超过世界先进水平。1978年2月5日，中央下发的国家计委《关于经济计划的汇报要点》和《1978年国民经济计划主要指标》提出：到20世纪末，钢产量达到1.3亿到1.5亿吨，粮食产量达到1.3万亿到1.5万亿斤。2月26日至3月5日召开的五届全国人大一次会议上通过的《政府工作报告》和《一九七六至一九八五年发展国民经济十年规划纲要（草案）》，提出了更具体的指标要求：到1985年，粮食产量达到8000亿斤，钢产量达到6000万吨。在1978年到1985年这8年内，建设12个大面积商品粮基地，新建和续建120个大型项目，其中有10个大钢铁基地、9个大有色金属基地、8个大煤矿基地、10个大油气田、30个大电站，等等。如按照这个要求，8年间我国主要工业产品新增加的产量都将大大超过过去28年增加的产量；国家财政收入和基本建设投资，都相当于过去28年的总和。

在这些高经济指标的驱动下，全国上下"大干快上"，大上项目，加速引进，出现"全面跃进的新局面"，结果造成国家财政困难和国民经济比例更加失调的严重情况。后来，人们把当时的状况称为"洋跃进"。如邓小平后来所总结的，那段时期我们"脑子有点热，对自己的估计不很切合实际，大的项目搞得太多，基本建设战线太长，结果就出现问题了"[①]。

这些矛盾表明，以赶超世界先进水平为目标的"四个现代化"，确实难以实现。实事求是地重新思考中国现代化建设发展目标，这个问题被严峻的现实提到了眼前。

1978年9月12日，在朝鲜访问的邓小平感慨地对金日成说："最近我们的同志出去看了一下，越看越感到我们落后。什么叫现代化？五十年代一个样，六十年代不一样了，七十年代就更不一样了。"[②]

中国与世界现代化先进水平之间的巨大差距，促使邓小平思考既定的"在20世纪末实现四个现代化"目标的可行性。他感到"我

---

① 《邓小平年谱（1975—1997）》（下），中央文献出版社2004年版，第732页。
② 《邓小平年谱（1975—1997）》（上），中央文献出版社2004年版，第373页。

们头脑里开始想的同我们在摸索中遇到的实际情况有差距"①，"在本世纪末我们肯定不能达到日本、欧洲、美国和第三世界中有些发达国家的水平"②。因此，他在1978年9月6日会见来访的日本新闻界人士时，对到20世纪末中国要实现的"四个现代化"目标做出了比较"保守"的解释："就是到20世纪末，我们实现了四个现代化，我们也还是不富，我们的水平比你们差得远。"③

1978年12月，党的十一届三中全会召开，决定停止使用"以阶级斗争为纲"，把党和国家的工作重点转移到经济建设上来，做出了改革开放的重大决策。由此开始了以改革开放为鲜明特征的新时期。与此同时，因高指标造成的国民经济比例关系严重失调的矛盾日益显现，对经济进行大规模调整，已经迫在眉睫。

1979年3月21日至23日，中央政治局召开会议，讨论1979年国民经济计划和国民经济调整问题。会上，国家计委提交了修改1979年计划的建议，认为：1978年建设规模搞大了，引进搞急了，钢搞多了，加剧了国民经济比例的失调，要下决心进行调整，加强农业和轻工业，缩短基本建设战线，工业速度由12%降为8%。中央政治局同意国家计委的建议。21日，陈云在会上特别指出："我们搞四个现代化，建设社会主义强国，是在什么情况下进行的。讲实事求是，先要把'实事'搞清楚。这个问题不搞清楚，什么事情也搞不好。""我们国家是一个九亿多人口的大国，百分之八十的人口是农民。革命胜利三十年了，人民要求改善生活。有没有改善？

---

① 《邓小平年谱（1975—1997）》（上），中央文献出版社2004年版，第631页。
② 《邓小平年谱（1975—1997）》（下），中央文献出版社2004年版，第732页。
③ 邓小平会见以日本政治评论家内田健三为团长的日本新闻界各社评论员责任人访华团时的谈话记录，1978年9月6日。

有。但不少地方还有要饭的,这是一个大问题。""一方面我们还很穷,另一方面要经过二十年,即在本世纪末实现四个现代化。这是一个矛盾。人口多,要提高生活水平不容易;搞现代化用人少,就业难。我们只能在这种矛盾中搞四化。这个现实的情况,是制定建设蓝图的出发点。"①23日,邓小平在会上指出:"中心任务是三年调整,这是个大方针、大政策。经过调整,会更快地形成新的生产能力。这次调整,首先要有决心,东照顾西照顾不行,决心很大才干得成。要看到困难,把道理讲清楚,把工作做充分。""过去提以粮为纲、以钢为纲,现在到该总结的时候了。"②4月5日至28日,中央工作会议确定用3年时间对国民经济实行以调整为中心的"调整、改革、整顿、提高"方针。

在领导经济调整的过程中,邓小平、陈云等人根据中国的国情并参照世界各国现代化的进程,重新思考在国家基础薄弱、财力严重不足的情况下,实现现代化需要多快的速度,中国的"四个现代化"到20世纪末究竟要达到一个什么水平的问题。

1979年3月21日,邓小平在会见马尔科姆·麦克唐纳为团长的英中文化协会执行委员会代表团时,第一次提出了"中国式的四个现代化"的概念:"我们定的目标是在本世纪末实现四个现代化。我们的概念与西方不同,我姑且用个新说法,叫做中国式的四个现代化。现在我们的技术水平还是你们五十年代的水平。如果本世纪末能达到你们七十年代的水平,那就很了不起。就是达到这个水平,也还要做许多努力。由于缺乏经验,实现四个现代化可能比想象的

---

① 《陈云文选》第3卷,人民出版社1986年版,第250页。
② 《邓小平年谱(1975—1997)》(上),中央文献出版社2004年版,第497页。

还要困难些。"①

两天后,他在中央政治局会议上把"中国式的四个现代化"表述为"中国式的现代化":"我同外国人谈话,用了一个新名词:中国式的现代化。到本世纪末,我们大概只能达到发达国家七十年代的水平,人均收入不可能很高。"②

3月30日,邓小平在理论工作务虚会上对"中国式的现代化"做了全面深入的阐发,尤其是结合了我国的国情:"底子薄"和"人口多,耕地少"是中国现代化建设"必须看到"和"必须考虑"的"两个重要特点"。"由于底子太薄,现在中国仍然是世界上很贫穷的国家之一。中国的科学技术力量很不足,科学技术水平从总体上看要比世界先进国家落后二三十年。""耕地少,人口多特别是农民多,这种情况不是很容易改变的。"因此,"中国式的现代化,必须从中国的特点出发"③。

"中国式的现代化"是一个新概念,同"四个现代化"相比,它有什么不同?"中国式的现代化"是什么样的现代化?

几个月后,7月28日,邓小平在青岛第一次为"中国式的现代化"定出标准:"搞现代化就是要加快步伐,搞富的社会主义,不是搞穷的社会主义","如果我们人均收入达到1000美元,就很不错,可以吃得好,穿得好,用得好"④。

"人均收入达到1000美元","吃得好,穿得好,用得好",这就是到20世纪末要实现的"中国式的现代化"。人均1000美元,这是参照西方发达国家人均收入得出的标准。用"吃得好,穿得好,

---

① 《邓小平年谱(1975—1997)》(上),中央文献出版社2004年版,第496页。
② 《邓小平年谱(1975—1997)》(上),中央文献出版社2004年版,第497页。
③ 《邓小平文选》第2卷,人民出版社1994年版,第163—164页。
④ 《邓小平思想年谱(1975—1997)》,中央文献出版社1998年版,第126页。

用得好"这句老百姓的家常话来描述现代化发展目标,使"现代化"这样一个抽象的概念,变得让普通人民群众都很容易理解和掌握。

有一个标准了,但人均收入达到1000美元,究竟怎么样?能不能达到?邓小平还在进一步思考。

又过了两个多月,10月4日,在省、市、自治区党委第一书记座谈会上,邓小平参照国际上通用的人均国民生产总值的衡量标准,对"中国式的现代化"目标做进一步的解释和说明:"所谓政治,就是四个现代化。我们开了大口,本世纪末实现四个现代化。后来改了个口,叫中国式的现代化,就是把标准放低一点。特别是国民生产总值,按人口平均来说不会很高。据澳大利亚的一个统计材料说,一九七七年,美国的国民生产总值按人口平均为八千七百多美元,占世界第五位。第一位是科威特,一万一千多美元。第二位是瑞士,一万美元。第三位是瑞典,九千四百多美元。第四位是挪威,八千八百多美元。我们到本世纪末国民生产总值能不能达到人均上千美元?前一时期我讲了一个意见,等到人均达到一千美元的时候,我们的日子可能就比较好过了","现在我们的国民生产总值人均大概不到三百美元,要提高两三倍不容易。我们还是要艰苦奋斗。就是降低原来的设想,完成低的目标,也得很好地抓紧工作,要全力以赴,抓得很细,很具体,很有效。"[①]

接下来,就是1979年12月6日邓小平与大平正芳对话,"小康"目标诞生了。"小康"目标,首先是一个立足现实的降低了标准的现代化目标。"小康"要解决的问题,是既要使国家尽快地发展起来,人民生活迅速得以改善,又不能急于求成,脱离人口多、底子薄的

[①] 《邓小平文选》第2卷,人民出版社1994年第2版,第194、195页。

国情实际。要实现真正的现代化，我们必须先经过一个摆脱贫穷、落后状态，实现"小康"的阶段。把现代化建设的着重点从生产力赶超转到人民生活的改善，把标准从赶超世界先进水平降到达到"小康"，从而避免脱离实际，出现大的折腾。提出"小康"目标，标志着中国共产党对中国现代化建设的艰巨性、复杂性和长期性有了清醒认识，开始找到一条符合实际的现实可行的发展道路。

而且，"小康"目标从开始就是一个与先进的发展理念相融合的科学概念。要知道，当时我们常用的指标还是工农业生产总值，而"小康"吸收国际的先进理念，用世界通用的衡量一个国家或地区生产水平和生活水平的人均国民生产总值作为标准，为本来很抽象的社会发展目标概念确定了具体标准。这使"中国式的现代化"目标更容易为广大人民群众所掌握，同时也便于与世界各国作比照，根据各种新情况适时做出适当调整，从而成为动态、开放的发展目标。

"小康"目标的提出，是以邓小平为核心的第二代中央领导集体，从中国的国情出发，并参考世界发达国家现代化建设的经验，对20世纪50年代以来我们党提出的"在本世纪末全面实现四个现代化"目标的重大战略性调整。这一目标的提出，非常有利于我们科学地制定和完善现代化发展具体战略，进而改造中国和世界的实际。习近平总书记指出："我们党在不同历史时期，总是根据人民意愿和事业发展需要，提出富有感召力的奋斗目标，团结带领人民为之奋斗"[1]，"使用'小康'这个概念来确立中国的发展目标，既符合中国发展实际，也容易得到最广大人民理解和支持"[2]。

---

[1] 《十八大以来重要文献选编》（上），中央文献出版社2014年版，第77页。
[2] 《习近平关于全面建成小康社会论述摘编》，中央文献出版社2016年版，第5页。

第二章

20世纪80年代
小康社会启动

小岗村的改革试验
经济特区传出时代强音
小康社会理论初成
正定的改革突破
改革开放第一案
小康与从严治党
精神文明的支撑
科教的力量
完成「三步走」的第一步

小岗村的改革试验

严德柱,是安徽省凤阳县小溪河镇小岗村的村民,一个地地道道的农民。

2018年4月中旬,严德柱家的葡萄长出新芽。一大早,严德柱、陈云荣夫妇来到葡萄园,他们要在三天的时间里完成葡萄园的剪枝工作。这片葡萄园占地20多亩,是他们在自家承包的土地上经营的。

阡陌交通,沃壤千里。土地,是人类赖以生存的基础,更是农业的核心。怎么用好土地,决定着农民的钱袋子和全国的粮袋子。这是一个我们用了几十年时间去探索的复杂问题。

农民有地,心里不慌。严德柱的父亲严俊昌是当年大包干带头人之一,他们家的土地是1984年承包的。农民承包土地的期限,从15年到30年,再到延长30年不变,国家的"三农"(农村、农业、农民)政策,保护了农民利益。2008年,为了确保农民的权益,国家又实施了土地确权,也就是土地所有权、土地使用权和他项权利的确认。2013年中央一号文件下发后,土地确权的登记和颁证工作全面开展。这一天,严德柱换上新衣服,给老伴打过招呼后,赶往小岗村村委会。

土地确权证领到手的那一刻,严德柱像吃下了定心丸。从承包土地的"红手印"到土地确认的"红证书",小岗又一次成为农村改革的先行者。严德柱说:"这个土地确权证我们已经盼了很久了,所以说当天拿到确权证的时候,我非常高兴,这个土地终于是自己的了。"①

作为"大包干"第二代,受到父辈的影响,严德柱对土地有很深的感情。他说:"我父亲他们当年把土地分田到户,搞了大包干,作为我们这一代人吧,还要继续发扬大包干的精神。作为一个农民,最主要的还是把自己的土地种好。"②

二十多年的积淀,严德柱和陈云荣夫妇种植的葡萄在十里八乡十分出名。严德柱告诉我们:"我现在种了二十多亩的果树,一年下来纯收入在二十万左右。所以说在农村,只要你肯干,还是有一定出路的。"③

世人已经非常熟悉小岗18户村民拉开改革序幕的史实了。在改革精神的指引下,广大干部群众逐步创造了家庭联产承包责任制。邓小平指出:"改革开放的成功,不是靠本本,而是靠实践,靠实事求是。农村搞家庭联产承包,这个发明权是农民的。农村改革中的好多东西,都是基层创造出来,我们把它拿来加工提高作为全国的指导。"④不过,经过40多年的时间,一些历史细节还存在争议。比如,为什么认为小岗是农村改革的起点?"大包干"到底是什么概念?

在1978年前后,全国很多地方,农民群众甚至基层组织进行各种类型承包制的生产实践为数不少,有的在小岗实践之前。比如,学术界经常提到"包产到户的真正发源地是安徽省肥西县山南区"。习近平总书记在纪念万里同志诞辰100周年座谈会上指出:"他(万里)大力支持和推广肥西县'包产到户'和凤阳县小岗村'包干到户'

---

① ② ③ 严德柱采访记录,2018年。
④ 《邓小平文选》第3卷,人民出版社1993年版,第382页。

的做法,推动全省农业管理体制变革。"①

但是,小岗实践具有两个重要的特征——"大包干"的名称与"包干到户"的形式。而这两个特别之处为我国开启农村改革做出了突出的贡献。

查阅历史文献,我们会发现"大包干"这个名称的内涵一直在发展变化。最初,"大包干"并非用于农业,而是在工业领域。50年代后期,中共马鞍山市委甚至曾经向全市职工提出过"处处少花钱,实行大包干"的战斗口号。②当时"大包干"的一个内涵是指将工业基建投资交给建设单位逐层包干使用的办法。一些单位将其扩展,比如当时的石景山钢铁厂,实行了"全面包干层层包干的办法":"全面包干,就是包投资、包产量、包进度、包质量的四包,层层包干,就是从厂到工程处、工段、混合小组的四级包干。"③特别重要的是,这一做法得到了毛泽东的肯定。

1958年9月,毛泽东在湖北武汉、黄石两市进行了为期6天的视察。15日,他在大冶铁矿区视察时指出:"搞基本建设还是采用大包干的办法好,这样可以大大地降低建设成本。"④这个指示当时在全国范围公开报道。⑤

为什么说"大包干"这个名称做出了特别贡献呢?开启改革开放的党的十一届三中全会,其原本议题是讨论农业问题。在农业方面,这次会议取得的重要成果是提出"必须首先调动我国几亿农民的社会主义积极性,必须在经济上充分关心他们的物质利益,在政治上

---

① 《人民日报》2016年12月6日。
② 《人民日报》1958年6月7日。
③ 《人民日报》1958年7月4日。
④ 《毛泽东年谱(1949—1976)》第3卷,中央文献出版社2013年版,第447页。
⑤ 参见《人民日报》1958年9月29日。

切实保障他们的民主权利",农村经济政策开始全面松动。但仍然要求:"人民公社要坚决实行三级所有、队为基础的制度,稳定不变。"①到第二年9月,十一届四中全会通过的《关于加快农业发展若干问题的决定》也规定:"不许分田单干。除某些副业生产的特殊需要和边远山区、交通不便的单家独户外,也不要包产到户。"②在明令禁止之下,当时一些以"包产到户"为明确标签的实践受到抑制。而"大包干",这一20世纪50年代就见诸报端,并曾得到毛泽东首肯、批转的用语,为干部群众坚持正确的探索争取了空间。"大包干、大包干,直来直去不拐弯",其示范效应和宣传效果也更为明显。

再说"包干到户"的形式。在应用于农村改革领域后,"大包干"的内涵仍在变化,1980年前常指包干到组,其后则一般指包干到户。其间变化的关键环节也是小岗实践引发的。

即使在改革起源的凤阳县,最初普遍采用的形式都是包干到组。1979年6月5日下午,时任安徽省委第一书记的万里到凤阳视察工作,重点了解"大包干"情况。

> 他问凤阳县委书记陈庭元:"'大包干'怎么包法?"
> 陈庭元:"一包完成国家的粮、油、棉和各种农副产品收购任务;二包完成集体提留的公积金、公益金、储备粮和村干部的各种补贴,剩下的由各包干小组按劳分配给社员。"
> 万里:"生产成本呢?"
> 陈庭元:"由各组自己解决。"

---

① 《三中全会以来重要文献选编》(上),中央文献出版社2011年版,第7页。
② 《三中全会以来重要文献选编》(上),中央文献出版社2011年版,第162页。

万里:"牛、工具呢?"

陈庭元:"生产队原有的生产工具、牛按人口分到组,所有权归队,使用、管理权归组。"

万里:"机械怎么办?"

陈庭元:"机械不分。集体养猪有些影响。"

万里:"不仅养猪,对水利工程和集体办的其他企业都有影响。"

陈庭元:"干集体工程只要任务分配得好,也没有影响。江山公社春天搞水利工程,把任务分到组,功效还快些。"

万里:"什么这影响那影响的,前些年没有分又怎么样?'大包干'组织好就不要再动了,叫他们干吧。只要社员积极生产,都能富就行。"①

陈庭元表述的就是包干到组,而此时小岗已经率先采用包干到户的形式。据时任凤阳县委办公室秘书的陈怀仁回忆:"1979年4月10日,县委书记陈庭元去梨园公社检查工作,公社书记张明楼最后唯唯诺诺地汇报了小岗队群众自发分田包干到户的事,陈庭元吃惊地问:'怎么能让他分到户呢,你们公社没过问么?'张明楼说:'我们也是才知道的,已经派人去制止了。'陈庭元离开公社一里多路后,叫车子回头,亲自到小岗队了解情况,并于4月15日又去梨园公社。张明楼汇报说:'陈书记,遵照您的指示,公社派几位得力干部去小岗队做工作,动员他们并到组里干;并采取措施,把全队的种子、化肥、耕牛贷款都扣在公社,等他们并组后再发。'

---

① 万里视察凤阳现场记录,陈怀仁记录整理,1979年6月5日。

陈庭元和张明楼一道到小岗队挨门挨户的走访社员后，用商量的口气说：'老张，他们的庄稼已经分到户里安种了，投入有多有少，再并起来分红时不好算账，就让他们干到秋再说吧。'陈庭元的话让张明楼感到突然，说：'陈书记，您上次的意思是不准分到户干，这几天，外公社也有人知道了，说我们梨园公社分田单干，搞资本主义。'陈庭元说：'他们已经穷灰掉了，还能搞什么资本主义？全县有两千多个队，就算他这一个队是搞资本主义，也搞不到哪里去，最多多收一点粮食吃。'张明楼很犯难地说：'陈书记，我也知道社员这样干能干好，但是以后要犯错误怎么办？'陈庭元沉思后说：'要有错误我们县里承担，不要你公社负责。'张明楼手一伸说：'那行，那您写个条给我。'陈庭元板着脸说：'这样的事只能干，哪能写条子呢。'张明楼说：'我的书记，如果将来出问题，您调走了，我到哪去找您？'陈庭元无奈，坐上吉普车一路一语没吭回到县里。次日上午，陈庭元又到梨园公社，他带着县委办公室主任田广顺、县委农村政研室主任周义贵、板桥区委（辖梨园公社）书记林兴甫一同前往，请他们共同作证，如果小岗队包干到户犯错误由县里承担。就这样，小岗队的包干到户幸存下来了。"[①]

　　包产到户和包干到户，是家庭联产承包责任制的两种类型。两种都是在生产队统一领导下，将集体耕地按人口或按劳动力承包给农户经营。区别是，包产到户坚持公分核算和生产队统一分配，即年初确定包产、包工、包投资的指标，年终将包产产量纳入分配，按"三包"指标完成情况找补兑现。而包干到户不搞"三包"和生产队核算，把国家征购、集体提留落实到户，实行定额包干上交，

---

① 陈怀仁采访记录，2018年4月2日。

剩余归己。后者责任具体，利益直接，办法简单，用农民的语言就是"保证国家的，交足集体的，剩下都是自己的"。

1980年1月24日，万里再到凤阳专门考察"大包干"，来到小岗的严洪昌家与社员座谈。

万里说："你们讲讲，农业生产责任制，什么办法最好？"

许多社员说："包干到户最好。"

生产队长说："我们去年（1978）全队才收3万多斤粮食，连口粮都不够；今年包干到户，一年收了13万多斤，收的粮食吃不掉，还向国家贡献6万5千斤。"

万里："最好的，你们就这样干。"

社员："要叫我们这样干下去，今年还要更好，就怕以后又叫变。"

万里："这样干最好，为什么要变呢？"

社员："因为上面还念紧箍咒。"

万里："只要能多打粮食，对国家多贡献，社员能改善生活，群众要怎么干就怎么干，哪一级领导再也不要给群众上紧箍咒了。他们还没住瓦房，还没盖高楼么，有什么可怕的？"[①]

小岗实践的包干到户，其吸引力远大于包干到组和包产到户，

[①] 万里视察凤阳现场记录，陈怀仁记录整理，1980年1月24日。陈怀仁记录稿于2018年自陈怀仁本人处取得。本书引用的采访记录等材料，凡注释中未标注来源的，均为作者掌握的一手材料。

农民最为拥护,成为广大群众的自觉选择。"大包干"的名称又减少了实验风险。因此,当得到政策支持后,其传播极快。到1983年底,全国实行包干到户的占98%。这也是我们赋予小岗实践特殊意义并对其特别关注的原因之一。

比首创之功更重要的是,小岗村40多年来的实践是我国农村改革的缩影。习近平总书记在小岗村视察时指出:"改革开放以来,农村改革的伟大实践,推动我国农业生产、农民生活、农村面貌发生巨大变化,为我国改革开放和社会主义现代化建设作出了重大贡献。这些巨大变化,使广大农民看到了走向富裕的光明前景,坚定了跟着中国共产党走中国特色社会主义道路的信心。"[①]

像小岗一样有名的村子在中国为数不少,现在其中很多比小岗发展得好,这也是小岗受到质疑的一个原因。但是,客观地说,在中国改革历程中,小岗村确实具有无可替代的历史地位,尤其是为全国的改革发展发挥了特别重要的试点作用。这是由小岗村的普遍性和特殊性决定的。

普遍性在于,位于安徽凤阳县小溪河镇西部的小岗村,其自然环境、地理方位、人力资源等先天条件并不具备特别的优势。小岗村的普通,其发展的不平衡不充分,一段时间村民难以达到生活富裕的实际情况,更代表了我国广大农村的真实水平。

特殊性在于,作为"改革第一村",小岗具有重要的政治象征,备受社会各界关注。因此,各种因素引导它始终处于改革的前沿,并超常规地具备了一定的外在条件。很多改革,尤其是农村改革的探索都在小岗进行了试验,积累了宝贵的经验和教训,其中很多还

---

① 《习近平在农村改革座谈会上强调加大推进新形势下农村改革力度促进农业基础稳固农民安居乐业》,新华社2016年4月28日电。

有待研究和总结。

普遍性和特殊性相结合，从历史进程来说，小岗的状态是中国农村改革的晴雨表，不仅是开端，40多年来我国农业改革、农民群众"奔小康"的许多重要结点都与小岗有关；就现实层面来看，小岗的道路是具有普遍意义的农业现代化之路、中国广大农村的"小康"之路。

更重要的一点，"改革第一村"象征着一种改革的精神，在我国整体实现"小康"和"全面小康"的艰苦过程中，改革是极其重要的"原动力"。

经济特区传出时代强音

"小康"建设启动之时,华夏民族刚刚从严重的思想禁锢中解脱出来,各种有形无形的束缚不可能在短期内完全消除。就像邓小平所说的:"书上没有的,文件上没有的,领导人没有讲过的,就不敢多说一句话,多做一件事,一切照抄照搬照转。"①

2018年,中国国内旅游超过50亿人次。出门旅游已是中国百姓习以为常的休闲方式,中国更是举世闻名的旅游胜地。然而,回首40多年前,这一切都难以想象。

1977年11月17日,邓小平在广州听取广东省委负责人汇报时第一次做出发展旅游业的指示:"中国把旅游事业搞好,随便就能挣二三十亿外汇。用这些外汇进口大中型设备有什么不好?'四人帮'搞的'洋奴哲学'帽子满天飞,把我们国家赚钱的路子都堵死了。"

在此之前,中国还没有把旅游当作经济产业,甚至很少提到"旅游业"这个词,中国广袤的土地上虽有无数绝美景色,但无论海外还是国内的游客却都难窥其真容,秀丽山河只能空叹寂寥。

邓小平是党和国家领导人中提出旅游产业属性的第一人,他将其与轻工业、手工业、补偿贸易并列,作为改革开放的前导先行。

然而,在当时的中国发展旅游业,谈何容易。连满足游客最基本的吃、住、行需求都困难重重。偌大的中国,尚无一家现代旅游饭店,国际化的酒店管理与服务都属空白。当时北京仅有7家涉外饭店,

---

① 《邓小平文选》第2卷,人民出版社1994年版,第142页。

达到接待标准的床位只有 1000 张左右。而 1978 年，仅回乡探亲的侨胞，各国来华的旅游者，总数就高达 180 万人次，超过了此前 20 年的总和。

时任北京市旅游局副局长的侯锡九回忆："因为没有饭店，不能够把客人马上拉到饭店去休息一下。当时还不敢说没有饭店，经常说你们日程安排得很紧，我们抓紧时间去旅游，所以下了飞机就把客人拉到什么颐和园啊，长城啊，去旅游。有一些来做公务活动的，有关单位也找不到饭店，就只好马上去进行商谈、会谈，就把客人拉走了。晚上回来等到上一批客人走了，这一批客人才能住进去。实在住不进去的，就只好拉到附近的城市去过夜，客人疲惫不堪。有的时候实在没办法，曾经还出现过半夜里调上飞机，送到南京过夜的现象。"[①]

既然没有，何不新建一些呢？然而资金却成了拦路虎。当时我国百废待兴，需要花钱的地方实在太多。仅引进计划就需要 800 亿美元，而 1978 年末我国的外汇储备仅有 1.67 亿美元！邓小平眼光独具，提出了当时大家想都不敢想的事——利用外资。他力推发展旅游业，本身也有吸引外资、为国家赚取外汇的考虑。

1978 年 10 月 9 日，也就是十一届三中全会的两个月前，邓小平在会见美国泛美航空公司董事长西威尔前，对民航总局、旅游总局负责人说："民航、旅游这两个行业很值得搞。""利用外资建旅馆可以干嘛！应该多搞一些。昆明、桂林、成都都可以搞，一个地方设一两千个床位。""石林要整理一下，要种些树，让风景更优美一点，现在太荒凉了。""桂林漓江的水污染得很厉害，要下

---

① 侯锡九采访记录，2009 年。

决心把它治理好。造成水污染的工厂要关掉。'桂林山水甲天下',水不干净怎么行?"①

利用外资,是当时无人敢触碰的禁区,更不要说合资了。在这种情况下,船王包玉刚捐款1000万美元建造饭店,只因希望以其父亲的名字命名为兆龙饭店,便引发了轩然大波。中国侨联原主席,时任国家旅游总局副局长的庄炎林谈起当时的情况:"有些人就反对,说你庄炎林同意他名字叫兆龙饭店,你不是替资本家树碑立传吗?我是觉得这个对我们国家,对人民对我们的建设有好处啊,但是反对人很多,一片反对声。"②

出人意料的是,邓小平亲自出面,接过了包玉刚面呈的支票,他以自己的行动对利用外资、中外合资给予明确肯定。4年后,兆龙饭店在北京落成,邓小平亲笔题写了店名,并破例出席剪彩仪式,成为时代的一道醒目年轮。

合资企业作为一个新生事物,带来了新的经营管理方法和规章制度,给传统观念带来了强烈冲击。1980年4月21日,国家外资委员会批准成立中外合资北京航空食品公司。中外合资100万美元的中国航空食品公司是1979年国务院最早批准的三个合资项目之一,批准文号是"001"。

时任北京航空食品公司副董事长的伍淑清告诉我们:"公司建立初期,人们很不习惯:进出车间要用香皂洗手,还要戴帽子、换衣服。特别是上班打卡,有人说,我们职工是企业的主人,现在进公司却要打卡,接受机器的监督、检验,这是对职工的污辱!是资

---

① 《邓小平年谱(1975—1997)》(上),中央文献出版社2004年版,第397页。
② 庄炎林采访记录,2009年。

本家对工人实行'管、卡、压'。"①

然而,管理成效是显而易见的。通过合资平台,职工们逐步看到了更为广阔的世界,知道了什么是国际标准、世界水平,最终走向了现代企业制度的建立。如今,中国企业早已走向世界,甚至开始参与制定国际标准和规则。中国的旅游业更是蓬勃发展,已经迎来了新一轮的消费升级,更不要说外汇储备已超3万亿居世界第一。而这一切都是从当年植入创新之种,并对萌发的改革嫩苗百般呵护开始的。

敢破敢立、敢闯敢试,中国在建设小康社会的过程中,贯彻始终,义无反顾地把改革和开放不断推向前进。而说到大胆试验敢为天下先,中国的经济特区早已成为世界的传奇。

深圳,今天是举世闻名的中国第一个经济特区,并跻身世界一线城市。深圳宝安国际机场是中国境内第一个实现海、陆、空联运的现代化国际空港。今天很少有人记得,后来的经济特区是从生产农副产品起步的。

1977年,这里还叫"宝安县",如何解决逃港问题还是困扰当地的难题。11月,邓小平到广州视察,谈到广东具有得天独厚的条件,一是地接港澳,二是作为重要的侨乡,有对外经济交往的传统,可以利用这些优势建立出口基地。他说:"你们是第一个口岸,然后才是上海、天津等地方。深圳每年光兑换外币就三千多万美元"②,"看来最大的问题是政策问题"③。他布置:"搞几个现代化养猪场、养鸡场,宁肯进口一点粮食养猪养鸡,以进养出,赚回钱来。生产生

---

① 伍淑清采访记录,2009年。
② 《邓小平年谱(1975—1997)》(上),中央文献出版社2004年版,第239页。
③ 《邓小平年谱(1975—1997)》(上),中央文献出版社2004年版,第238页。

活搞好了,还可以解决逃港问题。逃港,主要是生活不好,差距太大。"①

根据他的意见,中央决定,把宝安、珠海两地建成供应港澳鲜活农副产品的出口生产基地,把卖海沙收入的400万元留给宝安,建起一批养殖场和果园。

1979年4月,中央工作会议期间,广东省委第一书记习仲勋等人向中央汇报了一个设想——广东可以利用靠近港澳的优势,实行一些较为特殊的优惠政策,在沿海地区设立出口加工基地,以加快经济发展。

这一设想得到邓小平的积极支持。4月17日,邓小平在中共中央政治局召集的中央工作会议各组召集人汇报会议上建议中央批准广东的这一要求。他说:"广东、福建实行特殊政策,利用华侨资金、技术,包括设厂,这样搞不会变成资本主义。""如果广东、福建两省八千万人先富起来,没有什么坏处。"②

会议期间,习仲勋还向邓小平提出希望中央下放若干权力,允许在毗邻港澳的地区划出一块地方,作为华侨和外商的投资场所,单独进行管理。邓小平非常赞同广东的这一设想,并敏锐地意识到这是中国实施开放政策、促进经济发展的一个重要突破口。

时任中共广东省委书记(当时设有第一书记)的王全国说:"1979年广东提出来要实行特殊政策灵活措施,我们也提出要办特区,那个时候叫加工特区,出口加工特区。这个时候小平同志原话是这样说的:'对!办一个特区。过去陕甘宁边区就是特区嘛!中央没有钱,你们自己去搞,杀出一条血路来。'"③

---

① 《邓小平年谱(1975—1997)》(上),中央文献出版社2004年版,第238页。
② 《邓小平年谱(1975—1997)》(上),中央文献出版社2004年版,第506页。
③ 王全国采访记录,2009年。

后来，习仲勋回顾了当时的感受："在这次会议上，我知道邓小平同志对搞改革开放的决心很大，说这次'要杀出一条血路来'，充分表达了我们党搞中国式的社会主义现代化的坚强决心。""对广东来说，中央这个决策，是关系重大的事，但毕竟又是全新的责任重大的事。我的心情是'一则以喜，一则以惧'。""我们确信'路是人走出来的'，只要我们团结战斗，就总会有办法。"①

如果要跳出现有的框架，必然同现行的机制相矛盾，那就需要去闯了。经济特区的创办虽然已经大刀阔斧地开展起来，但在如何看待特区性质等一些重大问题上，认识却很难迅速统一。最初几年，特区创业步履维艰。

原厦门经济特区管理委员会副主任、厦门市原市长邹尔均说："当时从北京发来一本小册子叫《租界的由来》，似乎你引进外资就是变成殖民地，就是卖国主义，这个问题就很严重了。"②

时任广东省委书记（当时设有第一书记）的梁灵光也谈道："以为广东人搞改革开放，就是搞走私啊搞投机倒把。所以很有意思的，我们广东那批人坐火车，火车站的人就有通知，说广东的人站队站在一边等着，看看是不是投机倒把。"③

厦门经济特区管理委员会原副主任、厦门市原副市长江平也感觉到："我们一边搞特区建设，一边我们身上压力非常大，资本主义的帽子戴在空中不知道什么时候会掉下来。"④

对于这些不同看法，中央给予极大的关注和耐心。1980年10月，

---

① 《习仲勋文选》，中央文献出版社1995年版，第482页。
② 邹尔均采访记录，2009年。
③ 梁灵光采访记录，2009年。
④ 江平采访记录，2009年。

任仲夷调赴广东工作。据他回忆，上任前邓小平专门与他谈话，要求"对于搞特区，你们要摸出规律，搞出个样子来"①。针对12月中央工作会议上出现的"特区就是租界"的议论，邓小平坚定地表示："在广东、福建两省设置几个经济特区的决定，要继续实行下去。但步骤和办法要服从于调整，步子可以走慢一点。"②

1984年春，邓小平亲自来到南方，仔细视察了深圳、珠海、厦门经济特区，他说："办经济特区是我倡议的，中央定的，是不是能够成功，我要来看一看。"③

邓小平一路走一路看，始终没有表态。

不过，1月28日这天上午，他登上中山市罗三妹山。下山的时候，工作人员请他走原路，说比较好走。而邓小平却说："我从来不走回头路。"④

正是这种"不走回头路"的精神，激励着"小康"建设事业在风雨历程中不断披荆斩棘，勇往直前。

当视察完毕，邓小平已胸有成竹，2月1日，他在广州挥毫题词："深圳的发展和经验证明，我们建立经济特区的政策是正确的。"⑤并将落款日期专门写为离开深圳的1月26日。邓小平对建立经济特区的充分肯定给"经济特区该不该办"的争议画上了句号。

这趟南方之行后还有一个开创性的结论，这就是："我们还要开发海南岛，如果能把海南岛的经济迅速发展起来，那就是很大的

---

① 卢荻：《伟人的胆识和胸怀：记任仲夷回忆邓小平》，《百年潮》2008年第10期。
② 《邓小平文选》第2卷，人民出版社1994年版，第363页。
③ 《邓小平年谱（1975—1997）》（下），中央文献出版社2004年版，第955页。
④ 《邓小平年谱（1975—1997）》（下），中央文献出版社2004年版，第956页。
⑤ 《邓小平年谱（1975—1997）》（下），中央文献出版社2004年版，第957页。

胜利。"①1988年4月，七届全国人大一次会议正式批准设立海南省，划定海南岛为经济特区。2018年，在庆祝海南建省办经济特区30周年大会上，习近平总书记郑重宣布，党中央支持海南全岛建设自由贸易试验区，支持海南逐步探索、稳步推进中国特色自由贸易港建设，分步骤、分阶段建立自由贸易港政策和制度体系。海南的改革发展迎来又一个明媚的春天。以海南自由贸易港建设为契机，中国继续扩大开放、加强合作，与世界共享小康中国的发展机遇和改革成果。打造新时代全面深化改革开放新标杆，形成更高层次改革开放新格局，这也是全面建成小康社会的题中之义。

多年来，深圳、珠海、汕头、厦门、海南5个经济特区不辱使命，谱写了勇立潮头、开拓进取的壮丽篇章，在体制改革中发挥了"试验田"作用，在对外开放中发挥了重要"窗口"作用，更与农业改革一起，象征着勇于创新的改革精神，为全国进行小康社会建设做出了重大贡献。习近平总书记指出："我们解放思想、实事求是，大胆地试、勇敢地改，干出了一片新天地。"②

---

① 《邓小平文选》第3卷，人民出版社1993年，第52页。
② 习近平：《在庆祝改革开放40周年大会上的讲话》（2018年12月18日），新华社12月18日电。

小康社会理论初成

1983年2月6日,一列从北京开来的专列缓缓驶入苏州站台,这是邓小平第二次来到这座千年古城。尽管春节还没到,但春天的气息已经悄然而至了。

早在24年前,1959年的春天,邓小平也来过苏州视察。与那一次苏州之行的轻松相比,这一次在79岁的邓小平心里,其实有着一份沉甸甸的思考。

小康目标虽然是一个"目标定低"了的"中国式的现代化"目标,但是,要真正实现还是困难重重。据20世纪80年代初有关部门的估计,中国要在20世纪末达到人均1000美元,大约每年需要8%至10%的增长率。而当时在制定长期规划时,确定第六个五年计划(1981年到1985年)的年均增长率为4%到5%。

人均国民生产总值1000美元的具体标准究竟能不能达到?一向尊重实际的邓小平又做了深入的调查研究。

1980年6、7月间,邓小平先后到陕西、四川、湖北、河南等地考察。7月22日,他在听取河南省委第一书记段君毅、第二书记胡立教的工作汇报后说:"对如何实现小康,我作了一些调查,让江苏、广东、山东、湖北、东北三省等省份,一个省一个省算账。我对这件事最感兴趣。八亿人口能够达到小康水平,这就是一件很了不起的事情。""你们河南地处中原","河南是中州,是处于中等水平,也是个标准。""'中原标准'、'中州标准'有一定的代表性。""河南能上去，其他一些省也应该能上去。"①

经过实地调研，邓小平感到人均1000美元难以达到，因此在1980年10月首次把1000美元调整为800至1000美元。他说："经过这一时期的摸索，看来达到一千美元也不容易，比如说八百、九百，就算八百，也算是一个小康生活了。"②如果"到本世纪末人均国民生产总值达到一千美元"，"国民生产总值就要超过一万二千亿美元，因为到那时我们人口至少有十二亿"，我们"争取人均达到一千美元，最低达到八百美元"③。

怎样实现最低800美元这个目标？邓小平做了精心的设计和规划。他提出："争取二十年翻两番"，"到本世纪末人均国民生产总值达到八百至一千美元，进入小康社会"④。

这个构想在1981年11月被写入五届人大四次会议通过的《政府工作报告》："力争用二十年的时间使工农业总产值翻两番，使人民的消费达到小康水平。到那时，我们国家的经济就可以从新的起点出发，比较快地达到经济比较发达国家的水平。"

1982年8月，邓小平对美籍华人科学家邓昌黎、陈树柏、牛满江、葛守仁、聂华桐等人进一步解释说："我们提出二十年改变面貌，不是胡思乱想、海阔天空的变化，只是达到一个小康社会的变化，这是有把握的。小康是指国民生产总值达到一万亿美元，人均八百美元。社会主义制度收入分配是合理的，赤贫的现象可以消灭。到那时，国民收入的百分之一分配到科学教育事业，情况就会大不同

---

① 《邓小平年谱（1975—1997）》（上），中央文献出版社2004年版，第659页；《回忆邓小平》（上），中央文献出版社1998年版，第143页。
② 《邓小平年谱（1975—1997）》（下），中央文献出版社2004年版，第732页。
③ 《邓小平年谱（1975—1997）》（下），中央文献出版社2004年版，第785页。
④ 《邓小平年谱（1975—1997）》（上），中央文献出版社2004年版，第681页。

于现在。""搞了一二年,看来小康目标能够实现。前十年打基础,后十年跑得快一点。"①

1982年9月,党的十二大正式把在20世纪末实现"小康"目标的构想确定为此后20年中国经济发展的战略目标:从1981年到20世纪末的20年,力争使全国工农业的年总产值翻两番,即由1980年的7100亿元增加到2000年的2.8万亿元左右。十二大报告指出:"实现了这个目标,我国国民收入总额和主要工农业产品的产量将居于世界前列,整个国民经济的现代化过程将取得重大进展,城乡人民的收入将成倍增长,人民的物质文化生活可以达到小康水平。"②

十二大确定的到2000年"翻两番"、达到2.8万亿元左右,是指我国当时常用的全国工农业年总产值。把2.8万亿元的全国工农业年总产值换算为国际通用的国民生产总值,并按照不变价格和1980年人民币与美元的汇率计算,就是1万亿美元左右。如果按照人口年均增长12.5‰计算,2000年以后我国人口将达到12亿左右,那么人均国民生产总值就是800美元,这也就是邓小平所说的"小康水平"。

目标确立了,邓小平仍在思考这个目标究竟能不能按时实现。一个月后,他对国家计委负责人宋平说道:"到本世纪末,二十年的奋斗目标定了,工农业总产值翻两番。靠不靠得住?十二大说靠得住。相信是靠得住的。但究竟靠不靠得住,还要看今后的工作。"③

为了确认这件事,1983年2月,邓小平决定到经济发展较快的江苏、浙江、上海等地考察。苏州就是其中的重要一站。

---

① 《邓小平年谱(1975—1997)》(下),中央文献出版社2004年版,第837—838页。
② 《十二大以来重要文献选编》(上),中央文献出版社2011年版,第12页。
③ 《邓小平年谱(1975—1997)》(下),中央文献出版社2004年版,第859页。

中国有句古话，"上有天堂，下有苏杭"。唐代安史之乱后，中国的经济重心南移，苏州和杭州长期担纲中国经济最发达的地区。邓小平选择到这两个地方去看一看，如果这里都不能达到"小康"的话，那么就说明我们的"小康"目标还是不切实际的，就还需要修改。

2月6日下午，邓小平抵达苏州，下榻南园宾馆。第二天，他约见当时江苏省委、苏州地委和苏州市委的负责同志。邓小平心中迫切想知道的答案是：到2000年，江苏能不能实现翻两番？

他了解到：1977年至1982年6年间，江苏全省工农业总产值翻了一番。照这样的速度，不用20年就有把握实现"翻两番"的目标。第十届全国人大常委会副委员长、时任江苏省省长的顾秀莲回顾："当时听完了我们汇报以后，他（邓小平）非常高兴，说你们这个地方怎么发展得这么好呢"，"你们在这个基础上是不是能再翻一番啊？我们说能"。[①]

邓小平听了很高兴，他又问苏州的同志：苏州有没有信心，有没有可能？时任苏州地委书记的戴心思，是一位在1940年就参加革命工作的南下老同志。作为党的十二大代表，他其实对这个问题的答案早已胸有成竹。他回答道："我从北京回来之后，地委就开始讨论这个问题，全区上下都在讨论翻两番的问题。那个时间翻两番的问题已经是全国上下都在议论的中心，这是一个伟大的设想。"[②]

戴心思扳着手指头报了一组数字：1978年的苏州工农业总产值为65.59亿元，到1982年底，工农业总产值已经增加到104.88亿元了，按照这个速度，五六年时间就可以翻一番。恐怕不要到20世纪末，

---

① 顾秀莲采访记录，2013年。
② 戴心思采访记录，2013年。

预计可能要提前 10 年、8 年翻两番。

在苏州考察的这几天里，邓小平认真地看了苏州方面准备的 16 份典型材料，考察中既看了城市面貌，又看了农村现状，发现农村的房子开始盖成两层楼，老百姓显然比原来富裕多了。沉默寡言的他，因为心中问题有了肯定的答案而感到由衷高兴。

虎丘塔，苏州著名的历史景观和文化坐标，比意大利比萨斜塔早建 200 多年，人称"中国的比萨斜塔"。2 月 9 日上午，来自全国各地的游客在千年虎丘塔下游览，邓小平也在其中一起欣赏美景。不过，他仍没有忘了提问。戴心思回忆："他（邓小平）说我问你啊，你们现在经济发展达到什么样的水平？我说按照美元和人民币的折算大概接近 800 美元了。他说 800 美元了，不就是小康吗？我理解他这个小康，就是农村的富裕中农的水平。"[①] 这一年苏州工农业总产值人均 1300 多元，按当时的比价已接近人均 800 美元。

于是，邓小平又开始反复询问：人均 800 美元，达到这样的水平，社会是什么面貌？回北京后，邓小平揭晓了他得到的答案："现在，苏州市工农业总产值人均接近八百美元。我问江苏的同志，达到这样的水平，社会上是一个什么面貌？发展前景是什么样子？他们说，在这样的水平上，下面这些问题都解决了：

第一，人民的吃穿用问题解决了，基本生活有了保障；

第二，住房问题解决了，人均达到二十平方米，因为土地不足，向空中发展，小城镇和农村盖二三层楼房的已经不少；

第三，就业问题解决了，城镇基本上没有待业劳动者了；

第四，人不再外流了，农村的人总想往大城市跑的情况已经改变；

[①] 戴心思采访记录，2013 年。

第五，中小学教育普及了，教育、文化、体育和其他公共福利事业有能力自己安排了；

第六，人们的精神面貌变化了，犯罪行为大大减少。"①

他认为："这几条就了不起呀！""真正到了小康的时候，人的精神面貌就不同了。物质是基础，人民的物质生活好起来，文化水平提高了，精神面貌会有大变化。""当然我们总还要做教育工作，人的工作，那是永远不能少的。但经济发展是个基础，在这个基础上工作就好做了。"② 后来的发展实践为邓小平心中的这本大账做了最好的注解：苏州实现工农业总产值"翻两番"的目标整整提前了12年。

不仅是苏州，他在杭州也了解到：1980年浙江工农业总产值人均330美元，预计1990年可以达到人均660美元，到2000年达到1300多美元，通过努力，可以翻三番。邓小平特别提出，到2000年，江苏、浙江应该多翻一点，拉一拉青海、甘肃、宁夏这些基础落后的省，以保证达到全国翻两番的目标。

江浙沪之行使邓小平对实现"翻两番"的"小康"目标充满了信心。他"喜气洋洋"地告诉大家，"占世界人口四分之一的中国在本世纪末摆脱贫困落后的状态，建成一个小康社会"③，"这个目标不会落空"④，"翻两番肯定能够实现"⑤。他根据最新实践提出"小康社会"的六条新标准，不只是经济方面，而是包括政治、教育、文化和社会、法制等各个方面；不仅描述了经济发展和人民生活的

---

① 《邓小平文选》第3卷，人民出版社1993年，第24—25页。
② 《邓小平文选》第3卷，人民出版社1993年，第89页。
③ 《邓小平年谱（1975—1997）》（下），中央文献出版社2004年版，第910页。
④ 《邓小平文选》第3卷，人民出版社1993年，第54页。
⑤ 《邓小平文选》第3卷，人民出版社1993年，第88页。

小康水平，还描述了整个社会发展的小康水平，从而设计出一个经济社会协调、全面发展的新的社会发展目标。至此，"小康社会"理论初步形成。

1984年10月，邓小平在中央顾问委员会第三次全体会议上阐释道："翻两番的意义很大。这意味着到本世纪末，年国民生产总值达到一万亿美元。从总量说，就居于世界前列了。这一万亿美元，反映到人民生活上，我们就叫小康水平；反映到国力上，就是较强的国家。因为到那时，如果拿国民生产总值的百分之一来搞国防，就是一百亿，要改善一点装备容易得很。""如果用于科学教育，就可以开办好多大学，普及教育也就可以用更多的力量来办了。智力投资应该绝不止百分之一。""那时会是个什么样的政治局面？我看真正的安定团结是肯定的。国家的力量真正是强大起来了，中国在国际上的影响也会大大不同了。"①

"小康社会"使"小康"由单一的经济目标，拓展到政治、教育、文化、社会、法制等各个方面，成为指导社会全面发展的综合目标，并且已经开始取得实效，实现了理论和实践双重意义上的重要完善。"人民生活，到本世纪达到小康水平，比现在要好得多。"②"奔小康"的清晰追求，引领全国人民改天换地，将小康的理想变成现实的生活。根据全面改革后的经济发展形势，到1985年10月，邓小平预见：20世纪末人均国民生产总值800美元小康水平的目标"肯定能实现，还会超过一点"③。

---

① 《邓小平文选》第3卷，人民出版社1993年版，第88、89页。
② 《邓小平文选》第3卷，人民出版社1993年版，第88—89页。
③ 《邓小平年谱（1975—1997）》（下），中央文献出版社2004年版，第1093页。

正定的改革突破

"要实现我们的雄心壮志,不改革不行。"① 改革对于小康社会的建设至关重要。1985 年,邓小平提出:"过去我们搞土地革命,是解放生产力,现在搞体制改革也是解放生产力,这也是一场革命。"② 之后,他还将改革提升到了社会主义本质的高度。

不过,改革从来不是一件容易的事。在中国漫长的历史中,提倡改革者几乎没有成功的先例。

改革是艰苦的、困难的,很多时候要冒风险,要承担责任。领导和推动改革,没有勇气和敢于担当的精神是不可能的。邓小平曾经回顾:"对改革开放,一开始就有不同意见,这是正常的。不只是经济特区问题,更大的问题是农村改革,搞农村家庭联产承包,废除人民公社制度。开始的时候只有三分之一的省干起来,第二年超过三分之二,第三年才差不多全部跟上,这是就全国范围讲的。开始搞并不踊跃呀,好多人在看。"③ 很长一段时间,全国农村改革的方向并不明朗,改革环境也比较紧张。

比如河北省,当时农村改革的步伐就比较慢。早在上世纪 70 年代初,河北省正定县曾是我国北方地区最早实现粮食"上纲要"(亩产 400 斤)、"过黄河"(亩产 600 斤)、"跨长江"(亩产 800 斤)的县,作为粮食高产县而闻名遐迩。正定人口仅 40 万,每年却要上

---

① 《邓小平文选》第 3 卷,人民出版社 1993 年版,第 251 页。
② 《邓小平年谱(1975—1997)》(下),中央文献出版社 2004 年版,第 1072 页。
③ 《邓小平文选》第 3 卷,人民出版社 1993 年版,第 374 页。

交粮食7600万斤。到80年代初，改革开放和小康社会建设已经展开，正定的发展却比较滞后，农业仍采用过去的生产形式，成为"高产穷县"。

2014年全国人大召开期间，3月9日，习近平总书记在安徽代表团参加审议。他在肯定安徽工作后指出："要积极深化农村改革，把握正确方向，尊重农民意愿，坚持试点先行，处理好农民和土地的关系，确保农村改革健康顺利进行。"①还说："我在安徽代表团讲农村改革，是因为安徽是农业大省，长期以来为国家粮食安全和推进农村改革作出了重要贡献。"②

在这次会议上，全国人大代表、时任安徽省滁州市市长张祥安发言："滁州市的广大干群、小岗村的乡亲们让我在这里捎句话给您——他们盼望您去滁州小岗这块改革的热土视察工作。"习近平回答："我也请你向父老乡亲们转达问候，我对滁州很有感情。"并表示："我想有机会一定再去！"③在这里，习近平总书记透露了一个重要的历史细节。他深情回忆起1978年到滁州调查研究的往事，对当年的人和事记忆犹新，如数家珍，并且表示："我有笔记，还能翻出来。"④那么，这是一份关于什么的笔记呢？实际上，早在1978年5月，习近平就受父亲习仲勋的委托，和母亲齐心一起到滁州调研农村改革的实际情况，时任滁州地委政研室副主任的陈修毅受地委书记王郁昭委托为他们解答问题。陈修毅回忆，他谈的全部是关于农村改革的内容，尤其是当时的安徽"省委六条"、生产责任制等，持续近2个小时，习近平当时"只管闷头做记录，一句

---

① 《人民日报》2014年3月10日。
②③④ 《人民日报》2014年3月13日。

话都没讲，很低调"①。所以，习近平总书记保存至今的"笔记"，应该就是当年在安徽关于农业改革的调研记录。后来，他还凭借卓越的改革勇气将改革认识付诸实践。

1982年1月1日，中央一号文件指出："目前实行的各种责任制，包括小段包工定额计酬，专业承包联产计酬，联产到劳，包产到户、到组，包干到户、到组，等等，都是社会主义集体经济的生产责任制。不论采取什么形式，只要群众不要求改变，就不要变动。"②这是中央对农村改革实践的正式认可，相当于报上了"户口"。

同年，习近平担任河北正定县县委副书记，分管农村经济工作。通过实地调研，他很快发现，在这个著名的高产县里，很多农民的温饱问题其实还没有解决，于是提出："吃饭问题是解决正定问题的当务之急。"③不过，当时县里的干部相当谨慎，认为省里没有文件不能搞农村改革。习近平则判断小岗实践代表了中国农村的发展方向，派三个干部到安徽凤阳了解情况。④据2016年时任凤阳县县长的徐广友回忆，这段历程习近平总书记这年视察小岗时也曾提及："他说，我在正定1983年才推广的（'大包干'），当时也是河北最早的"，"派人悄悄地来，专门学习了一次"⑤。

时任正定县委农村工作部农村政策组组长的张成芳是习近平派往安徽开展调研的三个干部之一，据他回忆："小岗村当时我们是知道有这么个事，但是没有这个想法。这不是自下而上提出来的，

---

① 陈修毅采访记录，2018年。
② 《三中全会以来重要文献选编》（下），中央文献出版社2011年版，第364页。
③ 《习近平同志在正定》，《河北日报》2014年1月2日。
④ 陈芳：《县委大院来了个年轻人——习近平的正定往事》，凤凰网2015年7月31日。
⑤ 徐广友采访记录，2018年。

而是习书记直接交代的这个任务。""小岗村是什么样?那都是一些间接知道的信息,并不非常清楚。小岗村在'大包干'的实施上怎么做?实际是两眼一抹黑的。他给我们三个交代,去了以后……一定要跟一张白纸一样,去起一个照相机的作用……把小岗村的经验、小岗村的变化、小岗村施行'大包干'的前提以及施行'大包干'的具体方法步骤,原原本本地拿回来。这就是交代给我们的任务。"①

取得小岗的调查材料后,习近平一方面继续调查了解本地农民的真实想法,另一方面与县委班子反复研究商讨。他明确提出:"我认为'大包干'是件好事,是调动农民种田积极性的好方法。'大包干'分配简单,农民容易接受。"②在习近平的推动下,县委经过反复讨论,最终确立了"先行试点,逐步推开"的思路,决定在离县城较远、生活水平较低的里双店乡做试点。一年后,该乡人均年收入由200元增加到400元。1983年1月,正定县在河北省率先推行农村改革,县委下发包干到户责任制办法,正式提出土地可以分包到户。正定县的农村改革很快取得了成效,由此奠定了经济腾飞的基础。

2016年4月25日,习近平总书记兑现了他2014年的承诺,来到小岗视察,并在这里召开农村改革座谈会,为积极稳妥推进农村改革指明了方向。他郑重指出:"在大包干等农业生产责任制基础上形成的农村基本经营制度——以家庭承包经营为基础、统分结合的双层经营体制,成为农村改革的重大制度成果,成为我们党农村政策的重要基石。"③

邓小平曾说:"现在我们正在做的改革这件事是够大胆的。但

---

① 张成芳采访记录,2018年。
② 《习近平同志在正定》,《河北日报》2014年1月2日。
③ 习近平:《在农村改革座谈会上的讲话》,《中办通讯》2016年第6期。

是，如果我们不这样做，前进就困难了。改革是中国的第二次革命。这是一件很重要的必须做的事，尽管是有风险的事。"①

早在正定任职期间，习近平就曾指出："怕担风险，还没抬腿就怕摔跟头，那就寸步难行，什么事也干不成。"②1990年，他又撰文写道："敢字当头、义无反顾的精神弥足珍贵。我们正在从事的经济建设工作，必然会面临各种错综复杂的局面，是迎难而上，还是畏难而逃，这就看我们有没有一股唯物主义者的勇气了。"③

改革是前无古人的全新的事业，建设小康社会的道路既伟大光辉又艰巨复杂，充满风险和挑战，要前进必须排除各种阻力和干扰。在中国，无数真正从事改革事业的人，为国家和人民付出了巨大的心血，表现出极大的勇气。改革大潮汇聚成时代洪流，使中国人民的面貌、小康中国的面貌发生了历史性变化。

实践发展永无止境，解放思想永无止境，改革永无止境。变革创新是推动人类社会向前发展的根本动力。当今世界，变革创新的潮流依旧滚滚向前。谁排斥变革，谁拒绝创新，谁就会落后于时代，谁就会被历史淘汰。如习近平总书记所说："没有思想大解放，就不会有改革大突破。解放思想不是脱离国情的异想天开，也不是闭门造车的主观想象，更不是毫无章法的莽撞蛮干。解放思想的目的在于更好实事求是。要坚持解放思想和实事求是的有机统一，一切从国情出发、从实际出发，既总结国内成功做法又借鉴国外有益经验，既大胆探索又脚踏实地，敢闯敢干，大胆实践，多出可复制可推广

---

① 《邓小平文选》第3卷，人民出版社1993年版，第113页。
② 《习近平同志在正定》，《河北日报》2014年1月2日。
③ 习近平：《滴水穿石的启示》，《摆脱贫困》1992年第7期。

的经验,带动全国改革步伐。"①

在全面建成小康社会的新时代,中国人民继续自强不息、自我革新,坚定不移全面深化改革,勇于突破利益固化藩篱,敢于向顽瘴痼疾开刀,将改革进行到底。习近平总书记要求:"拿出勇气和魄力,自觉运用改革思维谋划和推动工作,不断提高领导、谋划、推动、落实改革的能力和水平,切实做到人民有所呼、改革有所应。"②

---

① 《人民日报》2018年4月14日。
② 《习近平谈治国理政》第2卷,外文出版社2017年版,第102—103页。

改革开放第一案

1982年1月5日,全国人民还沉浸在新年的喜悦中,中央纪委第一书记陈云却被中央纪委送来的一份材料气得满脸通红。时任陈云秘书的朱佳木依然清晰记得当时的情形:"我到陈云同志那里去,他指着桌子上的一个文档,就是我前一天给他送过去的中纪委的一个《信访简报》,反映广东沿海地区走私猖獗,涉及一些领导干部。他指着这个简报对我说,告诉鹤寿[①]要严办,要杀几个。杀几个可以挽救一大批,乱世要用重刑,我们解放初期贪污几千元就要枪毙。"[②]

说完之后,陈云还不放心,他略一思考,又拿起了笔:"索性我来批几句。"[③]他就在简报上给当时的中央常委批了几句话。这份批示非常严厉:"对严重的经济犯罪分子,我主张要严办几个,判刑几个,以至杀几个罪大恶极的,并且登报,否则党风无法整顿。"[④]

陈云的批示件得到中央领导同志的一致同意,邓小平还在旁边又加了八个字:"雷厉风行,抓住不放"[⑤]。一场打击经济犯罪、反对腐败的激烈战斗迅速掀开大幕。

进入小康建设时期,国民经济快速发展,社会面貌日新月异,很多人受不了利益的诱惑,产生了种种不正之风,其中也包括不少党员干部。比如大吃大喝,有的地方总结了非常形象的"经验":"二菜一汤,生意跑光;四菜一汤,生意平常;六菜一汤,生意兴旺;

[①] 指王鹤寿,时任中央纪委副书记。
[②][③] 朱佳木采访记录,2015年。
[④][⑤] 《陈云年谱》修订本(下),中央文献出版社2015年版,第330页。

八菜一汤，独霸一方。"①

　　针对这种情况，党和国家的领导人都旗帜鲜明地反对各种不正之风。邓小平明确指出："现在，不正之风很突出，要先从领导干部纠正起。群众的眼睛都在盯着他们，他们改了，下面就好办。"②陈云认为，社会上的不正之风实际上源于党风问题，而党风问题攸关生死存亡。他曾说："对于利用职权谋私利的人，如果不给以严厉的打击，对这股歪风如果不加制止，或制止不力，就会败坏党的风气，使党丧失民心。所以，我说过：'执政党的党风问题是有关党的生死存亡的问题。'"③

　　但是，这些振聋发聩的提醒并没有得到充分的重视。当时在广东省工作的丘海对此有切身体会："国门打开之后，应该怎么样来进行改革开放、发展经济确实没有经验，特别是在沿海的一些地区，出现了一些问题，其中的一个问题就是原来的比较零星的一些、小规模的一些群众性的走私、贩私，在领导的一些错误判断和影响下，逐步形成比较大的，甚至是群众性的。"④不正之风演变成了腐败犯罪，中央决定采取严厉措施坚决制止。

　　1月11日，中共中央书记处召开会议，贯彻邓小平、陈云等中央常委的批示，决定严厉打击经济犯罪，首先认真处理负责干部中现行的经济上的重大犯罪案件。同一天，中央发出了关于打击经济领域中严重犯罪活动的《紧急通知》。

　　2月11日，陈云给中纪委专门批示："现在抓，时间虽晚了些，

---

① 《陈云文选》第3卷，人民出版社1995年版，第338页。
② 《邓小平文选》第2卷，人民出版社1994年版，第125页。
③ 《陈云文选》第3卷，人民出版社1995年版，第331—332页。
④ 丘海采访记录，2005年。

但必须抓到底。中纪委必须全力以赴。"①

很快,中纪委专门成立了贯彻中央紧急通知办公室,增设新机构,并从各方面抽调400多名干部参加工作。

3月8日,五届全国人大常委会第22次会议通过了《关于严惩严重破坏经济的罪犯的决定》,对《中华人民共和国刑法》的有关条款做了相应的补充和修改。

4月13日,中共中央、国务院做出了《关于打击经济领域中严重犯罪活动的决定》,对这场斗争做了周密部署。3天以前,在讨论这一决定的中央政治局会议上,邓小平指出:"这股风来得很猛。如果我们党不严重注意,不坚决刹住这股风,那么,我们的党和国家确实要发生会不会'改变面貌'的问题。这不是危言耸听。"②

7月,中纪委先后派出154名具有丰富斗争经验的司局级以上干部,分赴北京、上海、广东、福建、浙江等省、市,充实和加强打击经济领域严重犯罪活动的办案力量,直接参与大案、要案的调查处理工作。

中央纪委原干部室主任李楚栋谈起当年的战斗景象:"当时因为打击经济犯罪任务非常艰巨,中纪委机关里,还包括从各个方面抽调的一些干部都奔赴办案第一线,那时候机关的人员都下去了。有些同志不大了解情况就问怎么回事,机关突然这么静悄悄的,孰不知我们很多同志都在很艰苦的第一线工作。"③

在众多的案件中,广东省海丰县原县委书记王仲一案很有代表性。

---

① 《陈云传》(下),中央文献出版社2005年版,第1722页。
② 《邓小平文选》第2卷,人民出版社1994年版,第403页。
③ 李楚栋采访记录,2005年。

1980年7、8月间,海丰县打击走私贩私斗争正处于高峰期,被查获的走私货物在汕尾镇堆积如山,令王仲垂涎三尺。到1981年8月,王仲侵吞缉私物资、受贿索贿的总金额达6.9万元。这在当时是一个触目惊心的数字。

王仲的不法行为造成一系列严重后果,海丰县一时成为远近闻名的私货市场。此案的处理受到中央的密切关注,先后派出100多人次的工作组。

时任广东省贯彻中央紧急通知办公室工作人员的丘海说起当时社会上的一些争论:"有的同志认为,王仲是一个老同志,为党做了一些贡献,是不是应该从轻一点处理,犯了错误要从轻处理。但是中央特别是陈云同志认为,在我们改革开放的关键时刻,在一个地区出现如此严重的问题,王仲确实是起了非常重要的、非常坏的这样一种效果。"①

1983年1月17日,在汕头市人民广场举行的审判大会上,王仲被依法判处死刑,成为改革开放后第一个因贪污腐败被枪毙的县委书记,此案也被称为"改革开放第一案"。

作为这一案件审理过程的参与者,丘海的感触非常深刻:"对王仲的处理,特别是这种严惩,向全国公示,我们搞改革开放必须是两只手都不能放松。"②

打击贪腐的斗争覆盖全国,没有例外。原化工部副部长杨义邦在对外经济活动中违反纪律,并有变相索贿受贿行为,给国家信誉和经济利益造成重大损失。2月1日,曾决定给予杨义邦党内严重警告处分。但2月24日,陈云在刘澜涛的信上批了一段话:"这件案

---

①② 丘海采访记录,2005年。

子书记处讨论了两次，不作决定。我是退无可退，才由纪委作出决定的。一部分参加书记处的同志顾虑重重，我看没有必要怕那些负责同志躺倒不干。要讲党性。不怕他躺倒。谁要躺倒，就让他躺吧。"①

7月22日，中央纪委做出《关于进一步核实和处理杨义邦同志所犯错误的决定》，决定给予杨义邦留党察看2年和撤销党内一切职务的处分，并建议撤销他在党外的各种职务。8月11日，国务院决定撤销杨义邦的化工部副部长职务。

小康社会建设之初的这场反腐斗争，取得了重要成果。截至1983年4月底，全国已揭露并立案审查的各类经济犯罪案件共计19.2万余件，依法判刑近3万人，追缴赃款赃物合计约4.1亿元人民币。

10月，陈云在党的十二届二中全会上公布了一系列数字："我们绝大多数党员是不谋私利的，但因谋私利而犯法、犯错误的党员也不是一个很小的数量。就从打击经济领域犯罪以来，中纪委统计的经济犯罪案件中看，开除党籍的有九千多人，受党纪处分的有一万八千多人，两者合计二万七千多人。"②

朱佳木回忆："这个数字是他（陈云）让我向中组部核对的，他为什么要讲这个数？我理解他就是为了要向大家说明问题的严重性。就是说我们当时27年（1927年）遭到了国民党这样一种屠杀政策所剩一万多党员，最后取得了革命的胜利，但是我们现在由于经济犯罪或者是经济方面的错误，损失掉的党员比当时的党员还要多，他就是要给全党敲个警钟，能引起大家的重视。"③

---

① 《陈云传》（下），中央文献出版社2005年版，第1726页。
② 《陈云文选》第3卷，人民出版社1995年版，第331页。
③ 朱佳木采访记录，2015年。

以今天的标准来审视，当年我们对经济犯罪、刑事犯罪进行从严从重的打击，存在一些不够严谨、不够准确的问题。但毫无疑问的是，这些行动充分表明了党和政府在领导小康建设的过程中，坚决端正党风、惩治腐败的决心和意志。重拳之下，腐败情况在小康建设初期就得到了有效的遏制，这成为各项建设的重要保障。但是，反腐斗争不可能毕其功于一役，中央对此有非常清醒的认识。邓小平指出："在整个改革开放过程中都要反对腐败。对干部和共产党员来说，廉政建设要作为大事来抓。还是要靠法制，搞法制靠得住些。"①

---

① 《邓小平文选》第3卷，人民出版社1993年版，第379页。

小康与从严治党

习近平总书记曾指出:"现在,党内有些同志感到不适应,有的说要求太严,管得太死,束缚了手脚","有的说都去抓管党治党,经济社会发展没精力抓了"。[1]实际上,在建设小康社会的征程中,始终都有一些"奇谈怪论"。比如20世纪80年代就有人说,"不吃不喝,经济不活","经济要搞活,纪律要松绑",甚至有人认为纪检部门是达到小康目标的"顶门杠"。尽管中央反复强调:"党性原则和党的纪律不存在'松绑'问题。没有好的党风,改革是搞不好的。"[2]但依然有不少的人置若罔闻。

万里长征是一步一步走出来的。先有了"小康社会",才有"全面建成小康社会",同样"全面从严治党"也源自于"从严治党"的提出。那么,"从严治党"是什么时候正式提出的呢?

面对这个问题,大多数人会追溯到比较早的历史时期。的确,在我们党的指导思想和革命实践中,一直包含着"从严治党"的思想元素。比如,1859年马克思在致恩格斯的信中就指出:"必须绝对保持党的纪律,否则将一事无成。"[3]1921年列宁提出"法庭对共产党员的惩处必须严于非党员"[4]。1952年在处理刘青山、张子善案时,毛泽东指出:"正因为他们两人的地位高,功劳大,影响

---

[1] 《人民日报》2016年1月13日。
[2] 《陈云文选》第3卷,人民出版社1995年版,第275页。
[3] 《马克思恩格斯全集》第29卷,人民出版社2006年版,第413页。
[4] 《列宁全集》第43卷,人民出版社1987年版,第53页。

大，所以才要下决心处决他们。只有处决他们，才可能挽救二十个，二百个，二千个，二万个犯有各种不同程度错误的干部。"① 这些无疑都体现着"从严治党"的精神，但是作为一个正式的提法、概念和理论命题，实际上"从严治党"的提出要晚于"小康社会"。

根据目前看到的资料，党中央首次以中央文件的形式正式提出"从严治党"，是1985年11月24日发出的《中共中央整党工作指导委员会关于农村整党工作部署的通知》，其中的第九条《严格注意掌握政策》指出："要从严治党，坚决反对那种讲面子不讲真理，讲人情不讲原则，讲派性不惜牺牲党性的腐朽作风。"在20世纪80年代中期，也就是小康社会建设蓬勃开展的同时，产生了"从严治党"的理念，并不是偶然的。站在今天的角度，回顾当年的理论与实践进程，我们会发现，"从严治党"与"小康社会"一起经历了共同迈进的重要征程。

从"小康"目标提出到正式确立，"从严治党"也在积极酝酿中。突出的表现是，这一时期党的建设无论在组织上还是思想上都取得了长足的进展。

当时，我国现代化建设的任务繁重，党建工作面对的情况也异常复杂。一方面，党长期以来的优良传统、作风，在十年浩劫中遭到严重破坏；另一方面，社会主义现代化建设新阶段即将到来，面临许多全新的问题。1978年岁末，十一届三中全会在转移工作重心、实行改革开放的同时，还有一项重要决定，就是恢复成立中央纪律检查委员会。重建的中央纪委群英荟萃，选举产生了100人的委员会，陈云任第一书记，邓颖超任第二书记，胡耀邦任第三书记，黄克诚

---

① 薄一波：《若干重大决策与事件的回顾》（上），中共中央党校出版社1991年版，第152页。

为常务书记，王鹤寿等为副书记。仅半个月，中央纪委收到控诉信、申诉信或建议信就有6000多件，有些信甚至长达几百页。在党建方面，怎样正确地开启新阶段的工作，这是摆在全党面前亟待解答的问题。1979年1月4日，中央纪委第一次全体会议提出："党的中央纪律检查委员会的基本任务，就是要维护党规党法，整顿党风。"[①] 这次会议讨论并拟定了《关于党内政治生活的若干准则（草案）》，作为"整顿党风"的第一项重大举措。

《准则》虽然只有十二条，但内容广泛丰富，既总结了几十年来党内政治生活正反两方面的经验教训，又针对当时的实际状况增添了新的内容，从宏观的党性原则，到细致的行为准则，规定了共产党员的规范，以这样的形式写出一部比较全面系统的党规党法，在我们党的历史上是一个创举。如要求共产党员"说老实话，做老实事，当老实人"与十八大后开展的"三严三实"专题教育高度一致。"不准搞特权"规定最为具体，如"禁止领导人违反财经纪律，任意批钱批物。禁止利用职权为家属亲友在升学、转学、晋级、就业、出国等方面谋求特殊照顾。禁止违反规定动用公款请客送礼。禁止违反规定动用公款为领导人修建个人住宅。禁止公私不分，假公济私，用各种借口或巧立名目侵占、挥霍国家和集体的财物"[②]。党的十八届六中全会制定的新形势下党内政治生活若干准则，也是这项工作的延续。

在实践中，一方面大规模地平反冤假错案，另一方面旗帜鲜明地反对新出现的消极腐败现象，也就是各种"不正之风"。邓小平在党的理论工作务虚会上提出："为了促进社会风气的进步，首先

---

① 《陈云文选》第3卷，人民出版社1995年版，第240页。
② 《关于党内政治生活的若干准则》，人民出版社1980年版，第24页。

必须搞好党风","只有搞好党风,才能转变社会风气,才能坚持四项基本原则"。①

这时的"党风问题"由以民主集中制为重点逐渐转移到"以权谋私"。1979年11月,中共中央、国务院联合发出《关于高级干部生活待遇的若干规定》。邓小平要求,这个规定一经下达,就要当作法律一样,坚决执行。

1982年9月的十二大,在确定"小康"目标的同时,还按照邓小平在1980年提出的"修改党章是要进一步明确党在四个现代化建设中的地位和作用。执政党应该是一个什么样的党,执政党的党员应该怎样才合格,党怎样才叫善于领导"②,制定了新时期党章的蓝本——十二大《党章》。会议明确提出"把党建设成为领导社会主义现代化事业的坚强核心",还做出决定:"为了使党风根本好转,中央决定从明年下半年开始,用三年时间分期分批对党的作风和党的组织进行一次全面整顿。"③这成为"从严治党"提出的契机。

这次整党,是在经历十年内乱之后,国家和社会处于改革、开放、搞活经济的新的历史环境中进行的,要解决的是"党内思想、作风、组织三个严重不纯和纪律松弛的问题"④。邓小平在1983年9月提出整党的要求是"统一思想,整顿作风,加强纪律,纯洁组织"⑤。这次整党分三期进行:第一期是中央、国家机关各部委和各省、区、市一级单位以及解放军各大单位,第二期是地、县两级单位,第三

---

① 《邓小平文选》第2卷,人民出版社1994年版,第177、178页。
② 《邓小平文选》第2卷,人民出版社1994年版,第276页。
③ 《十二大以来重要文献选编》(上),中央文献出版社2011年版,第47页。
④ 《人民日报》1987年6月1日。
⑤ 《邓小平年谱(1975—1997)》(下),中央文献出版社2004年版,第934页。

期主要是农村的区、乡、村。第二期整党开始时，正是1985年初，中指委①发出专门通知指出：要把增强党员的党性，纠正新的不正之风，保证改革的顺利进行，促进政治经济的形势继续健康地发展，作为地、县两级整党的突出重点来抓。

这一年的3月7日，邓小平出席全国科技工作会议，不同寻常的是，他讲完对科技体制改革的意见后，又即席发表一篇讲话，说："现在有一些值得注意的现象，就是没有理想、没有纪律的表现，比如说，一切向钱看。""有的党政机关设了许多公司，把国家拨的经费拿去做生意，以权谋私，化公为私。还有其他的种种不正之风。对于这些，群众很不满意。我们要提醒人们，尤其是共产党员们，不能这样做。不是在整党吗？首先应该把这些不正之风整一整。""我们这么大一个国家，怎样才能团结起来、组织起来呢？一靠理想，二靠纪律。组织起来就有力量。没有理想，没有纪律，就会像旧中国那样一盘散沙，那我们的革命怎么能够成功？我们的建设怎么能够成功？"②从日后来看，邓小平的这次讲话从正反两个方面建构了"从严治党"的基本内涵。邓小平为什么要在科技工作会议上，突然强调理想和纪律？他主要是针对改革中出现的新的不正之风。

1984年5月，城市改革的措施陆续出台，特别是第四季度以后，许多党政机关和干部突击办起各种公司，其中相当一部分官商不分，打着"搞活"和"改革"的旗号，为个人或小单位牟取私利。许多公司倒买倒卖紧缺物资，炒买炒卖国家外汇，乱涨价、乱放款、乱发行彩券、有奖销售券和纪念券，巧立名目滥发钱物，挥霍公款公物请客送礼，突击提职提级。新的不正之风来势之猛，让全党上下

---

① "中共中央整党工作指导委员会"的简称。
② 《邓小平文选》第3卷，人民出版社1993年版，第111、112页。

为之震动。中央和国务院出台一系列规定，试图制止这股歪风。11月13日，国务院发出《严格控制财政支出、控制信贷发放、控制奖金发放的通知》；12月3日，党中央、国务院发出《关于严禁党政机关和党政干部经商、办企业的决定》；12月5日和1985年1月5日、23日，中央纪委发出《关于坚决纠正新形势下出现的不正之风》等通知。邓小平在全国科技工作会议讲话后，在开展理想和纪律教育的同时，党中央、国务院也出台规定，制止借改革之名牟取私利。3月13日，国务院发出《关于坚决制止就地转手倒卖活动的通知》。5月23日，中共中央和国务院发出《关于禁止领导干部的子女、配偶经商的决定》。8月20日，国务院发出《关于进一步清理和整顿公司的通知》。通过整党和贯彻这一系列措施，新的不正之风蔓延势头得到遏制，这才有了全面改革的顺利进行。

此时，"从严治党"的理念已经呼之欲出。目前所见，"从严治党"最早出现在1984年山西省查处领导干部非法私建住宅的工作中。当年3月21日的《人民日报》上，有一篇题为《蠹虫》的报告文学，反映的就是运城地区的情况，其中引用了中纪委派驻组组长的话："共产党还是共产党，我们整党的决心，从严治党的决心，是不可动摇的！"这是比较早的相关文献。

1985年11月，在总结第二期、部署第三期整党工作时，中央正式提出了"从严治党"。一经提出，"从严治党"就迅速作为主流话语快速传播开来，反映其体现着党心和民意。"从严治党"理念，是在小康社会建设初期党建理论创新的基础上，在反对不正之风、整党、理想和纪律教育等工作实践中，产生并迅速完善的。

1987年5月26日，在全国范围内历时三年半的整党工作宣布基本结束。客观地说，整党工作中由于出现了一些分歧和争议，没有完全达到预期效果。中央的总结报告尖锐地指出："总的说来，全党在思想、作风、纪律、组织四个方面，都比整党前有了进步，党内存在的三个严重不纯的状况，已经有了改变。""但是应该清醒看到，党风方面还存在着许多严重问题和阴暗面。由于各种'关系网'、派性残余、封建遗毒和以言代法的干扰阻碍，有些败坏党风和党的形象的以权谋私、违法乱纪的重大问题，还没有揭露出来，有的虽已揭露但没有严肃查处；至于组织、人事工作方面存在的一些不正之风问题，相当一些单位在整党中没有认真触及。"①但是，这次整党取得了宝贵的经验，最主要的是"这次整党既解决党内存在的一些突出问题，又不像过去的一些政治运动那样，留下很多后遗症，没有引起社会局势的动荡"，"始终注意了正确处理整党工作同改革、经济工作的关系，总的说来，做到了互相结合，互相促进"。这些对此后的党建工作具有长远的指导意义。从日后来看，还有其他重要收获，就是重申了"党要管党"的原则，提出了"从严治党"等新理念。

几个月后，党的十三大正式提出："从严治党，除了必须把少数腐败分子开除出党之外，还必须着眼于对绝大多数党员经常地进行教育，提高他们的素质。""经验证明，仅仅靠教育不能完全解决问题，必须从严治党，严肃执行党的纪律。"②这明确了"从严治党"以纪律和教育为核心的主要内涵，标志着"从严治党"作为党建理论正式形成。

此后其继续发展，在1992年党的十四大上以"坚持党要管党和

---

① 《人民日报》1987年6月1日。
② 《人民日报》1987年11月4日。

从严治党"①的表述正式成为党的建设最重要的指导方针,直到今天"全面从严治党"成为国家战略布局的重要组成部分。习近平总书记指出:"党要管党、从严治党,是党的建设的一贯要求和根本方针","'全面'就是管全党、治全党","全面从严治党永远在路上"②。在其指导下,正在不断产生新的实践。

"小康社会"与"从严治党"在每一个发展中的关键环节,都产生了相互呼应的重要成果。如习近平总书记指出的:"党和人民事业发展到什么阶段,党的建设就要推进到什么阶段。这是加强党的建设必须把握的基本规律。"③回顾这一历程,可以明显地看到推动党建理论创新、加强党的建设,对于实现国家现代化战略目标的重要保障和积极促进作用。

历史早已做出了回答:没有"从严治党",就没有改革开放的顺利进行,就没有"小康社会"的如期实现。党的十八大以来,以习近平总书记为核心的党中央把全面从严治党纳入"四个全面"战略布局,使全面建成小康社会与全面从严治党紧密地联系在一起,党风政风呈现的新气象成为实现全面建成小康社会的重要保障。党的十八届六中全会,研究了全面从严治党重大问题,制定新形势下党内政治生活若干准则,修订《中国共产党党内监督条例(试行)》,是推进全面从严治党的新措施。习近平总书记指出:"夺取全面建成小康社会决胜阶段的伟大胜利,关键在党。'打铁还需自身硬'是我们党的庄严承诺,全面从严治党是我们立下的军令状。"④

---

① 《十四大以来重要文献选编》(上),中央文献出版社2011年版,第33页。
② 《人民日报》2016年1月13日。
③ 《人民日报》2016年7月2日。
④ 《习近平谈治国理政》第2卷,外文出版社2017年版,第161页。

精神文明的支撑

建设社会主义精神文明，提出时间稍早于"小康"目标，贯穿于小康社会建设宏伟实践的始终。

中国共产党第一次提出"社会主义精神文明"这一概念，是1979年10月叶剑英《在庆祝中华人民共和国成立三十周年大会上的讲话》。叶剑英提出："我们要在建设高度物质文明的同时，提高全民族的教育科学文化水平和健康水平，树立崇高的革命理想和革命道德风尚，发展高尚的丰富多彩的文化生活，建设高度的社会主义精神文明。""这些都是我们社会主义现代化的重要目标，也是实现四个现代化的必要条件。"[1] 这个重要讲话是在9月25日至28日召开的党的十一届四中全会上讨论通过的，目的是重新阐释四个现代化的目标，表明"我们所说的四个现代化，是实现现代化的四个主要方面，并不是说现代化事业只以这四个方面为限"[2]。社会主义精神文明的内涵包含了全民族的教育科学文化水平、健康水平、革命理想、道德风尚、文化生活等非常丰富的内容。时至今日，其基本含义仍是如此。它是一个与"社会主义物质文明"相并列的宏伟目标。

一个月后，邓小平10月30日在中国文学艺术工作者第四次代表大会上的祝词中再次提出："我们要在建设高度物质文明的同时，提高全民族的科学文化水平，发展高尚的丰富多彩的文化生活，建

---

[1][2] 《叶剑英选集》，人民出版社1996年版，第540页。

设高度的社会主义精神文明。"①"要恢复和发扬我们党和人民的革命传统，培养和树立优良的道德风尚，为建设高度发展的社会主义精神文明做出积极的贡献"②。

党中央提出关于社会主义精神文明，归根到底是源于现实的迫切要求和对社会发展态势的清晰认识。小康建设进程中，在各领域取得巨大成就的同时，社会思想领域也产生了一些新问题，腐败现象和社会风气败坏的问题，社会错误思潮的干扰问题，这两方面的问题交织在一起，构成了复杂的思想斗争形势，对发展大局构成威胁。对这种威胁，我们必须非常警觉，始终采取鲜明的态度和坚决的措施，对错误倾向给予有力打击，否则就会造成现实的损害。

小康社会建设全面展开以后，尤其是进入城市改革阶段，随着对外开放不断扩大、经济体制双轨并行，出现了以"官倒"为特征的以权谋私、贪污受贿等消极腐败现象，一些领导干部甚至少数高中级干部搞权钱交易，党风和社会风气随之出现了形形色色的问题，造成了很坏的影响，也引起了人民群众的强烈不满。

党中央很早就认识到这个问题。我们关于社会思想领域的思考，由推动党风和社会风气的好转到促进法制建设，由反对资产阶级自由化到加强精神文明建设，再到政治体制改革问题，这是一个逐步发展、成熟的过程。随着形势的发展，我们需要对精神文明建设的战略地位、指导思想和根本任务做出明确的阐述和规定，以此形成物质文明、精神文明整体推进、协调发展的中国特色社会主义大格局。

作为全面改革纲领性文件的《关于经济体制改革的决定》就提出："越是搞活经济、搞活企业，就越要注意抵制资本主义思想的侵蚀，

---

① 《邓小平文选》第2卷，人民出版社1994年版，第208页。
② 《邓小平文选》第2卷，人民出版社1994年版，第209页。

越要注意克服那种利用职权谋取私利的腐败现象，克服一切严重损害国家和消费者利益的行为。"① 陈云在十二届三中全会的书面发言中提出："关于改革的决定中说'竞争中可能出现某些消极现象和违法行为'，这句话在文件里提一下很必要。""如果我们不注意这个问题，不进行必要的管理和教育，这些现象就有可能泛滥成灾，败坏我们的党风和社会风气。"②

1985年3月7日，邓小平在中南海怀仁堂出席全国科技工作会议闭幕会时即席讲话："现在我们国内形势很好。有一点要提醒大家，就是我们在建设具有中国特色的社会主义社会时，一定要坚持发展物质文明和精神文明，坚持五讲四美三热爱，教育全国人民做到有理想、有道德、有文化、有纪律。这四条里面，理想和纪律特别重要。"③他对社会上出现的不正之风展开批评，谈道："当前在经济改革中出现了一些歪门邪道。'你有政策，我有对策'。'对策'可多了。"④

1985年9月召开的党的全国代表会议，主要议程是讨论并通过关于制定"七五"计划的建议以及增选中央委员会成员等组织事项，但是，邓小平在闭幕讲话中又专门把加强精神文明建设作为一项重要内容提了出来，其篇幅甚至超过了关于"七五"计划的内容。他尖锐地指出了问题："社会主义精神文明建设，很早就提出了。中央、地方和军队都做了不少工作，特别是群众中涌现了一大批先进人物，影响很好。不过就全国来看，至今效果还不够理想。主要是全党没有认真重视。我们为社会主义奋斗，不但是因为社会主义有条件比

---

① 《十二大以来重要文献选编》（中），人民出版社1986年版，第69—70页。
② 《陈云文选》第3卷，人民出版社1995年版，第338页。
③ 《邓小平文选》第3卷，人民出版社1993年版，第110页。
④ 《邓小平文选》第3卷，人民出版社1993年版，第112页。

资本主义更快地发展生产力，而且因为只有社会主义才能消除资本主义和其他剥削制度所必然产生的种种贪婪、腐败和不公正现象。这几年生产是上去了，但是资本主义和封建主义的流毒还没有减少到可能的最低限度，甚至解放后绝迹已久的一些坏事也在复活。我们再不下大的决心迅速改变这种情况，社会主义的优越性怎么能全面地发挥出来？我们又怎么能充分有效教育我们的人民和后代？不加强精神文明的建设，物质文明的建设也要受破坏，走弯路。光靠物质条件，我们的革命和建设都不可能胜利。过去我们党无论怎样弱小，无论遇到什么困难，一直有强大的战斗力，因为我们有马克思主义和共产主义的信念。有了共同的理想，也就有了铁的纪律。无论过去、现在和将来，这都是我们的真正优势。这个真理，有些同志已经不那么清楚了。这样，也就很难重视精神文明的建设。"①

他提出工作的重点是："首先要着眼于党风和社会风气的根本好转。"② 包括四个方面的具体措施：一是端正党风，是端正社会风气的关键；二是改善社会风气要从教育入手，教育一定要联系实际；三是思想政治工作和思想政治工作队伍都必须大大加强，决不能削弱；四是思想文化教育卫生部门要以社会效益为最高准则。他认为："做好以上几方面的工作，社会风气的根本好转也就有了保证。"③

在邓小平的大力推动下，加强社会主义精神文明建设，成为了中央决策层的广泛共识。关于制定"七五"计划的《建议》指出："坚持在推进物质文明建设的同时，大力加强社会主义精神文明的建设。""我们采取的所有改革、开放和搞活经济的政策，目的都

---

① 《邓小平文选》第3卷，人民出版社1993年版，第143—144页。
② 《邓小平文选》第3卷，人民出版社1993年版，第144页。
③ 《邓小平文选》第3卷，人民出版社1993年版，第145页。

是为了建设有中国特色的社会主义。必须切实抓好精神文明的建设,继续加强思想政治工作,教育全国人民做到有理想、有道德、有文化、有纪律,以推动物质文明的发展,并保证它的正确方向。"[1] 党的全国代表会议突出地提出要加强精神文明建设,受到了广泛的关注。美联社、合众社、法新社、路透社、共同社等许多国家通讯社突出报道了邓小平、陈云和李先念等人讲话中有关加强精神文明建设和政治思想工作的内容,认为这次会议后的中国,一方面将继续奉行改革和开放政策;另一方面又要同出现的种种资本主义腐败的现象做斗争。[2]

为贯彻落实全国代表会议关于加强精神文明建设的精神,书记处做了全面的部署,提出端正党风首先从中央党政军机关和北京市抓起。次年1月,中央书记处在人民大会堂召开中央机关干部大会,号召中央党政军机关的全体党员、干部要做全国的表率,迅速行动,端正党风,纠正各种不正之风,加强党性教育,严格整顿纪律。大会还提出80年代后五年,必须把经济体制改革和社会主义精神文明建设这两件大事抓好。

这得到邓小平的大力支持。他表示:"赞成书记处这么抓。"[3] "抓精神文明建设,抓党风、社会风气好转,必须狠狠地抓,一天不放松地抓,从具体事件抓起。"[4] "越是高级干部子弟,越是高级干部,越是名人,他们的违法事件越要抓紧查处,因为这些人影响大,犯罪危害大。抓住典型,处理了,效果也大,表明我们下决心克服一

---

[1] 《中共中央关于制定国民经济和社会发展第七个五年计划的建议》,1985年9月23日中国共产党全国代表会议通过。
[2] 《人民日报》1985年9月25日。
[3] 《邓小平文选》第3卷,人民出版社1993年版,第154页。
[4] 《邓小平文选》第3卷,人民出版社1993年版,第152页。

切阻力抓法制建设和精神文明建设。"①

1986年初,邓小平在中央政治局常委会直言不讳指出了"一手软"的问题:"经济建设这一手我们搞得相当有成绩,形势喜人,这是我们国家的成功。但风气如果坏下去,经济搞成功又有什么意义?会在另一方面变质,反过来影响整个经济变质,发展下去会形成贪污、盗窃、贿赂横行的世界。"他进而强调了"两手抓"的问题:"搞四个现代化一定要有两手,只有一手是不行的。所谓两手,即一手抓建设,一手抓法制。党有党纪,国有国法。"②9月,十二届六中全会阐明了社会主义精神文明建设的战略地位、根本任务和指导方针,通过的《关于社会主义精神文明建设指导方针的决议》成为了该领域的纲领性文件。

到了1992年"南方谈话"时,这一思想表述为:"要坚持两手抓,一手抓改革开放,一手抓打击各种犯罪活动。这两只手都要硬。打击各种犯罪活动,扫除各种丑恶现象,手软不得。"③

在实践中,社会主义精神文明建设得以贯彻落实,取得积极成效。党中央、国务院出台一系列规定,制止借改革之名牟取私利。比如,有些高级干部在待遇上攀比,一些机关开始购买高级进口汽车,还有向下属单位要高级车的情况。1986年1月,陈云在中央纪委的一份文件上批示:"我建议,做表率首先从中央政治局、书记处和国务院的各位同志做起。凡是别人(或单位)送的和个人调换的汽车(行政机关配备的不算),不论是谁,一律退回,坐原来配备的车。

---

① 《邓小平文选》第3卷,人民出版社1993年版,第152页。
② 《邓小平文选》第3卷,人民出版社1993年版,第154页。
③ 《邓小平文选》第3卷,人民出版社1993年版,第378页。

在这件事上，得罪点人，比不管而让群众在下面骂我们要好。"①很快，中央专门出台文件。从那时起，无论级别多高，领导干部一律都坐国产车。中央和各地还先后查处和公布了一批大案要案，逮捕法办了一批严重犯罪分子，使一些犯有严重错误的党员干部受到了党纪、政纪的严肃处理；对存在的不正之风进行了认真的清查和纠正；注意思想教育和制度建设，端正党风和推动社会风气好转取得了一定的成效。

今天，在现实的社会生活中，我们在社会主义精神文明方面仍然存在不少的问题，还时常见到一些丑恶现象，有的甚至非常严重。但不能否认，我国小康社会建设的每一次进步，都与精神文明领域所做的大量工作分不开。如果不是我们从未放松在该领域的顽强奋战，为我国社会主义物质文明的建设提供强大支撑，历史与现实的面貌都会发生很大改变。

到2000年，"小康"目标实现、"全面建设小康社会"提出之际，江泽民总结道："建设小康社会，包括物质文明和精神文明建设两个方面。要坚持两手抓、两手都要硬，把加强精神文明建设摆到重要位置。"②

---

① 《陈云文集》第3卷，中央文献出版社2005年版，第543—544页。
② 《十五大以来重要文献选编》（中），中央文献出版社2011年版，第578页。

科教的力量

小康社会中的精神文明建设，不仅表现在思想、法制等方面，还突出体现在经济和社会的协调发展，科技、教育、文化等社会事业的全面发展上，正是这些基础性的进步为小康建设提供强大的思想保证、精神动力和智力支持。

20世纪80年代中期，党和国家做出了把科学教育放到优先发展的战略地位，把经济发展纳入依靠科技进步轨道的重大决策。此时展开的全面改革，以城市经济体制改革为中心，更是包含众多领域改革的系统工程。科技体制与教育体制的改革，是全面改革的重要组成部分；科技与教育事业的蓬勃发展，也是我国在80年代后半段突飞猛进的重要原因。

1982年10月24日，也就是十二大正式确立"小康"目标后一个月，中央召开全国科学技术奖励大会并提出科技战略总方针："科学技术工作必须面向经济建设"，"经济建设必须依靠科学技术"。

当时的科技体制与计划经济体制一样，在集中力量突破重点科技问题、创造"两弹一星"等科技成就上曾发挥过重要作用，但是其弊端也非常明显：在运行机制方面，国家单纯依靠行政手段管理科技工作，包得过多，统得过死；在机构组织方面，旧的科技体制主要按照行政隶属关系设置科研机构，造成脱节和分割，科研成果转化为现实生产力的周期长、速度慢，科研项目重复率高、应用面窄，科研力量未能形成合理的纵深配置，未能最大限度地推进生产力的发展；人事制度上，由于受"左"的指导思想影响，脑力劳动得不到应有尊重。人才不能合理流动,难以最大限度发挥科技人员主动性、积极性和创造性。

1984年10月22日上午,邓小平在中央顾问委员会第三次全会上谈到《经济体制改革的决定》时说:"这个文件一共十条,最重要的是第九条,当然其他各条也都是非常重要的。第九条,概括地说就是'尊重知识,尊重人才'八个字,事情成败的关键就是能不能发现人才,能不能用人才。"[①]

次年3月,全国科技工作会议研究科技体制改革的重大问题。3月7日,科技体制改革的纲领性文件《关于科学技术体制改革的决定》发布。《决定》指出:"科学技术体制改革的根本目的,是使科学技术成果迅速地广泛地应用于生产,使科学技术人员的作用得到充分发挥,大大解放科学技术生产力,促进经济和社会的发展。"

科技体制改革全面展开后,取得了非常积极的成效。经过几年的实践,拨款制度改革基本完成预定目标,大批科研机构通过新的运行机制走上经济建设主战场。技术市场对科技成果转化为现实生产力的作用日益增强,合同成交额由1984年的7.2亿元上升到1991年的94.8亿元。科研单位与企业结成的科研生产联合体达1万多家,科研机构创办独资、合资技术经济实体4000多个。由科技人员创办的民办科技机构达2万多家,从业人员超过50万人。一些国家级和地方的经济技术开发区初具规模。科学技术对经济建设的服务产生了巨大效益,科研机构的经济实力也大大增强。到1990年,全国县以上自然科学领域的研究机构中,已有20%以上可以不要国家拨款,实现自主发展。新兴的民办机构也成为科技事业的一支生力军。

---

① 《邓小平文选》第3卷,人民出版社1993年版,第91—92页。

最后也是最关键的是，这些变革促使我国科技水平的急剧上升。从1978年到1993年，我国共取得重大科技成果22万多项，无论数量上还是质量上都取得了长足的进步，我国整体科技实力快速缩小与世界领先水平的差距。如1995年江泽民指出的："一九八五年，党中央发布了关于科学技术体制改革的决定，开始了科技体制的全面改革。经过十几年改革和发展的成功实践，我国科技工作发生了历史性变化，科技实力和水平显著提高，战略重点已转向国民经济建设，为经济发展和社会进步作出了突出贡献。"①

80年代中期，高新技术的迅速发展愈加影响着世界格局。美国的"星球大战计划"，欧洲的"尤里卡计划"，日本的"今后十年科学技术振兴政策"相继出台，国际竞争开始了新的角逐。面对严峻挑战，中国该如何应对？中国的高层领导人、著名科学家和其他有识之士都在思考这个问题。

1986年3月3日，王大珩、王淦昌、杨嘉墀、陈芳允四位科学家联合写了一个《关于跟踪研究外国战略性高技术发展的建议》，呈送给邓小平，建议中央：全面追踪世界高技术的发展，制定中国高科技的发展计划。

两天后，这份建议书到了邓小平的案头。今天，我们无法准确描述邓小平当时的心情，但事后的种种迹象表明，他看完后十分赞许。就在当天，他便拿起笔，在信上批示："这个建议十分重要。找些专家和有关负责同志讨论，提出意见，以凭决策。此事宜速作决断，不可拖延。"②

4月，全国200多位科学家云集北京，讨论制定《国家高技术

---

① 《江泽民文选》第1卷，人民出版社2006年版，第425页。
② 《邓小平年谱（1975—1997）》（下），中央文献出版社2004年版，第1107页。

研究发展计划纲要》。当时，关于高技术项目的选择是以发展国民经济为主，还是以增强军事实力为主，产生了不同意见。4月6日，邓小平在国家科委副主任吴明瑜的来信上做出批示："我赞成'军民结合，以民为主'的方针。"①吴明瑜认为："这是符合中国实际，也符合当时世界实际的一个基本方针。""小平同志非常明快的，当天就批下来了。""可见他已经不是临时看到那些文件，实际他自己思想上有很多的考虑了。"②

8月，国务院常务会议通过《国家高技术研究发展计划纲要》。邓小平看过后十分高兴，当即批示道："我建议，可以这样定下来，立即组织实施。"③10月，中央政治局专门召开扩大会议，批准《国家高技术研究发展计划纲要》，同时决定：拨款100亿元！后来专家提出将这一规划命名为"863"计划，以标志该计划是在1986年3月由邓小平亲自批准的。

"863"计划从1987年全面铺开，上万名科学家在七大领域协同合作、各自攻关，很快就取得了丰硕的成果，中国在高科技领域逐渐接近世界先进水平。比如，"863"计划七大领域中，空间技术位列第二，在天地往返运输系统基础上开展的载人空间站这个主题研究，为我国于1992年决定实施神舟号飞船载人航天计划提供了可靠的依据。2003年10月15日，神舟五号飞船首次实现了中国载人航天的伟大壮举，中国成为世界上第三个掌握飞船载人航天技术的国家，中国航天登上了一个新的制高点。

1991年4月，邓小平为"863"计划题词："发展高科技，实现产业化。"20世纪后半叶，世界浪潮的一个重要变化就是科学理

---

①③《邓小平年谱（1975—1997）》（下），中央文献出版社2004年版，第1107页。
② 吴明瑜采访记录，2013年。

论的发展速度已经超过生产实践的发展,成为生产和技术的先导。1988年9月5日,邓小平接见来访的捷克斯洛伐克总统古斯塔夫·胡萨克。这是一次不同寻常的会面,因为在当天午宴上邓小平发表了一个崭新的论断:"马克思说过,科学技术是生产力,事实证明这话讲得很对。依我看,科学技术是第一生产力。"[①]

几天后,9月12日上午,邓小平从战略层面向当时的中央负责同志论述了科学和教育的重要性:"从长远看,要注意教育和科学技术。""我见胡萨克时谈到,马克思讲过科学技术是生产力,这是非常正确的,现在看来这样说可能不够,恐怕是第一生产力。""对科学技术的重要性要充分认识。科学技术方面的投入、农业方面的投入要注意,再一个就是教育方面。我们要千方百计,在别的方面忍耐一些,甚至于牺牲一点速度,把教育问题解决好。"[②]

中国和世界发展的事实证明,"科学技术是第一生产力"这一论断,不仅是正确的,而且突破了传统的生产力认识范畴和对科学技术作用理解的局限性,使人们从更高层次上看到了人类社会的发展前景,指明了中国进行小康建设的有效推动力量和发展社会生产力的根本途径,为我国大力发展科学技术提供了重要理论依据。

1992年10月,党的十四大第一次把"科学技术是第一生产力"列为社会主义根本任务的五个主要论点之一,科技和教育的优先发展地位成为全党共识。1995年5月,全国科技大会颁布《中共中央国务院关于加速科学技术进步的决定》,第一次提出"科教兴国"战略。江泽民在大会上指出:"科教兴国,是指全面落实科学技术是第一生产力的思想,坚持教育为本,把科技和教育摆在经济、社

[①] 《邓小平文选》第3卷,人民出版社1993年版,第274页。
[②] 《邓小平文选》第3卷,人民出版社1993年版,第274—275页。

会发展的重要位置，增强国家的科技实力及实现生产力转化的能力，提高全民族的科技文化素质。"[①]1996年3月，"九五"计划和2010年远景目标纲要把实施"科教兴国"作为我国跨世纪建设蓝图的关键措施。1997年9月，党的十五大把科教兴国战略作为我国把现代化建设全面推向21世纪的发展战略，成为全面建设小康社会的重要支撑。

---

① 《江泽民文选》第1卷，人民出版社2006年版，第428页。

完成"三步走"的第一步

在"小康社会"的目标第一步接近实现的时候，邓小平已经在思考中国下一个世纪的发展目标。在他看来，虽然活不到那个时候，但有责任提出那个时候的目标。

早在1980年12月，邓小平就在中央召开的经济调整会议上提出，在20世纪末中国的现代化建设达到小康水平以后，要继续前进，逐步达到更高程度的现代化。他反复强调：即使实现了小康目标，我国的经济水平与西方发达国家还有很大的差距，小康目标只是中国现代化的最低目标，真正达到基本实现现代化，还需要更长时间的努力和奋斗。

1981年9月，邓小平说："实现四个现代化是相当大的目标，要相当长的时间。本世纪末也只能搞一个小康社会，要达到西方比较发达国家的水平，至少还要再加上三十年到五十年的时间，恐怕要到二十一世纪末。"[1]当年11月，他进一步提出，在实现"小康社会"的基础上，"在下个世纪再花三十年到五十年时间，接近西方的水平"[2]。80年代中期，小康战略逐步落实，邓小平对21世纪中国的发展目标也逐渐明朗。1984年4月，邓小平指出："我们的第一个目标就是到本世纪末达到小康水平，第二个目标就是要在三十年至五十年内达到或接近发达国家的水平。"[3]当年5月和10月，

---

[1] 《邓小平年谱（1975—1997）》（下），中央文献出版社2004年版，第769—770页。
[2] 《邓小平年谱（1975—1997）》（下），中央文献出版社2004年版，第785页。
[3] 《邓小平年谱（1975—1997）》（下），中央文献出版社2004年版，第970页。

他重申："我们第一步是实现翻两番，需要二十年，还有第二步，需要三十年到五十年，恐怕是要五十年，接近发达国家的水平。"①

进入 1986 年后，这一理论渐趋成熟。根据最新的发展形势，这年 6 月，邓小平把"小康社会"目标的标准从"人均八百美元"调整为"八百至一千美元"。此后，他一直沿用这一说法。1987 年 2 月 18 日，在与加蓬总统邦戈会谈时，他修改了之前一直采用的"达到或接近发达国家的水平"的目标，转而提出："到下世纪中叶我们建成中等发达水平的社会主义国家。"②不久，他为"中等发达水平"确定了具体标准："到本世纪末，中国人均国民生产总值将近达到八百至一千美元，看来一千美元是有希望的。""更重要的是，有了这个基础，再过五十年，再翻两番，达到人均四千美元的水平。""那时，十五亿人口，国民生产总值就是六万亿美元，这是以一九八〇年美元与人民币的比价计算的，这个数字肯定是居世界前列的。"③这样，21 世纪中叶的战略目标就确定为"人均四千美元"和"国民生产总值六万亿美元"。

1987 年 4 月 30 日，邓小平在同西班牙政府副首相格拉会谈时，第一次比较完整地概括了从新中国成立到 21 世纪中叶 100 年间中华民族百年图强的"三步走"经济发展战略："我们原定的目标是，第一步在八十年代翻一番。以一九八〇年为基数，当时国民生产总值人均只有二百五十美元，翻一番，达到五百美元。第二步是到本世纪末，再翻一番，人均达到一千美元。实现这个目标意味着我们进入小康社会，把贫困的中国变成小康的中国。那时国民生产总值

---

① 《邓小平文选》第 3 卷，人民出版社 1993 年版，第 79 页。
② 《邓小平文选》第 3 卷，人民出版社 1993 年版，第 204 页。
③ 《邓小平文选》第 3 卷，人民出版社 1993 年版，第 216 页。

超过一万亿美元,虽然人均数还很低,但是国家的力量有很大增加。我们制定的目标更重要的还是第三步,在下世纪用三十年到五十年再翻两番,大体上达到人均四千美元。做到这一步,中国就达到中等发达的水平。这是我们的雄心壮志。"①

5月7日上午,邓小平在会见保加利亚共产党中央总书记、国务委员会主席托多尔·日夫科夫时再次介绍了这一目标:"我们党的十一届三中全会到现在整整八年时间,见效了,但这还只是我们走的第一步。因为我们制定的政策是搞七十年的政策。中国的工业、农业、科学、国防实现现代化要七十年时间,即本世纪二十年、下个世纪五十年。""到了下个世纪五十年代,实现第三步目标,我们中国人就可以说,在中国搞社会主义搞对了。"②

同年10月,党的十三大正式确认了"三步走"发展战略:第一步,实现国民生产总值比1980年翻一番,解决人民的温饱问题。这个任务已经基本实现。第二步,到20世纪末,使国民生产总值再增长一倍,人民生活达到小康水平。第三步,到下个世纪中叶,人均国民生产总值达到中等发达国家水平,人民生活比较富裕,基本实现现代化。③至此,完整的"小康社会"理论最终形成,并且为日后全面建设小康社会理论的形成和发展奠定了坚实的理论和实践基础。

"三步走"战略的构想,逐步体现在国民经济和社会发展五年计划中。1989年,面对政治风波后对"三步走"战略和"翻两番"小康目标的一些疑虑,邓小平于6月9日及时指出:"在六十一年后,一个十五亿人口的国家,达到中等发达国家的水平,是了不起的事情。

---

① 《邓小平文选》第3卷,人民出版社1993年版,第226页。
② 《邓小平年谱(1975—1997)》(下),中央文献出版社2004年版,第1186页。
③ 《十三大以来重要文献选编》(上),中央文献出版社2011年版,第14页。

实现这样一个目标，应该是能够做到的。不能因为这次事件的发生，就说我们的战略目标错了。"①

从中华人民共和国成立之日起，用一百年的时间，把中国建设成为一个具有中等发达国家水平的社会主义现代化国家，这是邓小平在领导经济体制改革过程中，从实际出发，为中国的经济发展绘制的一张宏伟蓝图。实践充分证明，"三步走"发展战略是符合实际和非常有效的。习近平总书记指出："邓小平同志指导我们党正确认识我国所处的发展阶段和根本任务，制定了现代化建设'三步走'发展战略。"②

通过建设小康社会，我国经济从1984年到1988年经历了一个加速发展的飞跃时期，除1986年增长8.5%以外，其余年份的增长速度都在10%以上。国民生产总值从1984年的7206.7亿元，增长到1988年的14922.3亿元，整整增长了一倍，提前实现了原定到1990年国民生产总值比1980年翻一番的目标。全国绝大多数地区基本解决了温饱问题，部分地区开始向小康水平过渡。贫困地区人民生活也有了不同程度的改善。"三步走"战略目标的第一步目标顺利实现，我国社会主义现代化建设开始迈进20世纪末"翻两番"的小康目标。

---

① 《邓小平文选》第3卷，人民出版社1993年版，第305页。
② 《十八大以来重要文献选编》（中），中央文献出版社2016年版，第38页。

第三章

20世纪90年代
达到总体小康

上海是我们的王牌
南方谈话定了调
提前翻两番与"新三步走"
抗洪斗争
维护港澳繁荣稳定
克服亚洲金融危机
总体达到小康水平

上海是我们的王牌

1993年12月13日,上海下着冬雨,还有六级寒风,但是准备前往杨浦大桥视察的邓小平兴致很高,早上五点钟就起床,八点他乘坐的面包车已经行驶在路上。兴之所至,邓小平当场赋诗一句:"喜看今日路,胜读百年书。"① 这在他一生中只此一次。

1920年,邓小平从上海登上邮轮,奔赴欧洲寻找救国之路,这是他第一次到上海。1988年到1994年,他在上海过了七个春节。1993年底,邓小平视察浦东,登上世界跨度最大的斜拉桥——杨浦大桥,他说:"这是上海工人阶级的胜利。我向上海工人阶级致敬!"②

此时的上海,经济正以平均两位数的速度快速增长着,浦东经济的年平均增长率达到19.6%。上海恢复了远东第一都市的荣光,向全球递上了一张世界级的名片。1994年2月,在即将返回北京的时候,邓小平再次找上海市负责人谈话。时任上海市委书记的吴邦国回忆:"已经送他上火车了,已经都告别过了,又把我和黄菊③叫到火车上去,又谈了十分钟。一直谈到什么时候?谈到火车已经启动,动了,再不下火车,就把我们带到北京来了。"④ 在火车上的十分钟,邓小平谈的重点是上海要抓住机遇,从现在开始到2010年是难得的机会,"你们要抓住二十世纪的尾巴"⑤,不要丧失了。

---

①② 《邓小平年谱(1975—1997)》(下),中央文献出版社2004年版,第1367页。
③ 黄菊时任上海市市长。
④ 吴邦国采访记录,1997年。
⑤ 《邓小平年谱(1975—1997)》(下),中央文献出版社2004年版,第1368页。

吴邦国谈道："他（邓小平）说上海抓住机遇以后，就可以一年有一个变化，三年就会有大的变化。所以上海市一年一变样，三年大变样，是深入人心的一个口号。"[①] 火车终于开走了，邓小平再也没有回过上海。实际上，这就是他最后一次到外地视察。

如今的上海，是全球闻名遐迩的国际大都市，极具现代化而又不失中国传统特色。在日本电视剧《深夜食堂》中，东京的理发师都把难得的假期用在去上海吃大闸蟹上。上海既是中国最大的城市之一，也是最重要的经济金融中心、交通枢纽和对外贸易口岸。2019年，是上海自贸试验区建立6周年，自贸区吸引合同外资总计已达1271.04亿美元。

在人们的印象中，上海好像一直都那么发达，但其实它也经历过非常困难的时期。长期以来，上海为中国发展做出了重要贡献，也做出了巨大牺牲。1981年到1988年，上海的经济增长速度连续七年低于全国平均水平，国民生产总值第一的位置被江苏取代，外贸出口的冠军让位给了广东，曾经引以为豪的十个全国第一的主要经济指标，只保留了财政上交第一。上海被赋予了改革开放后卫的角色，承担了沉重的历史责任。

20世纪80年代末，上海的情况令人担忧：厂房破旧、设备落后、市场狭窄、住房紧缺、交通阻塞、污染严重。美国《华尔街日报》写道："上海是中国最大的城市，也是问题最多的城市，远东第一都市的殊荣早已逝去。"

这个时间段，国际形势也发生了深刻变化，出现政治格局多极化、经济全球化、科技信息化三大趋势。苏联、东欧持续动荡，两

---

① 吴邦国采访记录，1997年。

极格局即将结束，大国关系也要重新调整，新的霸权主义强权政治有所抬头。以信息技术为主要标志的世界科技革命形成新高潮，科技实力成为决定国家综合国力强弱和国际地位高低的决定性因素。知识经济初见端倪，经济全球化进程明显加快，跨国公司的生产经营和规模迅速发展，以强强联合为特征的兼并浪潮一轮一轮地兴起，跨国公司成为影响世界经济发展的重要因素。伴随经济全球化进程，区域经济集团化倾向也在发展。90年代中国的"奔小康"，面对着这样一个日益复杂的国际政治、经济环境。

1989年，党的十三届四中全会形成了以江泽民为核心的党的第三代中央领导集体，带领全国人民克服困难，继续进行小康社会建设。这年9月4日，邓小平向中央政治局致信，请求辞去中共中央军事委员会主席职务，并表示"退下来以后，我将继续忠于党和国家的事业"[1]。在交班的时候，他想的还是"到本世纪末翻两番有没有可能？我希望活到那个时候，看到翻两番实现"[2]。11月12日，邓小平对参加中央军委扩大会议的全体同志讲道："我认为，确定以江泽民同志为核心的党中央，是我们全党做出的正确的选择。""我虽然离开了军队，并且退休了，但是我还是关注我们党的事业，关注国家的事业，关注军队的前景。"[3]

1990年1月20日，邓小平从北京前往上海。此时，中国正遭受西方国家的经济"制裁"，国内外对改革开放政策的怀疑之声不绝于耳。中国该怎么打破困局？列车上，邓小平的心情并不轻松。

1月28日，大年初一，上海少有地下了一场瑞雪。上午，邓小

---

[1] 《邓小平文选》第3卷，人民出版社1993年版，第323页。
[2] 《邓小平文选》第3卷，人民出版社1993年版，第321页。
[3] 《邓小平文选》第3卷，人民出版社1993年版，第335页。

平委托同他一起来的老战友、国家主席杨尚昆代表他听取上海市委的汇报。为此，杨尚昆专门带了一个笔记本，但是直到汇报结束，却一个字也没有记。

时任上海市市委常委、秘书长的王力平回忆："尚昆同志一个字都没记，就在这笑眯眯地听，说完了以后，快到十二点了，他说是不是有时间，再聊一聊。外国人说我们要收啦，我们要向'左'转啦，不搞改革开放。小平同志说，做点什么事情，证明我们没有收，没有向'左'转，上海的同志，你们想一想。"①

邓小平的要求，让上海市委领导颇感意外，为了回答好这个问题，他们专门向几位已经退居二线的老领导请教。几天后，上海市委再次向杨尚昆等人做了汇报，包括上海存在的严重问题，以及上海市几届领导班子关于重振上海的各种设想，其中一个重点是——开发浦东。

波光粼粼的黄浦江穿城而过，把上海市区一分为二，分成了浦东和浦西。浦东，指的是黄浦江以东、长江口西南、川杨河以北的一块三角形地区，面积约350平方公里。当时，这里除了几个码头、仓库和工厂，仍然是阡陌纵横的田园风光，与一江之隔的繁华外滩形成鲜明对比。"宁要浦西一张床，不要浦东一间房"，是当地的一句民谚。从20世纪80年代初期，开发浦东就是上海市政府的重要设想，但苦于缺少条件，难以实施。

汇报会结束后，杨尚昆把上海方面开发浦东的设想详细地汇报给了邓小平，邓小平表示赞同，但没有提出具体意见。

2月13日，邓小平准备返回北京。乘中巴车前往火车站的途中，

---

① 王力平采访记录，2014年。

邓小平对时任上海市委书记的朱镕基说："（开发浦东）我赞成，你们应当多向江泽民同志汇报"，"你们搞晚了，但现在搞也快"。他还鼓励朱镕基："从八十年代到九十年代，我就在鼓动改革开放这件事。胆子要大一点，怕什么。"①这番话，表达了开发浦东的决心！

上海是中国经济和财政的支柱。在这里的大动作，不仅要冒很高的风险，还要面对来自各方面的压力。稍有差错，甚至会动摇整个国家经济的基础。

但是，开发浦东不仅可以打破国际封锁，更能把改革开放迅速提升到一个更高的层次。邓小平已经预见，以此为契机，中国将打开小康社会建设的全新局面。

1990年2月27日上午，邓小平在人民大会堂福建厅会见香港特别行政区基本法起草委员会的委员。利用会见前不多的时间，邓小平把江泽民、杨尚昆、李鹏等几个人叫到一起，开门见山地说：上海要搞浦东开发区，可以引进资金和先进技术，是发展经济的一条捷径，中央应该支持一下。

江泽民当即表示：我们一定抓紧办，抓紧开发。邓小平还特别交代李鹏："你是总理，浦东开发这件事，你要管。"②李鹏一刻也没有耽误，当天中午就开始着手布置相关工作。

3月3日，邓小平再次向中央负责同志强调："上海是我们的王牌，把上海搞起来是一条捷径。"③

与此同时，国家计委主任邹家华、副主任叶青已率工作组在浦东进行了实地考察。3月下旬，国务院副总理姚依林率队来到上海，进行为期十天的深入调研。姚依林向上海市负责人转达了邓小平的

---

①② 《邓小平年谱（1975—1997）》（下），中央文献出版社2004年版，第1308页。
③ 《邓小平文选》第3卷，人民出版社1993年版，第355页。

意见：对于浦东，不仅要开发，还要开放。

王力平后来回忆说："开发浦东是上海同志先提出来的，开放浦东是小平同志提出来的。这样，在那年1990年的人代会，题目很清楚，落实邓小平同志的指示，开发开放浦东。"①

4月12日，中央政治局会议原则通过国务院提交的浦东开发方案。18日，李鹏在上海向全世界公开宣布：加快上海浦东地区的开发，在浦东实行经济技术开发区和某些经济特区的政策。30日，上海市政府召开新闻发布会，朱镕基宣布了开发浦东的十条政策。

开发开放浦东的决策一经公布，首先打消的是国外对中国未来走向的疑虑。7月15日，美国《纽约时报》记者纪思道这样写道：中国正在建立亚洲的金融中心，同时向世界证明，它仍然未关闭对世界的大门。这位普利策奖得主还敏锐地观察到：中国正在将他的经济发展从珠三角移到长三角。

决策已经制定，但要付诸实施，还有许多想象不到的困难。最主要的阻力，并不是资金和基础设施的短缺，而是思想的禁锢。王力平回顾："有的人认为，我们就是打个政治牌，表示个态度，要钱没钱，国外又'制裁'，中央支持有限，就是表示个态度，要搞恐怕不能着急。总觉得好像信心上差一点。"②

1990年，是开展小康社会建设以来我国国民经济增长最缓慢的一年，仅有3.8%，中国经济陷入了停滞困境。同时，国际风云剧变，国内有些人对中国的改革开放提出了诘难，对每一项措施都要"问一问是姓社还是姓资"。中国，再次面临向何处去的问题。

1991年1月27日，邓小平再次出发前往上海。这一次邓小平

---

①② 王力平采访记录，2014年。

特别提出，要到几个企业去看一看。而且，他一路看一路讲，讲的话与众不同。

2月6日上午，邓小平视察上海大众汽车有限公司，这里生产的"桑塔纳"是中国老幼皆知的车型，在全国轿车市场销量第一，而且基本实现了国产化。看着流水线上的一辆辆新车，邓小平说：如果不是开放，我们生产汽车还会像过去一样用锤子敲敲打打。说"三资"企业不是民族经济，害怕它的发展，这不好嘛。发展经济，不开放是很难搞起来的。改革开放还要讲，我们的党还要讲几十年。光我一个人说话还不够，我们党要说话，要说几十年。

10点30分，邓小平离开上海大众。坐车途径外滩，朱镕基指着被喻为"万国建筑博览群"的外滩大楼对邓小平说，新中国成立前这里是银行大楼，之后是政府办公楼，有些楼现在可以租赁给外国人设银行、办商业，但又有顾虑，有些人担心这和旧上海的租界差不多了。

听了这些，邓小平毫不犹豫地说：要克服一个怕字，要有勇气。什么事情总要有人试第一个，才能开拓新路。试第一个就要准备失败，失败也不要紧。希望上海人民思想更解放一点，胆子更大一点，步子更快一点。

在视察中，邓小平还专门谈到了计划与市场的问题。他说："不要以为，一说计划经济就是社会主义，一说市场经济就是资本主义，不是那么回事，两者都是手段，市场也可以为社会主义服务。"[①] 时任上海市委副书记的吴邦国回忆："为什么谈这个问题呢？因为上海，大家知道是一个长期的计划经济比较集中的地方，国有企业比

---

① 《邓小平年谱（1975—1997）》（下），中央文献出版社2004年版，第1327页。

较集中的地方，也是计划经济贯彻得比较彻底的一个地方。最多的时候上海百分之九十五以上都是指令性计划，所以要想上海经济有一个比较大的腾飞，要几年跨一个台阶，首先的问题就是从计划经济束缚里面要摆脱出来。"①

通过几天的视察，邓小平更加确信了开发开放浦东的重要性和紧迫性。2月18日，在市中心新锦江酒店的41层旋转餐厅，邓小平听取了浦东开发的规划，他进一步鼓励上海人民："我们说上海开发晚了，要努力干啊！""开发浦东，这个影响就大了，不只是浦东的问题，是关系上海发展的问题，是利用上海这个基地发展长江三角洲和长江流域的问题。抓紧浦东开发，不要动摇，一直到建成。只要守信用，按照国际惯例办事，人家首先会把资金投到上海，竞争就要靠这个竞争。"②

他还提出："金融很重要，是现代经济的核心。金融搞好了，一着棋活，全盘皆活。上海过去是金融中心，是货币自由兑换的地方，今后也要这样搞。中国在金融方面取得国际地位，首先要靠上海。"③

"抓紧浦东开发，不要动摇，一直到建成。"邓小平的这一系列掷地有声的讲话，当时外界毫不知情。考虑自己已经退休，邓小平要求：不见外国人，不放电视，不见报，免得引起外国报纸注意。但这些思想火花难掩光芒，还是以另一种形式走进了百姓之中。

1991年2月15日，正是农历辛未羊年正月初一，上海《解放日报》头版，一篇署名"皇甫平"的评论——《做改革开放的"带头羊"》引起了人们的关注。文章开篇即鲜明提出："抚今忆昔，历史雄辩

---

① 吴邦国采访记录，1997年。
② 《邓小平文选》第3卷，人民出版社1993年版，第366页。
③ 《邓小平文选》第3卷，人民出版社1993年版，第366—367页。

地证明，改革开放是强国富民的唯一道路，没有改革就没有中国人民美好的今天和更加美好的明天！"文中引用了许多邓小平视察上海时的原话，锋芒力透纸背。

从2月15日到4月12日，以20天左右为间隔，《解放日报》头版连续发表了4篇署名"皇甫平"的文章。这些文章相互呼应，阐明宣传了邓小平最新的改革开放思想。

这些思想火花转化为推进改革的舆论先导，成为次年"南方谈话"的前奏曲。

南方谈话定了调

1992年的春天，注定浓墨重彩。

这一年，中国处在一个重大历史关头。国际形势的变化给社会主义中国带来一系列新震荡、新问题、新挑战。国际社会主义运动遭受严重挫折之后，中国还要不要坚持以经济建设为中心，坚持改革开放，坚持"小康社会"的目标不动摇？这是不能回避、必须做出正确回答的问题。

这一年，还是中国小康社会建设进程中一个重要的时间节点。改革开放经历了14年，"小康"目标提出也已经有13个年头，我们到了必须明确经济体制改革目标的时候。1992年秋天，将要召开中国共产党第十四次全国代表大会。面对国际形势的新变化和国内经过三年治理整顿之后改革开放的新情况，党的十四大将怎样谋划中国社会主义的发展前景，举什么旗，走什么路？这是国际国内关注的焦点。

1月19日上午9点，一趟列车停在了深圳站的月台。邓小平步出车门，时隔8年之后，他的足迹又一次踏在处于改革开放前沿的这块热土上。

深圳，一座年轻的城市，没有古老而神奇的传说，却是中国20世纪末一篇传奇的神话。千里迢迢，舟车劳顿，但邓小平毫无倦意。当时担任邓小平保健医生的傅春恩回忆："下了火车到宾馆休息了一会儿，首长就要去看看市容。我们觉得才到了没一会儿又要出去比较辛苦。他不怕，不辞辛苦的。"① 邓小平说："到了深圳，我坐不住啊，想到处去看看。"②

车子缓缓地在市区穿行。8年前，这里有些还是一汪水田、几池鱼塘，还有羊肠小路和低矮的房舍。现在，宽阔的马路纵横交错，成片的高楼耸入云端，到处充满了现代化的气息。繁荣兴旺、生机勃勃的景象，令邓小平十分高兴，他后来说："八年过去了，这次来看，深圳、珠海特区和其他一些地方，发展得这么快，我没有想到。看了以后，信心增加了。"③当听说1984年他来时，深圳人均收入只有600元，到了1992年已经达到2000元时，他感到很欣慰。

国贸大厦直插云霄，深圳的建设者曾在这里创下"三天一层楼"的纪录，成了"深圳速度"的象征。1月20日上午，邓小平在国贸大厦53层的旋转餐厅俯瞰深圳市容，他看到高楼鳞次栉比，一派欣欣向荣的景象，充分肯定了深圳在改革开放和小康社会建设中所取得的成绩，然后说道："我们推行三中全会以来的路线、方针、政策，不搞强迫，不搞运动，愿意干就干，干多少是多少，这样慢慢就跟上来了。不搞争论，是我的一个发明。不争论，是为了争取时间干。一争论就复杂了，把时间都争掉了，什么也干不成。不争论，大胆地试，大胆地闯。"④

他语气坚定地说："要坚持党的十一届三中全会以来的路线、方针、政策，关键是坚持'一个中心、两个基本点'。不坚持社会主义，不改革开放，不发展经济，不改善人民生活，只能是死路一条。

---

① 傅春恩采访记录，2014年。
② 《回忆邓小平》（下），中央文献出版社1998年版，第477页。
③ 《邓小平文选》第3卷，人民出版社1993年版，第370页。
④ 《邓小平文选》第3卷，人民出版社1993年版，第374页。

基本路线要管一百年,动摇不得。"①

陪同的邓榕忆及当时的情景:"起初没有任何人要求他讲,所以我当时就措手不及,连笔都没带,只能跟服务员要了一支笔,又把在餐厅里面的白纸巾,要了两张。所以那个谈话记录是我用服务员的笔在餐巾纸上记下来的。"②

1月22日,邓小平到深圳仙湖植物园游览,种下了一棵长青高山榕。当听说当地有一种"发财树",他说:"让全国人民都种,让全国人民都发财。"③当天下午,邓小平向广东省和深圳市的负责人指出:"改革开放胆子要大一些,敢于试验,不能像小脚女人一样。看准了的,就大胆地试,大胆地闯。深圳的重要经验就是敢闯。没有一点闯的精神,没有一点'冒'的精神,没有一股气呀、劲呀,就走不出一条好路,走不出一条新路,就干不出新的事业。不冒点风险,办什么事情都有百分之百的把握,万无一失,谁敢说这样的话?一开始就自以为是,认为百分之百正确,没么回事,我就从来没有那么认为。"④

1月23日,邓小平结束了在深圳5天的考察,登上了海关902快艇,启程到珠海特区考察。

快艇劈波斩浪向珠海疾驶而去。8年前邓小平由深圳到珠海时也是横渡百里珠江口,走的也是这条航线。舰舱内,广东省委书记谢非打开一张广东省地图,和珠海市委书记、珠海市市长梁广大一起向邓小平汇报广东改革开放和经济发展的情况。邓小平戴上花镜,

---

① 《邓小平文选》第3卷,人民出版社1993年版,第370—371页。
② 邓榕采访记录,2014年。
③ 《邓小平年谱(1975—1997)》(下),中央文献出版社2004年版,第1336页。
④ 《邓小平文选》第3卷,人民出版社1993年版,第372页。

一边看地图，一边听汇报，一边也在谈话。他的女儿邓楠说："我印象最深的就是，我们从深圳坐船到珠海的时候，在船上大约有一个多小时的时间，他一直在滔滔不绝地说。我曾经打断过他两次，我说爸爸，休息一会儿吧。但是我这话刚一落，他又开始说。你不让他说都不行，我觉得他是最后给国家、人民作一点交代。"①

快艇已接近珠海市九洲港，邓小平站起来，望着窗外烟波浩渺的伶仃洋说："我们改革开放的成功，不是靠本本，而是靠实践，靠实事求是。""实践是检验真理的唯一标准。我读的书并不多，就是一条，相信毛主席讲的实事求是。过去我们打仗靠这个，现在搞建设、搞改革也靠这个。我们讲了一辈子马克思主义，其实马克思主义并不玄奥。马克思主义是很朴实的东西，很朴实的道理。"②

梁广大说："他（邓小平）强调整个中国都要加快发展，不要等。因为当时整个国际形势瞬息万变，我们不争分夺秒地赶上去，就会出问题。"③

快艇行驶一个多小时后靠岸，邓小平来到了充满现代气息的花园式海滨城市——珠海。边听边看，他不断地点头表示赞许："这样搞很漂亮，有自己的特点。""这里很像新加坡呀，这么好的地方谁都会来，我要是外商的话，我也会来这里投资的。"④

高科技企业，是珠海经济特区的主要产业之一。在珠海的7天里，邓小平一连考察了几个高科技企业。1月25日，在亚洲仿真控制系统工程有限公司，他向公司总经理游景玉求证："科学技术是

---

① 邓楠采访记录，2014年。
② 《邓小平文选》第3卷，人民出版社1993年版，第382页。
③ 梁广大采访记录，2014年。
④ 《回忆邓小平》（下），中央文献出版社1998年版，第491页。

第一生产力的论断，你认为站得住脚吗？"游景玉回答说："我认为站得住脚，因为我们是用实践来回答这个问题的。"邓小平点点头："就是靠你们来回答这个问题。"游景玉接着说："我们过去的实践、现在的实践和未来的实践都会说明这个问题。我相信它是正确的。"邓小平表示："希望所有出国学习的人回来。不管他们过去的政治态度怎么样，都可以回来，回来后妥善安排。这个政策不能变。告诉他们，要做出贡献，还是回国好。希望大家通力合作，为加快发展我国科技和教育事业多做实事。"①

看着机房内先进的技术设备和良好的工作条件，邓小平颇有感慨地说："我是看新鲜，越新越好，越高越好。越新越高，我就越高兴。我高兴，人民高兴，中国这个国家高兴。"②

游景玉回忆："照完相以后，小平同志特别高兴，和大家一个一个握手，一个不落，不管是后排的人，还是前排的人。那个情景实在是让人非常激动，我们有些同志、有些年轻的工程师，几个人的手一起抓在他的手上，这个照片也留下来了。这充分体现了群众、年轻的知识分子、年轻的一代对小平同志的感情。我觉得小平同志本人也很舍不得走。"③

在返回的路上，邓小平反复对省市负责人说："要挖掘人才，要不断造就人才，一年三百六十五天，都要做这件事。只要有人才，就可以创造出技术，事业就兴旺发达。"④

1月31日，邓小平再次来到上海。2月3日晚，邓小平满面春

---

① 《回忆邓小平》（下），中央文献出版社1998年版，第496—497页。
② 《回忆邓小平》（下），中央文献出版社1998年版，第498页。
③ 游景玉采访记录，2014年。
④ 《邓小平年谱（1975—1997）》（下），中央文献出版社2004年版，第1338页。

风地出现在上海各界人士齐聚的猴年迎新晚会上。

正值春节，上海的大街小巷张灯结彩，年味很足。2月10日碧空如洗，邓小平来到中外合资上海贝岭微电子制造有限公司视察。

在公司的超净化车间，邓小平仔细观察从国外引进的先进设备，其中的关键设备大束流离子注入机，是首次从美国引进到中国的。这时，邓小平向周围的人提出了一个问题，令时任上海贝岭微电子制造有限公司董事长的陆德纯记忆犹新："邓小平看了这个设备以后就说了，这个设备是姓'资'还是姓'社'？就问大家。当时我们，小平同志身边好多人，包括吴邦国等等，我们都说是姓'社'，小平同志肯定了这一点。"①邓小平说，它们姓"社"。资本主义国家的设备、技术、管理，拿来为我们社会主义所用，那就是姓"社"了。

2月12日，邓小平到上海闵行经济技术开发区视察，这里在1986年被批准为国家经济技术开发区，定位就是对外开放的窗口。

上午9点多，邓小平来到位于闵行经济技术开发区中心的紫藤宾馆一层大厅。时任闵行联合发展有限公司党委书记的鲁又鸣告诉我们："我跟小平同志汇报，通过这六年，我们投下去的钱，非但没有扔到黄浦江里面去——因为当时有人讲开而不发，地皮晒太阳，钱扔到黄浦江里面去了——我们的基本建设投资，不但是全部回收了，而且回收了二点八倍，他这个数字听得很清楚。他说二点八倍，这不是有利于社会主义吗？"②

原定十分钟的汇报，激动的鲁又鸣讲了20分钟，88岁的邓小平始终在细心地听着。汇报结束后，邓小平意味深长地说："到本世纪末，上海浦东和深圳要回答一个问题，姓'社'不姓'资'，

---

① 陆德纯采访记录，2014年。
② 鲁又鸣采访记录，2014年。

两个地方都要做标兵。要回答改革开放有利于社会主义，不利于资本主义。这是个大原则。要用实践来回答。""实践这个标准最硬，它不会做假。要用上百上千的事实来回答改革开放姓'社'不姓'资'，有利于社会主义，不利于资本主义。"①

实际上，这是邓小平对纠缠许久的姓"资"姓"社"问题的正面回答。

1992年2月4日，《解放日报》头版率先发表了题为《十一届三中全会以来的路线要讲一百年》的署名评论，拉开了宣传邓小平"南方谈话"精神的序幕。中央和全国各地方媒体纷纷发表支持言论，《深圳特区报》著名的新闻通讯《东方风来满眼春》更是迅速传遍了世界。很快，中华大地上迸发出蓬勃盎然的无限生机。

尤其是"南方谈话"中关键性的内容："计划多一点还是市场多一点，不是社会主义与资本主义的本质区别。计划经济不等于社会主义，资本主义也有计划；市场经济不等于资本主义，社会主义也有市场。计划和市场都是经济手段。社会主义的本质，是解放生产力，发展生产力，消灭剥削，消除两极分化，最终达到共同富裕"②，对社会主义和市场经济的关系问题进行了充分的辨析，在全国乃至全世界影响极大，建设社会主义市场经济迅速在全党全国达成共识。江泽民提出采用"社会主义市场经济体制"的提法，邓小平表示赞成："实际上我们是在这样做，深圳就是社会主义市场经济。不搞市场经济，没有竞争，没有比较，连科学技术都发展不起来。产品总是落后，也影响到消费，影响到对外贸易和出口。"他还说："这

---

① 《邓小平年谱（1975—1997）》（下），中央文献出版社2004年版，第1340页。
② 《邓小平文选》第3卷，人民出版社1993年版，第373页。

样十四大也就有了一个主题了。"①

10月,党的十四大指出:"实践的发展和认识的深化,要求我们明确提出,我国经济体制改革的目标是建立社会主义市场经济体制,以利于进一步解放和发展生产力。"②中国社会主义市场经济以此为标志最终确立。

对于邓小平本人来说,"南方谈话"相当于自己最后的政治交代。几个月后,他对自己的弟弟邓垦说:对我个人来讲现在死正好是时候,你们要想透,要超脱旧的观念,自然规律违背不了,但是我还想多活,剩下的时间想看看。我这一生有一个阶段性的成果,就是这次"南方谈话"定了调,这个调没有错。十二亿多人口有了明确的方向、道路和方法,市场经济是方法手段,不是确定社会性质,我们没有辜负这些年,做了应该做的事,做了好事,这辈子就可以了。③

2012年12月,党的十八大召开不久,新当选为党的总书记的习近平,第一次到地方考察选择了广东。8日上午9时许,深圳莲花山公园,游客络绎不绝。习近平来到这里,接见了当年参与特区建设和1992年陪同邓小平视察南方的几位老同志,向伫立在山顶的邓小平铜像敬献花篮。俯瞰深圳市的繁荣景象,习近平感慨地说,我们来瞻仰邓小平铜像,就是要表明我们将坚定不移推进改革开放,奋力推进改革开放和现代化建设取得新进展、实现新突破、迈上新台阶。

离开前,习近平挥锹铲土,同邓小平20年前一样,种下了一棵

---

① 《邓小平年谱(1975—1997)》(下),中央文献出版社2004年版,第1347—1348页。
② 《十四大以来重要文献选编》(上),中央文献出版社2011年版,第16页。
③ 《党的文献》2014年增刊,第148页。

高山榕树。

在提出小康目标并带领中国人民建设小康社会的征程中,邓小平付出了自己最后的精力。"南方谈话"后不久,他的身体一下子垮了下来,再也没有缓过来。而此时,中国的小康社会建设已经登上了一个新的台阶。

提前翻两番与"新三步走"

按照"三步走"的发展战略,从1991年到2000年,我们要实现现代化建设的第二步战略目标,也就是要从温饱走向小康。在我国小康社会建设进程中,"解决温饱问题是我国经济发展的一个重要阶段,由温饱达到小康是又一个重要发展阶段"。[①]

党的十三届四中全会以后,受命于重大历史关头的以江泽民为核心的党的第三代中央领导集体,带领全国人民应对各方面的困难和挑战,开创了社会主义现代化建设的新局面。如何带领全党全国人民顺利完成第二步发展战略,实现小康的目标?这是历史赋予第三代中央领导集体的神圣责任。进入90年代,我们越接近实现小康目标,就越需要对小康社会和小康水平做出更全面、更规范和更可操作的表述。

1990年12月,党的十三届七中全会指出:"人民生活逐步达到小康水平,是九十年代经济发展的重要目标。所谓小康水平,是指在温饱的基础上,生活质量进一步提高,达到丰衣足食。这个要求既包括物质生活的改善,也包括精神生活的充实;既包括居民个人消费水平的提高,也包括社会福利和劳动环境的改善。"[②]

1991年3月,七届全国人大四次会议通过的《关于国民经济和社会发展十年规划和第八个五年计划纲要的报告》指出:"今后十年总的目标,是努力使全国人民的生活达到小康水平。""我们所

---

①② 《十三大以来重要文献选编》(中),中央文献出版社2011年版,第754页。

说的小康生活，是适应我国生产力发展水平，体现社会主义基本原则的。人民生活的提高，既包括物质生活的改善，也包括精神生活的充实；既包括居民个人消费水平的提高，也包括社会福利和劳动环境的改善。"①

1991年，国家统计局和国家计委、财政部、卫生部、教育部等12个部门组成课题组，按照党中央、国务院正式提出的小康社会内涵，确定了16个基本监测指标和小康临界值。这16个指标将小康的基本标准设定为：

（1）人均国内生产总值2500元（按1980年的价格和汇率计算，2500元相当于900美元）；

（2）城镇人均可支配收入2400元；

（3）农民人均纯收入1200元；

（4）城镇住房人均使用面积12平方米；

（5）农村钢木结构住房人均使用面积15平方米；

（6）人均蛋白质日摄入量75克；

（7）城市每人拥有铺路面积8平方米；

（8）农村通公路行政村比重85%；

（9）恩格尔系数50%；

（10）成人识字率85%；

（11）人均预期寿命70岁；

（12）婴儿死亡率3.1%；

（13）教育娱乐支出比重11%；

（14）电视机普及率100%；

---

① 《十三大以来重要文献选编》（下），中央文献出版社2011年版，第61—62页。

（15）森林覆盖率15%；

（16）农村初级卫生保健基本合格县比重100%。①

通过这样的清晰界定，90年代的小康社会建设就拥有了全面的可操作性。

考虑到我国经济发展很不平衡的特点，党中央提出："全国小康水平的实现，从地区和时间上，将是逐渐推进的。到二〇〇〇年，目前已经实现小康的少数地区，将进一步提高生活水平；温饱问题基本解决的多数地区，将普遍实现小康；现在尚未摆脱贫困的少数地区，将在温饱的基础上向小康前进。"②

要确保按期实现小康目标，需要什么样的发展速度呢？据测算，90年代的10年间，国民生产总值年均增长5.7%，可确保实现翻两番。根据这个测算，并且考虑到自1988年开始的经济治理整顿的实际情况，中央在1990年底提出，今后10年国民生产总值平均每年增长6%左右。

以1992年邓小平"南方谈话"和党的十四大为标志，我国的小康社会建设进入了一个新阶段。全国各个城市和地区的改革开放和小康社会建设迅速掀起高潮，开始快速发展。

社会主义市场经济体制建立起来，资源配置方式实现了由计划向市场的根本转变。1992年前，国家计划分配的物资有791种，几年之后，绝大部分生产资料已经进入市场流通。单一的公有制传统经济结构也得到突破，以公有制为主体，国有、集体、私营、个体、外资经济等共同发展的经济格局基本奠定。国有经济和集体经济在1978年分别占国内生产总值的56%和43%，个体、私营经济和港、澳、

---

① 《人民日报》2002年11月18日。
② 《十三大以来重要文献选编》（中），中央文献出版社2011年版，第754页。

台、外商直接投资仅占1%。到1996年，国有经济和集体经济占国内生产总值的比重分别下降到40.8%和35.2%，个体、私营经济和港、澳、台、外商直接投资上升了24%。[1] 同时，公有制经济虽然在数量上减少了，但整体素质比过去有所提高，特别是1994年底开始的国有企业建立现代企业制度的改革取得明显成效，公有制经济的主体地位显著增强。

对外开放的步伐加大，全方位对外开放格局形成。党中央制定《关于加快改革、扩大开放、力争经济更好更快地上一个新台阶的意见》，提出了一系列进一步加快改革和扩大开放的新政策。从1992年初到8月，先后新开放了5个沿江城市，18个省会城市，13个沿边城市，34个开放口岸，"经济特区—沿海开放城市—沿海经济开放区—沿江、沿边和内地"这样一个由南到北、由东到西、由外向内、由沿海向内地、由点到面、逐步推进、全面展开的对外开放格局逐渐形成。在这样的大好形势下，大量外资涌入中国，投资的国家和地区在半年多的时间内就由1992年初的40个增加到60个。深圳、珠海、汕头、厦门特区1993年的国内生产总值比1979年增长约50倍，工业生产总值增长约40倍。海南1993年与1987年相比，GDP增长约2倍，工业生产总值增长约3倍，财政收入增长约5倍，外贸出口增长近9倍。上海浦东新区1993年的财政收入比1992年增长70%，外资引进翻一番，超过前三年累计引进外资项目总和。[2]

国家的整体改革不断向广拓展，向深挺进。科技体制、金融、

---

[1] 参见陈明显主编《邓小平南方谈话与中国经济社会发展》，中共中央党校出版社2002年版，第65页。
[2] 参见陈明显主编《邓小平南方谈话与中国经济社会发展》，中共中央党校出版社2002年版，第105页。

政府职能等方面的调整改革也顺次展开，改革开放的浪潮风起云涌。卓有成效的改革开放保证了我国经济的快速发展，1993年，我国国内生产总值达到35524亿元，首次突破3万亿元大关，比上年增长13.9%，一些重要产品的产量大幅增加，企业技术改造和产品结构调整加快，农业获得丰收，粮食总产量4565亿公斤，达到历史最高水平。重点工程建设加速，京九、南昆等重要铁路干线建设进展顺利，高等级公路和重点港口建设加快，邮电通信状况迅速改善，扣除物价上涨因素，全国城镇居民人均可支配收入比上年增加9.5%，农村居民人均纯收入增长3.2%，城乡居民存款总额在年末达到15204亿元，比上年增长29%。[1]

1992年10月，江泽民在党的十四大报告中提出："九十年代我国经济的发展速度，原定为国民生产总值平均每年增长百分之六，现在从国际国内形势的发展情况来看，可以更快一些。根据初步测算，增长百分之八到九是可能的，我们应该向这个目标前进。在提高质量、优化结构、增进效益的基础上努力实现这样的发展速度，到本世纪末我国国民经济整体素质和综合国力将迈上一个新的台阶。国民生产总值将超过原定比一九八〇年翻两番的要求。""人民生活由温饱进入小康。"他建议国务院对"八五"计划做出必要的调整，并着手研究制订"九五"计划。[2]

1993年3月，党的十四届二中全会对"八五"期间的经济增长速度、产业结构、利用外资、进出口贸易、投资规模等指标提出了调整意见。关于"八五"期间国民经济平均每年的增长速度，综合

---

[1] 参见《中国共产党的九十年》，中共党史出版社、党建读物出版社2016年版，第804页。
[2] 《江泽民文选》第1卷，人民出版社2006年版，第224、225页。

考虑各种因素，由原计划的 6% 调整为 8%—9%。

抓住机遇，加快发展，是 90 年代抓经济工作的基本指导思想。随着建立社会主义市场经济体制的各项改革的推行和对外开放不断取得新进展，整个国民经济始终保持了较高速度的增长。"八五"期间，国民生产总值年均增长 12%。1995 年，国民生产总值达到 5.76 万亿元，提前 5 年实现了原定 2000 年国民生产总值比 1980 年翻两番的目标。

实现总量翻两番之后，党中央又及时提出了人均产值翻两番的更高要求。1995 年 9 月，党的十四届五中全会审议并通过《关于制定国民经济和社会发展"九五"计划和 2010 年远景目标的建议》，对到 20 世纪末实现小康目标的战略做了进一步调整，将"九五"国民经济和社会发展的主要奋斗目标确定为：全面完成现代化建设的第二步战略部署，2000 年，在我国人口将比 1980 年增长 3 亿左右的情况下，实现人均国民生产总值比 1980 年翻两番；基本消除贫困现象，人民生活达到小康水平；加快现代企业制度建设，初步建立社会主义市场经济体制。①

更高的目标激发了全社会完成实现小康目标的积极性。1995 年国民生产总值比上年增长 10.5%，1996 年再次增长 9.6%，1997 年又增长 8.8%。1997 年，我国国内生产总值达到 74772 亿元，提前 3 年实现了人均国民生产总值比 1980 年翻两番的目标。

在 20 世纪 90 年代，我国不仅提前实现了"小康"的目标，关于小康社会的理论也在实践中得到了进一步的深化和发展。在完成前两步战略目标，达到总体小康以后，第三步应该怎么走？"小康"目标的提出者邓小平并没有设计出具体的步骤，但他告诫后来人："第

---

① 《十四大以来重要文献选编》（中），人民出版社 1997 年版，第 1481 页。

三步比前两步要困难得多","要证明社会主义真正优越于资本主义，要看第三步，现在还吹不起这个牛。我们还需要五六十年的艰苦努力。那时，我这样的人就不在了，但相信我们现在的娃娃会完成这个任务"[1]。1989年6月，他向第三代中央领导集体郑重地提出建议："组织一个班子，研究下一个世纪前五十年的发展战略和规划。"[2] 在他亲自审定的《邓小平文选》第三卷中，特别将"南方谈话"中的这段话作为结尾："如果从建国起，用一百年时间把我国建设成中等水平的发达国家，那就很了不起！从现在起到下世纪中叶，将是很要紧的时期，我们要埋头苦干。我们肩膀上的担子重，责任大啊！"[3]

从20世纪80年代末开始，以江泽民为核心的党的第三代中央领导集体按照邓小平的要求，对我国现代化建设的第三步发展战略进行了科学的论证与规划。1992年10月，江泽民在党的十四大报告中援引邓小平的话："从现在起到下个世纪中叶，对于祖国的繁荣昌盛和社会主义事业的兴旺发达，是很重要很宝贵的时期。我们的担子重，责任大。"继而指出："在九十年代，我们要初步建立起新的经济体制，实现达到小康水平的第二步发展目标。再经过二十年的努力，到建党一百周年的时候，我们将在各方面形成一整套更加成熟更加定型的制度。在这样的基础上，到下世纪中叶建国一百周年的时候，就能够达到第三步发展目标，基本实现社会主义现代化。"[4] 这是我们党第一次对第三步战略目标做出具体的规划。

1995年9月，党的十四届五中全会对21世纪前10年的奋斗目

---

[1] 《邓小平文选》第3卷，人民出版社1993年版，第226、227页。
[2] 《邓小平文选》第3卷，人民出版社1993年版，第312页。
[3] 《邓小平文选》第3卷，人民出版社1993年版，第383页。
[4] 《江泽民文选》第1卷，人民出版社2006年版，第253页。

标提出要求:"实现国民生产总值比二〇〇〇年翻一番,使人民的小康生活更加宽裕,形成比较完善的社会主义市场经济体制。"①

1997年9月,在党的十五大上,江泽民对21世纪前50年的中国现代化建设,明确提出分阶段的发展构想:"展望下世纪,我们的目标是,第一个十年实现国民生产总值比二〇〇〇年翻一番,使人民的小康生活更加宽裕,形成比较完善的社会主义市场经济体制;再经过十年的努力,到建党一百年时,使国民经济更加发展,各项制度更加完善;到世纪中叶建国一百年时,基本实现现代化,建成富强民主文明的社会主义国家。"②他还引述了邓小平的话:"现在,我们国内条件具备,国际环境有利,再加上发挥社会主义制度能够集中力量办大事的优势,在今后的现代化建设长过程中,出现若干个发展速度比较快、效益比较好的阶段,是必要的,也是能够办到的。我们就是要有这个雄心壮志!"③

江泽民提出的21世纪前50年分三个阶段的发展构想,被称为"新三步走"发展战略。它是对邓小平提出的"三步走"发展战略的新发展,是小康社会理论与实践发展的新成果。

也是在1997年的十五大上,江泽民郑重宣布:"现在完全可以有把握地说,我们党在改革开放初期提出的本世纪末达到小康的目标,能够如期实现。"④

---

① 《十四大以来重要文献选编》(中),中央文献出版社2011年版,第467页。
②③ 《十五大以来重要文献选编》(上),中央文献出版社2011年版,第4页。
④ 《江泽民文选》第2卷,人民出版社2006年版,第47页。

抗洪斗争

就在目标即将如期实现的时候,我国的小康社会建设又遭遇了一场严峻的考验。

1998年的汛期,我国长江、松花江、嫩江流域相继遭受百年不遇的特大洪水灾害。特别是长江流域,发生了自1954年以来又一次全流域性的特大洪水,先后出现了8次洪峰,宜昌以下360公里江段和洞庭湖、鄱阳湖的水位,长时间超过历史最高纪录,沙市江段曾出现45.22米的高水位。在沿江和沿湖的众多城市和广大乡村,人民生命财产安全受到了严重威胁。

由于洪水量级大、涉及范围广、持续时间长,1998年的洪涝灾害非常严重。据统计,当年全国共有29个省(区、市)遭受了不同程度的洪涝灾害,受灾面积3.34亿亩(2229万公顷),成灾面积2.07亿亩(1378万公顷),受灾人口超过2亿,死亡4150人,倒塌房屋685万间,直接经济损失2551亿元。其中,江西、湖南、湖北、黑龙江、内蒙古和吉林等省(区)受灾最严重。我们必须战胜这场特大洪水,因为这是保护人民生命财产安全、保卫小康社会建设成果的一场重大斗争。

造成1998年洪水灾害的原因是多方面的。其中,直接的原因是气候异常,降雨量过大。如长江流域,自6月份开始,出现了3次持续大范围强降雨过程:6月12日至27日,江南大部分地区暴雨频繁,江西、湖南、安徽等地区降雨量比常年同期多1倍以上,其中江西北部多2倍以上;7月4日至25日,三峡地区、江西中北部、湖南西北部，降水量比常年同期偏多50%至2倍；7月末，长江上游、汉水流域、四川东部、重庆、湖北西南部、湖南西北部降水量比常年同期多2倍至3倍。受此影响，7月长江中下游主要水文控制站的洪水量超过1954年，其中宜昌站1215亿立方米，比1954年多45亿立方米，汉口站1648亿立方米，比1954年多120亿立方米。还有东北地区，入夏以来也连续降下大雨和暴雨，松花江、嫩江发生3次大洪水，持续时间、洪峰、流量，均超过历史最高纪录。在南方，珠江流域的西江和福建闽江等河流，在6月下旬也相继发生了百年一遇的特大洪水。但另一方面，江河流域生态环境遭到严重破坏也是重要原因。以长江流域为例，上游森林过度开发，毁林开荒、陡坡开荒造成水土流失，增加了中下游河湖的泥沙淤积；中下游地区过度围湖造田，占用行洪滩洲，破坏湿地生态环境，造成水域调蓄面积减少。这些都加剧了洪水的威胁。

洪水到来之前，在党中央、国务院的领导下，国家防汛抗旱总指挥部已经对防汛抗洪工作做了具体部署。根据对水文、气象等部门的预报，汛前已做出了长江可能发生全流域性大洪水的判断；提前一个月召开了国家防汛抗旱总指挥部第一次会议；检查了大江大河特别是长江的防汛准备工作；公布了大江大河行政首长防汛责任制名单，加强社会舆论监督；组织修订印发了大江大河洪水调度方案，落实了防洪预案；加大汛前投资，加固一批险工、险段、险库、险闸；落实抢险队伍，储备防汛抢险物资。这些措施为最终战胜洪水奠定了基础。

当抗洪抢险工作全面展开后，党中央、国务院高度关注灾区群众的生命安全和切身利益，直接指挥这场斗争，始终与抗洪军民心心相连、同舟共济。入汛以后，中央就一直密切注视气候的变化和江河的汛情,及时对全国抗洪工作进行了周密部署。汛情严重的时刻,长江干堤出现各类险情9000多处,松花江干堤出现各类险情6000多处,部分堤防需要超设计水平挡水,还有300多公里堤防低于洪水位,靠抢修子堤挡水。8月7日,在长江抗洪的紧要关头,中央政治局常委召开会议,做出了《关于长江抗洪抢险工作的决定》,对抗洪工作进行了全面部署。为了贯彻落实中央的决定,8月11日国家防汛抗旱总指挥部在湖北荆州召开特别会议,针对长江防汛特别严峻的形势,决定采取严防死守长江大堤的8条具体措施,要求各地加大巡堤查险力度,突击加高加固长江大堤,做好抢大险尤其是溃口性险情的准备,及时排除险情,及时补充抢险料物,合理部署和使用抗洪抢险力量,做好科学调度。

在抗洪抢险的紧张岁月,党和国家主要领导人密切关注汛情动态,在最紧急时刻更是亲赴抗洪第一线指挥。7月21日,长江第二次洪峰正向武汉逼近。当天深夜,江泽民给在前线指挥的国务院副总理温家宝打电话,提出"严防死守、三个确保"的方针:沿江各省市特别是武汉市要做好迎战洪峰的准备,抓紧加固堤防,排除内涝,严防死守,确保长江大堤的安全,确保武汉等沿江重要城市的安全,确保人民生命安全。[①]8月13、14日,江泽民亲赴湖北抗洪第一线,向全国抗洪军民发出了夺取抗洪抢险斗争最后胜利的总动员令。9月4日,在斗争取得决定性胜利的伟大时刻,他又在九江发表重要讲话,号召全国受灾地区及时把工作重点逐渐转到恢复生产、重建家园上来。

为了保障人民群众的生命财产安全,党中央及时做出了大规模

---

① 《夺取抗洪抢险决战的最后胜利》,人民出版社1998版,第10页。

调动人民解放军投入抗洪抢险的重大决策。解放军、武警部队投入长江、松花江流域抗洪抢险的总兵力达到了36.24万人，包括110多位将军和5000多位师团干部，还动用车辆56.67万台次、舟艇3.23万艘次、飞机和直升机2241架次。官兵们承担了最为急难险重的抗洪抢险任务，他们发扬一不怕苦、二不怕死的革命精神和不怕疲劳、连续作战的作风，起到了中流砥柱的作用。从坚守荆江大堤到抢堵九江决口，从会战武汉三镇到防守洞庭湖区，从保卫大庆油田到决战哈尔滨，哪里最危险，哪里任务最艰巨，哪里就有人民子弟兵。从将军到士兵，人人奋勇争先，用血肉之躯铸起了冲不垮的坚强大堤。同时，国务院决定动用总理预备费，增拨抗洪抢险资金。铁道部门安排抗洪救灾军用专列278对，运送部队官兵12万余人，紧急运送救灾物资5万多车皮。民航系统安排抗洪抢险救灾飞行1000多架次，运送救灾物资和设备560多吨。各地调用的抢险物料总价值130多亿元，各界捐款35亿元，捐物折款37亿元。还有800多万干部群众参与了抗洪抢险斗争，其中还包括数万名工程技术人员。各级民政和卫生部门的工作取得很大成绩，受灾群众得到了妥善安置，受灾地区传染病疫情总体平稳，重点传染病得到有效控制，大灾之后没有出现大疫。

最终，在中央的正确领导和数百万抗洪军民的奋勇抗争下，1998年的特大洪水被克服，留下了伟大的抗洪精神和深刻的经验教训。9月28日，全国抗洪抢险总结表彰大会在人民大会堂隆重举行。江泽民在会上总结道："在同洪水的搏斗中，我们的民族和人民展示出了一种十分崇高的精神。这就是万众一心、众志成城，不怕困难、顽强拼搏、坚韧不拔、敢于胜利的伟大抗洪精神。"① 他还指出："这次抗洪胜利再一次说明，要增强我国的综合国力，增强抵御各种风险的能力，必须坚定不移地贯彻执行党在社会主义初级阶段的基本路线。近二十年来，我们始终不渝地以经济建设为中心，坚持四项基本原则，坚持改革开放，促进物质文明和社会主义精神文明协调发展，经济建设和社会进步全面跃上新的台阶，社会生产力、综合国力和人民生活水平显著提高。我们的国家已经拥有比较强大的物质技术力量，我们的人民焕发出更加意气风发、朝气蓬勃的精神力量。在这次抗洪抢险中，我们打了一场漂亮的硬仗。这样的硬仗，离开必胜的勇气和顽强的斗争，离开科学技术的进步，离开综合国力的提高，是打不了的。没有经过长期努力建设和发展起来的物质基础，没有水利、气象、水文等方面取得的技术进步，要夺取这样的胜利是难以想象的。这次抗洪斗争的胜利，是我们坚持改革开放和现代化建设的伟大胜利。"②

在感慨重拾民族精神的同时，灾区迅速重建回归"奔小康"的轨道，我们也在深入思考如何预防灾难的重临。在通过艰苦努力，发挥中华民族顽强拼搏的精神，一次又一次战胜危机、风险和考验的过程中，我国也不断提升自身妥善处置各类突发事件的综合能力，逐渐建立起有效的应急反应机制，维护了国家安全和社会和谐稳定，构建起小康社会的可靠保障。

---

① 《江泽民文选》第2卷，人民出版社2006年版，第229—230页。
② 《江泽民文选》第2卷，人民出版社2006年版，第229页。

维护港澳繁荣稳定

北京的平安大街，在著名的景区北海公园附近，坐落着一座雅致的小楼，国旗与紫荆区徽交相辉映——这里是香港特别行政区政府驻北京办事处。

代表香港的洋紫荆图案、花蕊以五颗星表示，与国旗、国徽上的五星相对应，寓意中华人民共和国与香港特别行政区密不可分的关系。红白两色，象征香港实践"一国两制"。区徽的整体含义，就是香港在祖国的环抱下，开花结果，繁荣昌盛。

1997年7月1日，当国旗与区旗一同在祖国大地上飘扬的时候，香港人民不但成为香港的主人，也同样是国家的主人。国家统一的步伐，是与小康社会建设相伴而行的。回归以来，很多香港市民已经切实感受到拥有国家作为坚强后盾在国际社会发挥自身的价值是一种怎样的体验。

2016年11月17日，香港特区第四任行政长官梁振英赴秘鲁，出席在利马举行的亚太区经济合作组织2016领导人会议。梁振英说："根据《基本法》，香港以中国名义可以参加这些国际组织。这个对于香港来说除了是我们一个很大的荣幸之外，对香港在国民议会开展各个方面的工作，包括经济、商贸、教育、卫生、文化交流都是非常重要的。"[1]

除了APEC，世贸组织部长级会议、博鳌亚洲论坛、亚洲金融论

---

[1] 梁振英采访记录，2017年。

坛、达沃斯年会等舞台上，都有香港特区领导人的身影。回归以来，特区政府以"中国香港"的名义参加了超过 200 个不以国家为单位的国际组织。特区政府在中央人民政府的授权及协助下，与外国签订了超过 150 份双边协定，以及自行与外地及有关国际组织签订超过 300 条协议。与外国和国际组织的交往和合作更大大提升，参与对外事务的范围更广、程度更深。

正是由于有了"一国"的前提，"两制"才能迸发出无限的活力，为香港打开了更加广阔的视野和平台。"两制"的健康运行，依赖于"一国"从国家结构到法律政体的根本支撑。全国人大常委会香港特区基本法委员会副主任、香港特区政府首任律政司司长梁爱诗说："'一国'跟'两制'的权力，是在《基本法》有充分的体现，既体现'一国'，也体现'两制'，是一个完整的概念。勿忘初心，是为了国家统一，领土完整，香港的繁荣稳定。所以，我们一定不要忘记这个最初的原意是什么，让'一国两制'，能够完完整整地落实。"[1]

然而，2019 年，香港经历了内忧外患，局势一度非常紧张，牵动着全世界中华儿女的心绪。甚至在 12 月 31 日，香港市民都期盼在平和气氛中迎接新的一年，却仍有人试图给佳节蒙上暴力阴影。在 12 月 30 日香港警方召开的简报会上，警察公共关系科总警司郭嘉铨表示，留意到有人在互联网上鼓吹 31 日晚聚集搞事，迫使警方使用催泪弹，达到制造公众恐慌的邪恶目的。警方严厉谴责有人以毫无道德的黑社会手段，达到灭声目的。郭嘉铨强调，警方会继续主动执法，以保障市民的安全，这些人妄图制造"黑色恐怖"的目的将不会得逞。[2]

---

[1] 梁爱诗采访记录，2017 年。
[2] 环球网，2019 年 12 月 31 日。

同一天，香港警方在社交媒体专页上传"2019香港警队止暴制乱回顾"视频，警务处处长邓炳强在视频中表示，对过去半年的事情非常感叹，有人想要达到自身目的煽动仇恨及暴力，特别是煽动年轻人使用暴力。他强调，相信香港市民对过去半年的暴力感到非常厌恶，警方会尽一切办法拘捕犯法的人。①

与此同时，香港经济增长出现了急速降温，贸易、旅游、零售、消费相继遭遇"滑铁卢"。2019年第三季度香港GDP同比下跌2.9%，这是香港10年来首次出现经济衰退。②

香港的社会问题确实存在，绝不容忽视。如长江制衣集团行政总裁陈永棋所说："'一国两制'20年来是成功的，但是香港有很多内部的问题要解决。不解决香港内部的矛盾，就影响到'一国两制'将来再发展下去。"③

在社会的碰撞中，最让人痛心的莫过于一部分年轻人在内外敌对势力唆使下将宝贵的青春时光荒废在了街头，矛头指向自己的祖国。这是香港近几年最大的社会问题。但错误的动机，极端的行动，从来不会取得真正广泛的共识。面对挑战，大部分香港市民的回答是清晰而有力的。香港青贤智汇创会主席谢晓虹说："他们是很极端的一部分，他们完全代表不了香港大部分的年轻人，我觉得香港大部分年轻人，他们还是反对港独，他们不认同这个东西，因为大部分还是觉得，'一国两制'是对香港最好的一个选择。"④"帮港出声"发起人周融也说："我们做过一个问调，就是问过香港人，

---

① 环球网，2019年12月31日。
② 《21世纪经济报道》2019年12月31日。
③ 陈永棋采访记录，2017年。
④ 谢晓虹采访记录，2017年。

未来你希望香港是'一国两制',还是香港独立,85%的人说我们要'一国两制'。"①

范徐丽泰,曾任香港立法会主席。回归前,她是港英立法局的议员。大学时期一次偶然的事件,让范徐丽泰对祖国的概念有了深刻的认识。

20世纪60年代,正在上大学的范徐丽泰由于证件问题滞留国外的机场,无法返回香港。其实,仅需要证明一下自己的身份就能解决。但是,这对于当时的范徐丽泰来说却十分困难。范徐丽泰回忆:"他们就说香港是英国的殖民地嘛,你用我们的电话打到英国大使馆,看看他能不能证明你。我打到英国大使馆,将情况给他们讲了。那边的回应就是说,你不是英国人,我们不会管你的事。我就觉得,将来我去旅行,这个安全问题没人管的,出了事谁管你。"②

范徐丽泰有一本"英国国民(海外)护照",但自从香港回归祖国,她一直使用的是中华人民共和国香港特别行政区护照。范徐丽泰说:"我十几年前已经放弃了那个英国海外护照了,因为没用啊,我的特区护照要去的地方,不需要签证就可以去的地方比它多得多了。它没有用,作为旅行证件都没有用。"③

如今,香港特区护照持有人获免签证待遇的国家和地区已经由1997年的48个,上升到目前的156个。手持特区护照,港人的脚步更加自由,在国际突发事件中也因为祖国的支撑得到更多的安全保障。

过去的22年,无论是在战火纷飞的金边,还是在雅加达大规模骚乱的街头;无论是在土耳其国泰航空公司飞机被劫持的现场,还

---

① 周融采访记录,2017年。
②③ 范徐丽泰采访记录,2017年。

是在阿富汗的危险地带；无论是冲突持续升级的叙利亚，还是新西兰强震的惊魂一刻，身临险境的香港同胞都能及时得到祖国的全力帮助。这种温暖和亲切让港人感受到身为中国人的自豪与骄傲。范徐丽泰说："我一向都觉得我是中国人，是值得自豪的。香港是有背靠中国的地利跟天时都拿到，我们如果能够有人和，齐心协力地去发展，我相信香港将来，会比以前更辉煌。"①

自1997年回归祖国的怀抱，香港与内地协力发展22载，在携手同行的路上香港与内地你中有我，我中有你，从未分离。疾风知劲草，患难见真情。不管是2003年非典还是2008年的抗震救灾，香港与内地在灾难面前的守望相助，彰显了中华民族强大的凝聚力和生命力。这种紧密的血脉联系，是灾难时的和衷共济，更是一颗颗对祖国拳拳相报的赤子之心。香港著名企业家曾宪梓曾说："国家有什么一点点的进步，我就高兴得不得了。现在不论是港澳人、台湾人，还是华侨华人，都对我们国家的富强感到自豪。"②祖国越发展，香港越美好。这是老一辈在经历香港沧桑变迁后最深刻的感受，也是他们最想分享给年轻一代的人生经验。

2007年12月29日，全国人大常委会决定，2017年香港第五任行政长官的选举可以实行由普选产生的办法，并为行政长官和立法会全部议员普选设定了时间表。2013年12月4日至2014年5月3日，特区政府进行了为期5个月的公众咨询，启动了实现普选的有关程序。2014年8月31日，全国人大常委会表决通过了《关于香港特别行政区行政长官普选问题和2016年立法会产生办法的决定》，为推动实现2017年行政长官普选奠定了宪制性法律基础。由提名委员会

---

① 范徐丽泰采访记录，2017年。
② 曾宪梓采访记录，2017年。

提出2到3位候选人，交给全港符合资格的选民，由300多万选民，一人一票选出行政长官。

英国在对香港实行殖民统治的156年里，所有总督，甚至大批主要官员均是从伦敦直接派来的英国人，事前从来不征求香港民众意见，更谈不上搞选举、搞普选了。而中国政府恢复对香港行使主权后，特区历任行政长官的人选均是通过在香港当地选举产生后，报请中央人民政府任命。而且，在不到20年时间里，走过了西方120年的路，选举的民主程度一届比一届高，直至可以实现普选，超过了许多西方发达国家。这是香港政制的巨大进步。

2015年上半年，香港岛各界联合会连续进行三轮2017香港特区行政长官选举办法问卷调查，结果非常一致，近七成受访者认为，立法会议员应顺应主流民意，投赞成票通过政改方案。然而，全国人大这一依法对宪制责任的正当履行却受到香港一些人士的激烈反对，英美等国也频繁发声、指手画脚，以致在香港市民中引发了激烈的碰撞，在当时就造成了香港社会的动荡，现在来看，如同2019年风波的预演。在中央和香港各界的努力下，风波终于平息。2015年4月22日，特区政府公布行政长官普选办法咨询报告和方案。6月18日，立法会70名议员中有28名议员投反对票，法案未能获得香港基本法规定的全体议员三分之二多数支持而未获通过。

回顾香港这段令人遗憾的经历，我们会发现，一些人觊觎的，并不是所谓的"自由民主"，而是香港的管治权。香港基本法澳门基本法研究会会长王振民表示："这些争议，本质上就是香港的最高管治权之争。我们有一个政治底线，就是香港回归之后，我们除了恢复行使主权，还要恢复行使治权。我们一定是要保证以爱国爱港的人士为主体来治理香港。"①

北京,人民大会堂。1984年,就在这里,邓小平向撒切尔夫人提出:"主权问题不是一个可以讨论的问题。"②当英国人提出"主权换治权"的方案时,被中国方面坚决地否定了。直到英方确认不再坚持英国管治,也不谋求任何形式的共管,并理解1997年后整个香港的主权和管治权应该归还中国这一前提,中英谈判的主要障碍方才扫除。从一开始,香港的主权与管治权就是二位一体的。全国港澳研究会副会长、香港特区政府中央政策组首席顾问刘兆佳表示:"香港民主发展,只能在'一国两制'这个框架之内发展,更不能让香港的管制权落在跟中央对抗的人的手上。但是从我们的反对派跟部分年轻人角度来看呢,他们不太理会香港的民主发展究竟带来什么后果,而且这个后果是不是有利于'一国两制'这个实践,和良好的中央特区关系间的建立。"③

2014年6月,国新办发布了首份《"一国两制"在香港特别行政区的实践》白皮书,其中明确写道:"宪法和香港基本法规定的特别行政区制度是国家对某些区域采取的特殊管理制度。在这一制度下,中央拥有对香港特别行政区的全面管治权,既包括中央直接行使的权力,也包括授权香港特别行政区依法实行高度自治。对于香港特别行政区的高度自治权,中央具有监督权力。"

《宪法》与《基本法》,是凝聚各方共识,保持香港在"一国两制"框架内实现长期繁荣稳定的定海神针和民主基石。《基本法》是史无前例的法律,它的诞生凝结了很多人的心血和付出。两地的

---

① 王振民采访记录,2017年。
② 《邓小平文选》第3卷,人民出版社1993年版,第12页。
③ 刘兆佳采访记录,2017年。

委员们凝聚共识，通力合作，历经 4 年多时间，克服重重困难和阻隔，实现了世界法律史的突破。香港基本法起草委员会委员、香港立法会议员谭耀宗介绍："基本法起草委员会总数是 59 人，香港占了 23 个人，我是最年轻一个。我的背景是当时代表劳工基层方面的。香港这边有很多是工商界、专业界知名的人士。""内地的起草委员都是国家的精英，在法律、科教文、外交，香港'一国两制'里面所需要有的专家都在。"①

经过各方艰苦努力，1990 年 4 月 4 日，第七届全国人大第三次会议通过《中华人民共和国香港特别行政区基本法》。4 月 16 日，邓小平在会见《基本法》起草委员会委员时专门讲道："到本世纪末，中国人均国民生产总值将达到八百至一千美元"，"那时候我们叫小康社会，是人民生活普遍提高的小康社会"。"要保证中国的社会主义制度不变，保证整个政策不变，对内开放、对外开放的政策不变。如果这些都变了，我们要在本世纪末达到小康水平、在下世纪中叶达到中等发达国家水平的目标就没有希望了"，"香港的繁荣和稳定也会吹的"。②

在这里，他特别强调"还有一个问题必须说明"："切不要以为香港的事情全由香港人来管，中央一点都不管，就万事大吉了。这是不行的，这种想法不实际。中央确实是不干预特别行政区的具体事务的，也不需要干预。但是，特别行政区是不是也会发生危害国家根本利益的事情呢？难道就不会出现吗？那个时候，北京过问不过问？难道香港就不会出现损害香港根本利益的事情？能够设想香港就没有干扰，没有破坏力量吗？我看没有这种自我安慰的根

---

① 谭耀宗采访记录，2017 年。
② 《邓小平文选》第 3 卷，人民出版社 1993 年版，第 215、216、218 页。

据。""总有一些事情没有中央出头你们是难以解决的。中央的政策是不损害香港的利益,也希望香港不会出现损害国家利益和香港利益的事情。""有些事情,比如一九九七年后香港有人骂中国共产党,骂中国,我们还是允许他骂,但是如果变成行动,要把香港变成一个在'民主'的幌子下反对大陆的基地,怎么办?那就非干预不行。干预首先是香港行政机构要干预,并不一定要大陆的驻军出动。只有发生动乱、大动乱,驻军才会出动。但是总得干预嘛!"①30年后,我们不得不佩服邓小平的预见性,也更加相信他的判断。

知法、懂法、守法,是香港同胞值得自豪的传统,也是国际社会在谈及"香港经验"时津津乐道的内容。香港特区首任行政长官董建华说:"在'一国两制、高度自治'的情况之下,经过《基本法》已经得到全部的保障,那么所以最要紧的来维护香港人的利益就是要彻底执行《基本法》。"②不过,确实还有不少人未能正确理解"一国两制"和《基本法》的本质。王振民说:"《基本法》核心的内容就是'一国两制'。香港社会这些年因为一些人的误导,只谈'两制'不谈'一国',所以很多人对基本法的认识就是'两制'。关于'一国'的这个内容,关于中央一些特区关系和中央权力这些内容,很多人是不知道的。"③

铜锣湾的码头,每天正午12点,这里都会鸣放午炮一响。这项历史悠久的传统,只在1941年香港遭到日军占领期间暂停过。这门午炮,见证着香港与整个中国共同经历的风雨沧桑。然而,特区某些重要领域"不去殖民化反而去中国化"的做法,造成许多港人特

---

① 《邓小平文选》第3卷,人民出版社1993年版,第221页。
② 董建华采访记录,2017年。
③ 王振民采访记录,2017年。

别是年轻人对国家民族的苦难历程了解甚少。新界乡议局主席刘业强表示:"其实我们很多中国的背景历史就是听我们的家人去谈的。(回归)之前的香港人对中国历史完全不了解,因为是英国殖民地嘛,英国管制,没有这个'一国'这样的思想。"[1]香港《基本法》诞生于母法《宪法》,但我们在特区对《基本法》的推广,《宪法》讲得少,"一国"讲得少,以为只要香港保持经济繁荣,市民就会自然地亲近祖国了。但由于香港是个与国际社会紧密联系、多元化的城市,加上殖民主义者临撤退前有经验的部署,意识形态思维与核心价值往往被外来因素影响,特区政府不占领道德高地、舆论高地就很难培育国家观念和民族意识。香港世界贸易中心协会终身名誉理事伍淑清也认为:"香港的环境是很特殊的,因为回归以前,香港的教育是殖民地的教育。香港的年轻人将来要立足香港,为国家服务。他们对国家的历史不清楚,将来会有一个很狭隘的思想,就是我是香港人,不认识自己是中国人。"[2]

少年强,则国强。香港的未来属于青少年一代,但《基本法》教育却一直未在中小学实施。梁爱诗表示:"《基本法》其实在香港的学校也有这个教材,教育局跟建设事务局都有举办一些活动,还有一些不同的社会团体宣传《基本法》,政府也有一个《基本法》推广督促委员会,去帮助推广《基本法》。但是问题就是有些太过简化了,还有一些盲点。"[3]

2017年1月16日,香港特区政府教育局举行《中学教育课程指引》简介会,将《基本法》纳入中小学的必修课,规定了相应的课时安排。

---

[1] 刘业强采访记录,2017年。
[2] 伍淑清采访记录,2017年。
[3] 梁爱诗采访记录,2017年。

香港的《基本法》教育方兴未艾，尚有许多方面需要探索和完善。而香港政治和社会的进步、经济的发展，已经在急切地呼唤法制基础上的广泛共识，比如：对特首应该有什么样的要求？

早在1984年，中英双方签署《联合声明》的第二天，邓小平在会见香港船王包玉刚时就明确提出："港人治港有个前提，港人必须是爱国者。爱国者的标准是：一爱祖国，二爱香港。"[①] 这一标准在《基本法》第一〇四条中得到了具体的体现。2016年11月7日，全国人大常委会全票通过了关于香港《基本法》第一〇四条的解释。全国人大常委会副秘书长、香港基本法委员会主任李飞在新闻发布会上指出："第一〇四条所规定的拥护中华人民共和国香港特别行政区基本法，最根本的就是要坚持和拥护'一国'，坚持和拥护香港是中华人民共和国不可分离的部分，坚持和拥护香港特区的主权属于中华人民共和国，敌视、颠覆、分裂中华人民共和国、煽动'港独'的人骨子里是不可能拥护香港基本法的，这是最浅显的道理。"人大释法，是权力也是宪制责任，廓清了法律的模糊地带。广大香港居民更加清楚只有爱国爱港者才能代表自己的根本利益。

实际上，无论在哪一个国家或地区，真正的政治发展和社会进步都依赖于广泛地凝聚社会共识，这是人类社会的普遍规律。香港政制要实现新的进展，香港社会要取得新的进步，就是要重归《基本法》确立的法制轨道。重塑对祖国的认同和热爱，在于加强香港青年对中国历史和现在的认知，加强他们与祖国内地的联系。

出生于1997年的柯嘉宝，曾在2017年来北京，作为香港科技大学的学生与清华大学的同龄朋友共同庆祝香港回归二十周年。他

---

① 《邓小平年谱（1975—1997）》（下），中央文献出版社2004年版，第1021页。

表示:"其实我之前就以为北京是不太发达的城市,我都不了解,我都不知道北京这里有铁路。平时他们的生活用的科技,还有技术也非常发达。很多地方都用上了先进的技术去发展科技,令我大开眼界。但是我们一般香港人都不知道,其实这里有一些科技或技术甚至已经超过我们了。"[1]

不同于柯嘉宝的短期交流,来自香港的林子淦选择在内地的中国人民大学度过4年的大学时光。他说道:"我们也有这个责任和义务对这个国家的主权有一种承认。然后在这个基础上我们可以通过自己的努力还有各种渠道去尝试让我们自己更深入去了解我们的祖国,当我们对这个祖国有更多的认识以后,可能就会有更多的认同吧。"[2]

互通、交融,了解、认同,这些青年学生在香江两岸书写各自的人生故事,也让祖国在他们心中真正落地、生根。具有独特优势的香港,需要融入世界潮流与国家发展战略之中,为了我们共同的未来一起奋斗。香港是面向世界的香港,是中国的香港,是香港人的香港,梦想将再次照进现实,就在你我身边。

2008年7月7日上午,习近平探访了香港何文田冠熹苑的一个居屋单位,70多岁的男户主余杜胜是一名退休水喉匠。习近平询问了这个家庭的日常起居,他们的收入、社保和福利以及区内的治安,还问到了房价与物价的问题。言语之间无不流露出,他最为关心的,还是香港人民最实际的生活状况。党的十八大以来,中央非常重视对港澳工作,提出了两句话的根本宗旨:"维护国家主权、安全、发展利益,维护香港、澳门长期繁荣稳定。"[3] 中央始终惦念着香港

---

[1] 柯嘉宝采访记录,2017年。
[2] 林子淦采访记录,2017年。
[3] 《中国共产党第十九届中央委员会第四次全体会议文件汇编》,人民出版社2019年版,第58页。

的繁荣与稳定,关注的目光未曾片刻远离。

国家的发展需要香港,香港的发展也离不开国家,可以预见国家的一系列重大发展战略的实施必将为香港未来的发展提供更多的机遇,注入更强劲的动力,开辟更广阔的空间。只要香港善于利用依托内地、背靠大树好乘凉这样一个最有利的条件,把握好机遇,发挥好自身的优势,就一定能够在国家全面深化改革、扩大开放和推进现代化建设的进程中做出新的更大的贡献。在决胜全面建成小康社会的征程中,香港不仅不应该缺席,而且一定能够重放光彩。

习近平总书记指出:"'一国两制'在实践中已经取得举世公认的成功,具有强大生命力。无论遇到什么样的困难和挑战,我们对'一国两制'的信心和决心都绝不会动摇。我们将全面贯彻'一国两制'、'港人治港'、'澳人治澳'、高度自治的方针,严格按照宪法和基本法办事,支持行政长官和特别行政区政府依法施政、履行职责,支持香港、澳门发展经济、改善民生、推进民主、促进和谐。"[1] 在 2019 年 10 月,党的十九届四中全会进一步提出:"完善香港、澳门融入国家发展大局、同内地优势互补、协同发展机制,推进粤港澳大湾区建设,支持香港、澳门发展经济、改善民生,着力解决影响社会稳定和长远发展的深层次矛盾和问题。""坚决防范和遏制外部势力干预港澳事务和进行分裂、颠覆、渗透、破坏活动,确保香港、澳门长治久安。"[2]

---

[1] 习近平:《在庆祝中国共产党成立95周年大会上的讲话》,人民出版社2016年版,第26页。
[2] 《中共中央关于坚持和完善中国特色社会主义制度推进国家治理体系和治理能力现代化若干重大问题的决定》,人民出版社2019年版,第37页。

克服亚洲金融危机

1997年的7月2日,也就是香港回归祖国后的第二天,泰国政府宣布放弃固定汇率制,实行浮动汇率,泰铢当日贬值20%。泰国货币危机全面爆发,迅速波及东南亚金融市场,引发了席卷整个东南亚的金融风暴。这场危机涉及面广,汇价、股市、信贷以至金融机构都发生了危机,打破了亚洲奇迹的神话。这一年,我国经济增长率达到8.8%,而通货膨胀率降到0.8%,国民经济呈现出高增长、低通胀的良好态势。但亚洲金融危机来势凶猛,毫无疑问给我国小康社会目标的按期实现带来巨大的冲击和挑战。

7月11日,菲律宾宣布比索自由浮动,当日贬值11.5%,利率一夜狂升到25%。8月13日,印尼宣布汇率自由浮动。10月17日,台湾当局对台币主动贬值,加上美国股市下跌和国际投机者的冲击,促使香港股市暴跌,东南亚货币再度动荡。11月20日,韩国金融再起风波,并冲击日本,使东南亚金融危机雪上加霜。1998年新年伊始,亚洲汇市和股市连连走低,东南亚和东亚的金融风波跌宕不已。

金融危机的危害非常严重,首先表现在汇率贬值。1998年1月与1997年6月相比,菲比索贬值40.3%,新加坡元贬值18.9%,台币贬值18.1%。其次是资产缩水。股市狂跌,房地产价格下跌。泰国股市最高为1997年7月29日682点,1998年1月12日降到339点;印尼股市最高为1997年7月8日740点,12月15日降到339点;韩国股市1997年最高792点,12月12日降到350点;香港恒生指数1997年8月7日最高达到16673点,1998年1月12日降到8121

点，2月27日为11480点。影响扩展到全世界，1997年7月27日，纽约道琼斯指数狂跌近554.26点，是有史以来跌幅最剧烈的一天。接着是利率上升。本币汇率巨贬，持有本币者大量抛出本币，银行为稳定存款被迫提高利率。中央银行为打击投机，也提高利率。利率过高，又对经济运行造成严重危害。然后是经济滑坡。1998年，亚洲国家平均只增长2.6%，比1996年下降5个百分点。银行和工商企业大量破产，倒闭的金融机构，泰国60家，印尼18家，韩国19家。最后则表现为政治冲突。失业率上升，通货膨胀加重，给经济和社会发展带来严重危害。

亚洲金融危机的产生，表面看起来是由于国际投机资本的冲击，因此马来西亚总理哈蒂尔在世界银行会议上就曾当面指责投机金融巨鳄索罗斯。但是深层次原因是东南亚国家在经济长期高速发展过程中普遍存在着金融秩序混乱，过度依赖外资，经济结构调整明显滞后，"泡沫经济"过度膨胀的严重问题，在这种情况下又盲目推行金融自由化，从而酿成恶果。

中国是亚洲金融危机主要受害国的近邻，同这些国家的经贸关系非常密切，因此中国不可避免地受到危机的影响和冲击，这表现在对外贸易、利用外资、经济增长和经济安全等各个方面。中国出现经济增长速度持续走低，物价不断下降，需求不振，出口低迷的通货紧缩局面。在外有金融危机冲击、内有改革攻坚巨大压力的历史关头，党中央、国务院驾驭复杂经济局面，提出"坚定信心，心中有数，未雨绸缪，沉着应付，埋头苦干，趋利避害"[①]的指导思想，采取果断措施，积极应对危机。

---

① 《十五大以来重要文献选编》（上），中央文献出版社2011年版，第178页。

最关键的是坚持人民币不贬值。亚洲金融危机爆发后，东南亚许多国家的货币相继大幅度贬值，这使中国面临着人民币贬值的巨大压力，人民币汇率稳定成为被关注的焦点。在巨大的压力下，中国领导人高瞻远瞩，审时度势，向世界做出庄严承诺：人民币不会贬值。1997年11月底，朱镕基在接受日本《经济新闻》专访时表示：中国决不会采取让人民币对外贬值的对策来促进本国产品的出口。这是中国政府第一次在公开场合宣布人民币汇率不贬值。1997年12月，江泽民在吉隆坡举行的中国—东盟首脑非正式会晤中郑重宣布：中国将保持人民币汇率稳定。1998年3月，朱镕基在第九届全国人大一次会议举行的集中招待会上，把"人民币不能贬值"列为"一个确保"任务的重要内容。

为了兑现这一庄严承诺，党中央、国务院采取了一系列稳定人民币汇率的措施。主要包括：千方百计扩大出口，积极有效利用外资；加强外汇外债管理，促进国际收支平衡；协调本、外币存款利率的关系。经过不懈努力，自危机爆发来，人民币兑换美元的汇率基本稳定在1美元兑换8.28元人民币左右；到2000年12月29日，人民币对美元汇率为1美元兑8.2774元人民币，较1997年6月底升值了一分三厘，升值幅度为0.16%。泰国著名经济学家萨葳指出："中国不乘人之危，主动承担巨大困难和风险，作出自我牺牲，这对稳定金融秩序，促进东南亚经济的恢复和发展作出了宝贵贡献。"[1]

积极推进金融体制改革。为应对金融危机，中国政府于1997年11月召开了第一次全国金融工作会议。会议指出："保证金融安全、高效、稳健运行，是国民经济持续快速健康发展的基本条件"[2]，提

---

[1] 《人民日报》1998年7月3日。
[2] 《江泽民文选》第2卷，人民出版社2006年版，第71页。

出要用三年左右的时间解决中国金融业的风险问题。此后，国务院积极推进金融体制改革，出台了一系列改革国有商业银行的措施。主要包括：定向发行2700亿元特别国债，补充四大国有银行资本金；将13939亿元银行不良资产剥离给新成立的四家资产管理公司；取消贷款规模，实行资产负债比例管理等。国务院还相继颁布了《防范和处置金融机构支付风险暂行办法》等七项规定，成立保监会，关闭一些有问题的金融机构，于1999年开始对信托投资公司进行第七次清理整顿，核销近6000亿元不良资产。

实施扩大内需政策。1997年下半年，中央领导多次听取有关部门关于亚洲金融危机问题的汇报。国家计委研究提出了《关于应对东南亚金融危机，保持国民经济持续快速健康发展的意见》。党中央、国务院同意并转发了这一意见，从而形成了中央3号文件，其主要内容即实施比较积极的财政政策和稳健的货币政策。到1998年7月中旬，中央听取国家计委的汇报，决定转发《国家发展计划委员会关于今年上半年经济运行情况和下半年工作建议》，形成了中央12号文件，提出采取更加有力的措施，实施更加积极的财政政策，加大基础设施建设力度，大力拓展消费领域，继续扩大国内消费需求的建议。3号文件和12号文件的发布，使我国从1993年以来的适度抑制需求扩张转变到以积极的财政政策为主要内容、以扩大内需为着力点的宏观经济政策上来。1998年8月，国务院在提交九届全国人大常委会第四次会议通过的《关于批准国务院增发今年国债和调整中央预算方案的决议》的议案时提出，要实施更加积极的财政政策，主要从投资和消费两个方面扩大国内需求，拉动经济增长。这些政策保证了小康社会建设的稳步推进，国民经济仍保持了适度的增长，国内生产总值1998年增长7.8%，1999年增长7.1%。江泽民在1999

年 11 月 15 日的中央经济工作会议上指出："无论是克服当前经济生活中的实际困难，还是着眼于下世纪的长远发展，我们都有必要也有条件把经济发展建立在主要依靠国内市场的基础上，实行以扩大内需为主的发展方针，实行促进经济持续快速健康发展的经济政策，把握好宏观调控的方向和力度。"①

经过多方面的努力，2000 年年初，我国经济增速提高，效益明显改善，市场物价出现积极变化，消费、投资、出口三项需求全面强劲增长，表明中国经济已经克服了亚洲金融危机的消极影响，并基本遏制了通货紧缩的趋势，国民经济向良性循环方向迅速前进。2001 年 3 月，九届全国人大四次会议宣布："（我们）在有效治理通货膨胀，成功实现经济'软着陆'后，针对经济形势的变化，实行扩大内需的方针，果断实施积极的财政政策和稳健的货币政策，抑制了通货紧缩趋势，克服了亚洲金融危机和国内有效需求不足带来的困难，国民经济和社会发展取得巨大成就。"②

---

① 《江泽民文选》第 3 卷，人民出版社 2006 年版，第 432 页。
② 《中华人民共和国第九届全国人民代表大会第四次会议文件汇编》，人民出版社 2001 年版，第 38 页。

总体达到小康水平

20世纪90年代，我国从计划经济向社会主义市场经济转型，带来了经济社会生活全方位的巨大变化，也带来了层出不穷的新问题和新矛盾。所以，我们必须一方面抓住机遇、加快发展，另一方面积极面对和处理好发展起来以后出现的新问题和新矛盾。特别是，为了进一步调动全社会"奔小康"的积极性，必须让最广大的人民群众都享受到改革开放和小康建设的成果。为解开这个建设小康社会需要处理好的重大课题，90年代"奔小康"的一个显著特点是，我们从坚持"两手抓，两手都要硬"，到提出"经济、政治、文化协调发展"，"促进社会全面进步"，不断拓展小康社会的内涵。

1995年9月，江泽民在十四届五中全会上提出"必须把社会主义精神文明建设提到更加突出的地位"的指导方针，强调："要把物质文明建设和精神文明建设作为统一的奋斗目标，始终不渝地坚持两手抓、两手都要硬。任何情况下，都不能以牺牲精神文明为代价去换取经济的一时发展。"他还提出："精神文明建设要同经济发展战略相适应，纳入国民经济和社会发展的总体规划。"[1]1996年10月，党的十四届六中全会专门通过《关于加强精神文明建设若干重要问题的决议》，进一步明确了精神文明建设在社会主义现代化建设总体布局中的战略地位，并提出要探索在发展社会主义市场经济和对外开放条件下建设社会主义精神文明的任务。

---

[1] 《江泽民文选》第1卷，人民出版社2006年版，第474页。

除了强调物质文明和精神文明协调发展，中央还提出了促进社会全面进步的方针。1991年7月1日，江泽民在庆祝中国共产党成立70周年大会上指出，党的基本路线和十三届七中全会提出的12条原则，"总起来说，就是要通过社会主义制度的自我完善和发展，建设有中国特色社会主义的经济、政治、文化，以适应和促进社会生产力的不断发展和社会的全面进步，实现社会主义现代化"。①1992年10月，他又在十四大报告中提出："我们要在九十年代把有中国特色社会主义的伟大事业推向前进，最根本的是坚持党的基本路线，加快改革开放，集中精力把经济建设搞上去。同时，要围绕经济建设这个中心，加强社会主义民主法制建设和精神文明建设，促进社会全面进步。"②

到党的十五大，中央把实现经济、政治、文化协调发展，促进社会全面进步，上升到了党在社会主义初级阶段的基本纲领。十五大报告围绕建设富强民主文明的社会主义现代化国家的目标，深入地阐述了什么是社会主义初级阶段有中国特色社会主义的经济、政治和文化，怎样建设这样的经济、政治和文化。江泽民指出："建设有中国特色社会主义的经济、政治、文化的基本目标和基本纲领，有机统一，不可分割，构成党在社会主义初级阶段的基本纲领。""只有经济、政治、文化协调发展，只有两个文明都搞好，才是有中国特色社会主义。"③这就是后来概括的中国特色社会主义建设"三位一体"格局。

民主法制建设，既是社会全面进步的重要标志，又是社会全面

---

① 《江泽民文选》第1卷，人民出版社2006年版，第152—153页、第161页。
② 《江泽民文选》第1卷，人民出版社2006年版，第224页。
③ 《十五大以来重要文献选编》（上），中央文献出版社2011年版，第17、30页。

进步的重要手段，中央由此提出了依法治国、建设社会主义法治国家。1996年2月8日，江泽民在中央第三次法制讲座上指出："实行和坚持依法治国，就是使国家各项工作逐步走上法制化和规范化；就是广大人民群众在党的领导下，依照宪法和法律的规定，通过各种途径和形式参与管理国家、管理经济文化事业、管理社会事务；就是逐步实现社会主义民主的法制化、法律化。"[1]一个多月后，八届全国人大四次会议把"依法治国，建设社会主义法制国家"[2]作为一条基本方针写入《国民经济和社会发展"九五"计划和二〇一〇年远景目标纲要》。1997年，"党的十五大，明确把依法治国确定为党领导人民治理国家的基本方略，并把依法治国、建设社会主义法治国家作为政治体制改革的一项重要内容"。[3]

此外，关于社会建设，自90年代初也开始了更高层次的认识和考虑，并产生了一些具体政策思路，为日后做出加强社会建设的战略决策提供了思想基础。1991年3月，七届全国人大四次会议通过的《关于国民经济和社会发展十年规划和第八个五年计划纲要的报告》单列"关于社会发展"一章。1995年9月，党的十四届五中全会提出社会发展的总体要求是：保持社会稳定，推动社会进步，积极促进社会公正、安全、文明、健康发展。主要任务是：控制人口增长，提高生活质量，扩大劳动就业，完善社会保障，加强环境保护。[4]

我国的综合国力，在20世纪90年代中前期经济的持续快速发展中迅速提升。但同时，也暴露出发展中存在的一些问题：经济增

---

[1] 《江泽民文选》第1卷，人民出版社2006年版，第511页。
[2] 《十四大以来重要文献选编》（中），中央文献出版社1997年版，第1890页。
[3] 《十五大以来重要文献选编》（上），中央文献出版社2011年版，第141—142页。
[4] 《十四大以来重要文献选编》（中），中央文献出版社2011年版，第485—486页。

长方式粗放，产业结构不尽合理，自主创新能力不强，能源资源消耗过大，城乡区域发展不平衡，等等。

中国的小康社会建设，中国式的现代化，能不能走出一条真正适合中国国情的科学发展的道路，我们进行了卓有成效的探索，取得了重要的成果。90年代中后期，中央从实际出发，做出了一系列重大战略决策，努力破解发展中的难题。

扶贫攻坚。1994年2月28日至3月3日，国务院召开全国扶贫开发工作会议，部署实施"国家八七扶贫攻坚计划"，要求在20世纪末最后的7年内基本解决全国8000万贫困人口的温饱问题。1996年9月，江泽民在中央扶贫开发工作会议上讲道："实现小康目标，不仅要看全国的人均收入，还要看是否基本消除了贫困现象。""如果不能基本消除贫困现象，进一步拉大地区发展差距，就会影响全国小康目标的实现，影响整个社会主义现代化建设的进程。"[1] 经过各级党委和政府的艰苦努力，扶贫攻坚取得显著成绩。1999年6月，江泽民指出：1978年，全国农村贫困人口有2.5亿人，1993年底减少到8000万人，1998年减少到4200万人。农村贫困人口占农村人口的比重，由30.7%下降到4.6%。贫困地区的生产条件明显改善，人民生活水平显著提高，各项事业都取得了明显进步。现在，我国农村绝大多数人口的温饱问题已经基本得到解决，12亿中国人民进入和建设小康社会具备了更为坚实的基础。这不仅是中国历史上的奇迹，也是世界历史上的奇迹！[2] 到2000年，农村尚未解决温饱问题的贫困人口由1994年的8000万减少到3000万人。其中，国家重点扶持贫困县的贫困人口从1994年的5858万人减少到1710万人。

---

[1] 《江泽民文选》第1卷，人民出版社2006年版，第549页。
[2] 《十五大以来重要文献选编》（中），中央文献出版社2011年版，第26页。

沂蒙山区、井冈山区、大别山区、闽西南地区等革命老区群众的温饱问题已经基本解决。

科教兴国。中央深刻理解"科学技术是第一生产力"的思想，在世界科技革命新浪潮和经济全球化日益发展的新形势下，进一步提高了科技和教育对推动经济社会发展具有决定性作用的认识。1989年12月，江泽民在国家科学技术奖励大会上提出："我们要坚持把科学技术放在优先发展的战略地位，坚持依靠科技进步来提高经济效益和社会效益。"[①]1991年5月，他在中国科协第四次全国代表大会上提出，"把经济建设真正转移到依靠科技进步和提高劳动者素质的轨道上来"，并强调这一转移与十一届三中全会把党的工作重点转移到经济建设上来具有同等重要的战略意义。[②]1992年10月，党的十四大报告指出："振兴经济首先要振兴科技"，"科技进步、经济繁荣和社会发展，从根本上说取决于提高劳动者的素质，培养大批人才。我们必须把教育摆在优先发展的战略地位，努力提高全民族的思想道德和科学文化水平，这是实现现代化的根本大计"。[③]这是第一次以党的文件的形式，确定了科技和教育优先发展的战略地位。

1995年5月6日，党中央、国务院发布《关于加速科学技术进步的决定》，正式提出实施科教兴国战略。[④]5月26日，江泽民在全国科学技术大会上指出："科教兴国，是指全面落实科学技术是第一生产力的思想，坚持教育为本，把科技和教育摆在经济、社会发

---

① 《江泽民论科学技术》，中央文献出版社2001年版，第3页。
② 《江泽民论科学技术》，中央文献出版社2001年版，第21页。
③ 《十四大以来重要文献选编》（上），中央文献出版社2011年版，第22页。
④ 《十四大以来重要文献选编》（中），中央文献出版社2011年版，第348页。

展的重要位置，增强国家的科技实力及向现实生产力转化的能力，提高全民族的科技文化素质，把经济建设转移到依靠科技进步和提高劳动者素质的轨道上来，加速国家的繁荣强盛。这是顺利实现三步走战略目标的正确抉择。"① 这次会议对实施科教兴国战略做了全面部署。1996 年 3 月，八届全国人大四次会议把科教兴国确立为我国的一项基本国策。1997 年的十五大，进一步提出把科教兴国战略作为跨世纪的国家发展战略。

可持续发展。90 年代上半期经济快速发展带来的一系列问题，促使我们进一步考虑经济发展还要保证持续、健康的问题和社会全面进步的问题。1994 年 3 月，《中国 21 世纪议程》编制完成，提出可持续发展战略。1995 年 9 月，江泽民在十四届五中全会上强调："在现代化建设中，必须把实现可持续发展作为一个重大战略。要把控制人口、节约资源、保护环境放到重要位置，使人口增长与社会生产力发展相适应，使经济建设与资源、环境相协调，实现良性循环。"② 一个具有中国特色的以经济建设为中心，经济与社会、人与环境相互协调和可持续发展的新型经济社会发展战略由此而生。1996 年 7 月 16 日，江泽民在第四次全国环保会议上进一步指出："经济发展，必须与人口、资源、环境统筹考虑，不仅要安排好当前的发展，还要为子孙后代着想，为未来的发展创造更好的条件，决不能走浪费资源、走先污染后治理的路子，更不能吃祖宗饭、断子孙路。"③

区域经济协调发展，西部大开发。上世纪 80 年代，邓小平对全国经济的协调发展就进行过深刻考虑，提出了"两个大局"的思想：

---

① 《十四大以来重要文献选编》（中），中央文献出版社 2011 年版，第 384 页。
② 《江泽民文选》第 1 卷，人民出版社 2006 年版，第 463 页。
③ 《江泽民文选》第 1 卷，人民出版社 2006 年版，第 532 页。

一个大局,就是东部沿海地区加快对外开放,使之较快地先发展起来,中西部地区要顾全这个大局。另一个大局,就是当发展到一定时期,比如20世纪末全国达到小康水平时,就要拿出更多力量帮助中西部地区加快发展,东部沿海地区也要服从这个大局。到1992年"南方谈话"时他更是突出地强调了这个问题。1993年3月,江泽民在十四届二中全会上谈道:"地区之间发展差距要适度。如果长时间里,只是一部分地区一部分人富,大部分地区大部分人富不起来,那就不是社会主义了。先发展起来的,要帮助没有发展起来的也发展起来,互相支持,共同发展。这些问题,从现在起就要进行研究。"[1]1995年9月在十四届五中全会上,他又指出:"应该把缩小地区差距作为一条长期坚持的重要方针。""解决地区发展差距,坚持区域经济协调发展,是今后改革和发展的一项战略任务。"[2]这次全会正式确定实施促进区域经济协调发展战略,并提出引导地区经济协调发展,形成若干各具特色的经济区域,促进全国经济布局合理化,是逐步缩小地区发展差距,最终实现共同富裕,保持社会稳定的重要条件,也是体现社会主义本质的重要方面。

90年代中后期,实行西部大开发的战略设想逐步成形。1999年3月3日,全国两会召开前夕,江泽民提出:"西部地区迟早是要大开发的,不开发,我们怎么实现全国的现代化?中国怎么能成为经济强国?""实施西部地区大开发,是全国发展的一个大战略、大思路。"[3]随后,当时的国家计委相继召开4次座谈会,分别听取部门、地方、专家对西部大开发的意见和建议,围绕必要性和可行性,

---

[1] 《江泽民论社会主义市场经济》,中央文献出版社2006年版,第45页。
[2] 《江泽民文选》第1卷,人民出版社2006年版,第466页。
[3] 《江泽民文选》第2卷,人民出版社2006年版,第341页。

就目标、任务、方式、政策进行探讨。

当年6月17日,江泽民在西安召开的西北五省区国有企业改革和发展座谈会上系统阐述了西部大开发的战略构想。他提出:"没有西部地区的稳定就没有全国的稳定,没有西部地区的小康就没有全国的小康,没有西部地区的现代化就不能说实现了全国的现代化。""我们要下决心通过几十年乃至整个下世纪的艰苦努力,建设一个经济繁荣、社会进步、生活安定、民族团结、山川秀美的西部地区。"①9月,在党的十五届四中全会上,实施西部大开发战略写入《关于国有企业改革和发展若干重大问题的决定》。

2000年1月13日,迎着新世纪的曙光,党中央、国务院印发《关于转发国家发展计划委员会〈关于实施西部大开发战略初步设想的汇报〉的通知》,作为指导西部大开发的纲领性文件。16日,国务院印发《关于成立国务院西部地区开发领导小组的决定》。19日,国务院在京召开西部地区开发会议,研究加快西部地区发展的基本思路和战略任务。7月26日,国务院召开中西部地区退耕还林还草试点工作座谈会。10月26日,国务院下发《关于实施西部大开发若干政策措施的通知》。此后,西气东输、西电东送、青藏铁路等一批西部大开发标志性工程陆续开工建设。国家还全面加大了对西部经济社会发展的支持力度。2000年至2002年,西部地区国内生产总值分别增长8.5%、8.7%和9.9%,比1999年的7.2%明显加快,与全国各地平均增长速度的差距由1999年的1.5个百分点,缩小为2002年的0.6个百分点。固定资产投资年均增长18.8%,比全国平均水平高出近6个百分点。广大的西部地区也搭上了小康社会建设

---

① 《江泽民文选》第2卷,人民出版社2006年版,第344、346页。

的快车。

也是在新世纪刚刚来临之际，2000年2月，江泽民来到中国改革开放的前沿广东省视察。25日，他在广州市党建工作座谈会上第一次明确完整地提出"三个代表"重要思想。他"总结我们党七十多年的历史……得出一个重要结论……这就是：我们党所以赢得人民的拥护，是因为我们党在革命、建设、改革的各个历史时期，总是代表着中国先进生产力的发展要求，代表着中国先进文化的前进方向，代表着中国最广大人民的根本利益，并通过制定正确的路线方针政策，为实现国家和人民的根本利益而不懈奋斗"。[①] 提出按照"三个代表"的要求，全面加强和改进党的建设，是经过长期思考的，与党的第三代中央领导集体十余年来的执政经历密切相关，是这一历史时期我们党路线、方针、政策的集中体现。

三个月后，5月14日，江泽民在上海主持召开江苏、浙江、上海党建工作座谈会，提出"始终做到'三个代表'是我们党的立党之本、执政之基、力量之源"[②]。"三个代表"重要思想是以执政党建设为重点，以推进中国特色社会主义经济、政治、文化建设和社会全面发展为基本内容，以实现中华民族的伟大复兴和社会主义现代化为目标，全面体现党的基本理论、基本路线、基本纲领和基本经验的科学理论，对于进入新世纪后我们党领导全国各族人民从全面建设小康社会到全面建成小康社会，对改革开放和现代化建设，尤其对推进党的建设新的伟大工程具有重要的指导意义。

1999年9月22日，党的十五届四中全会指出："新中国成立五十年来特别是改革开放以来，我们党领导各族人民不懈奋斗，使

---

① 《江泽民文选》第3卷，人民出版社2006年版，第4页。
② 《江泽民文选》第3卷，人民出版社2006年版，第30页。

我国由一个贫穷落后的农业国，发展成为即将进入小康社会、向工业化和现代化目标大步迈进的社会主义国家。这是中华民族发展进程中一次伟大的历史性跨越。"① 经过全党全国人民的共同努力，在世纪之交，中国的经济建设、综合国力和人民生活达到了一个前所未有的水平。2000 年，我国国内生产总值达到 8.9 万亿元，按现行汇率计算，突破 1 万亿美元。人均国内生产总值超过 850 美元。依据国家统计局等单位制定的小康水平指标，用综合评分方法对 16 个指标进行测算，2000 年小康实现程度为 96%。其中，有三个指标没有达到小康标准，即：农民人均纯收入为 1066 元，实现程度为 85%；人均蛋白质日摄入量为 75 克，实现程度为 90%；农村初级卫生保健基本合格县比重实现程度为 80%。分地区来看，东部基本实现，中部实现程度为 78%，西部实现程度为 56%。②

根据测算结果，中国向全世界郑重宣布："我们已经实现了现代化建设的前两步战略目标，经济和社会全面发展，人民生活总体上达到了小康水平，开始实施第三步战略部署。这是中华民族发展史上一个新的里程碑。"③

---

① 《中国共产党第十五届中央委员会第四次全体会议公报》（1999 年 9 月 22 日），《人民日报》1999 年 9 月 23 日。
② 《人民日报》2002 年 11 月 18 日。
③ 《中共中央关于制定国民经济和社会发展第十个五年计划的建议》，人民出版社 2000 年版，第 9—10 页。

第四章

进入21世纪
全面建设小康社会

农户叶家脱贫路
全面建设小康社会新目标
防治非典型肺炎
科学发展与和谐社会
"中国制造"经历淬炼
由又快又好到又好又快
抗震救灾
生态文明

农户叶家脱贫路

徐永辉，是《浙江日报》的高级记者。1950年初春，第一次下乡采访的徐永辉，在嘉兴县七星乡被一阵"解放区的天是明朗的天"的稚嫩歌声所吸引。他追随着两个衣衫褴褛却兴高采烈唱歌的孩子，见到了流浪的叶根土一家。

听到有"解放同志"来访，叶根土的妻子、身体虚弱的高阿二扶着墙勉强走出来。徐永辉按动快门，拍摄了他人生中的第一张新闻照片，也是这个五口之家有生以来的第一张照片。徐永辉回忆道："我50年最难忘的就是这两个小孩子，他们身上穿着很破的衣服。这个家庭，代表了大多数人家。作为我刚刚参加革命的一个人，作为共产党的干部，关注他的命运就是关注我的命运。我和他是一样的，两个命运是合拍的。抱着个希望，希望他们富起来。"[1]

1958年，在浙西黄岩县凉棚岭村采访时，徐永辉意外地再一次见到了他追寻多年的叶根土一家。短短几年，新中国让曾经四处流浪的一家人的生活发生了巨大变化。几天后，一篇题为《一户人家十年间》的专题报道在《浙江日报》上刊登出来，立刻在全国引起了轰动。

1964年，周恩来总理在三届全国人大一次会议上提出了到20世纪末把中国建成四个现代化强国的伟大目标。那个年代，对好日子的追求是所有中国人最急迫的期盼。然而，随后我们却陷入了十年

---

[1] 徐永辉采访记录，2010年。

内乱，刚刚过上好日子的叶根土一家人又回到了贫穷。

1978 年，就在十一届三中全会公报发表的这一天，刚刚恢复工作不久的徐永辉匆匆赶往浙西山区黄岩县的凉棚岭，十多年没见面了，即使在蹲牛棚的日子里，他也始终记挂着老朋友叶根土一家人的生活。徐永辉说："我追到了他们那边去，当时穷啊，'文化大革命'以前还是比较富的，就是这十年当中弄得一塌糊涂。"①

高阿二见到徐永辉，禁不住泪眼婆娑。她告诉老徐，"文革"中叶家成了黑典型，叶根土在忧郁中去世了。大儿子叶兴富部队转业去了嘉兴，二儿子叶兴友正好到 5 公里外的临古乡相亲去了。

7 天后，一个小家庭建立了。新郎叶兴友和徐永辉约定，来年请你再来看看，有了党的新政策，我们的日子一定能够好起来。徐永辉说："听党的声音，跟在党的周围，我们要过太平生活。农民不晓得什么是革命不革命的，他是只晓得太平世界，盛世之年，五谷丰登，这就是农民的目标……说大话，说空话，起不了作用。"②

说大话，说空话是不能让老百姓过上好日子的。中国的现代化只能从中国的实际出发。这就是"小康"目标的由来。

1983 年，就在邓小平论述小康社会标准的那年秋天，徐永辉再次来到了凉棚岭。当时，农民们虽然并不知道小康社会的标准，可是他们却实实在在地感受到了小康建设带来的新变化。

叶兴友和高冬青承包种植的柑橘获得了大丰收，喜悦写在了每一位凉棚岭乡亲的脸上。农业改革后，叶家搞起了养殖，农闲时男人外出做工，女人在家绣花搞副业。兴友小两口正盘算着搬出老屋，用自己攒的钱建一所新楼房。徐永辉看到了这一切，看到了解决温

---

①② 徐永辉采访记录，2010 年。

饱之后,中国农民对文明富足的新追求。他说:"改革开放以后,他自己做得了主了,没改革开放前是做不了主的,是生产队长、公社说了算,他的自觉性发挥不出来。现在一年3万多,五年15万,15万一栋房子就码起来了。"①

中国实现了由贫困向温饱的第一步历史性跨越。高阿二一家的生活就像家门前开花的芝麻,节节高。徐永辉谈起当年的情况:"1989年他的房子造起来了,造了一层楼,造起来的房子外面没有贴砖,他感觉很高兴了,又过了5年,他把外面包装好了,94年、95年了,这个房子一包装以后就看起来蛮好的。他一步一步来的,这就是改变生活,这就是小康生活。"②

2000年,世纪之交,中华民族发展进程中的里程碑。

这一年,叶家人把徐永辉老两口迎进了新楼房,往昔的五口之家已经犹如一棵枝繁叶茂的大树,衍生为四世同堂的大家庭了。耄耋之年的高阿二拉着徐永辉的手激动地说:"根土去世快25年了,他要是能看到孩子们现在的日子,一定会笑得很开心。"

这一年,一个12亿多人口的发展中大国,人民生活总体上达到了小康水平,这是中华五千年文明史上从未达到的一个新的高度。这是一个辉煌的成就,也是一个崭新的起点。早在1997年的9月,党的十五大报告中已经指出:"在中国这样一个十多亿人口的国度里,进入和建设小康社会,是一件有伟大意义的事情。这将为国家长治久安打下新的基础,为更加有力地推动社会主义现代化创造新的起点。"③

---

①② 徐永辉采访记录,2010年。
③ 《江泽民文选》第2卷,人民出版社2006年版,第47页。

全面建设小康社会新目标

"奔小康"曾经是凝聚党和人民的重要目标,并且圆满地完成了历史使命。那么,在总体上实现小康之后,应该确定一个什么样的新的万众一心的宏观目标呢?应该怎样定性小康社会建设的新阶段呢?2000年6月,江泽民在全国党校工作会议上的讲话中指出:"我们要在胜利完成第二步战略目标的基础上,开始实施第三步战略目标,全面建设小康社会并继续向现代化目标迈进。"[1]在这里,江泽民提出了全面建设小康社会的目标。2000年10月,十五届五中全会正式宣布:"从新世纪开始,我国将进入全面建设小康社会,加快推进社会主义现代化的新的发展阶段。"[2]

在总体上实现小康后还要进一步提出全面建设小康社会的目标,其最根本的原因是,我国还只是刚刚跨入小康社会的大门,所达到的小康,是低水平的、不全面的、发展很不平衡的小康。这主要表现在:

我国生产力和科技、教育还比较落后,实现工业化和现代化还有很长的路要走。2000年我国人均GDP为856美元,相当于当年世界排名第一的挪威的2.29%;排名第二的日本的2.32%;排名第三的美国的2.44%;排名第四的瑞士的2.49%。还属于中下收入水平的国家。

城乡二元经济结构没有改变。发达国家的农村人口在全国人

---

[1] 江泽民:《论党的建设》,中央文献出版社2001年版,第419页。
[2] 《十五大以来重要文献选编》(中),中央文献出版社2011年版,第487页。

口总数中只占百分之几,而我国农村人口在全国人口中的比重仍近70%。城乡之间、东部与中西部地区之间经济社会发展差距扩大的趋势尚未扭转。我国西部12个省、市、自治区的面积占全国的71%,人口占28%,而国内生产总值只占全国的18.5%。贫困人口还为数不少。

人口总量继续增加,老龄人口比重上升,就业和社会保障压力增大。每年新增的适龄劳动人数不低于1000万,城市中的下岗职工和失业人数有1400万,农村中需要转移的剩余劳动力约1.5亿人。

生态环境、自然资源与经济社会发展的矛盾日益突出。耕地、水、矿产和森林等基本生存资源,人均占有量都不及世界平均水平的一半。土地荒漠化和水资源不足的问题越来越明显。

我国仍面临发达国家在经济科技等方面占优势的巨大压力。经济体制和其他方面的管理体制还不完善。民主法制建设和思想道德建设等方面还存在一些不容忽视的问题。所有这些,决定了巩固和提高目前达到的小康水平,还需要进行长时期的艰苦奋斗。

全面建设小康社会的阶段,应该需要多长的时间呢? 2002年1月,在十六大文件起草组会议上,江泽民提出:"不少同志在讨论中提出,从现在起到本世纪中叶基本实现现代化这五十年,时间跨度比较大,能否划出一段时间,提出一个鲜明的阶段性目标,也就是以本世纪头二十年为期,明确提出全面建设小康社会的目标。我认真考虑了大家的意见,认为基本是可行的。""从全国来看,实现全面建设小康社会的目标,时间大体定为二十年是适当的。"①

20年是个什么概念? 为什么要定为20年时间? 江泽民指出:"对

---

① 《江泽民文选》第3卷,人民出版社2006年版,第414、416页。

我国来说，二十一世纪头二十年是必须紧紧抓住并且可以大有作为的战略机遇期，是我国经济体制、政治体制、文化体制进一步完善的重要时期，总之，是我们实现祖国富强、人民富裕和民族复兴的关键时期。"①

2002年11月，党的十六大正式确立了全面建设小康社会的奋斗目标和历史阶段。十六大报告明确提出："当人类社会跨入二十一世纪的时候，我国进入全面建设小康社会、加快推进社会主义现代化的新的发展阶段。"②

江泽民在报告中指出："我们要在本世纪头二十年，集中力量，全面建设惠及十几亿人口的更高水平的小康社会，使经济更加发展、民主更加健全、科教更加进步、文化更加繁荣、社会更加和谐、人民生活更加殷实。这是实现现代化建设第三步战略目标必需的承上启下的发展阶段，也是完善社会主义市场经济体制和扩大对外开放的关键阶段。经过这个阶段的建设，再继续奋斗几十年，到本世纪中叶基本实现现代化，把我国建成富强民主文明的社会主义国家。"③

报告还提出了全面建设小康社会的任务和要求：

在优化结构和提高效益的基础上，国内生产总值到2020年力争比2000年翻两番，综合国力和国际竞争力明显增强。基本实现工业化，建成完善的社会主义市场经济体制和更具活力、更加开放的经济体系。城镇人口的比重较大幅度提高，工农差别、城乡差别和地区差别扩大的趋势逐步扭转。社会保障体系比较健全，社会就业比较充分，家庭财产普遍增加，人民过上更加富足的生活。

---

① 《江泽民文选》第3卷，人民出版社2006年版，第413页。
② 《江泽民文选》第3卷，人民出版社2006年版，第528页。
③ 《江泽民文选》第3卷，人民出版社2006年版，第542—543页。

社会主义民主更加完善，社会主义法制更加完备，依法治国基本方略得到全面落实，人民的政治、经济和文化权益得到切实尊重和保障。基层民主更加健全，社会秩序良好，人民安居乐业。

全民族的思想道德素质、科学文化素质和健康素质明显提高，形成比较完善的国民教育体系、科技和文化创新体系、全民健身和医疗卫生体系。人民享有接受良好教育的机会，基本普及高中阶段教育，消除文盲。形成全民学习、终身学习的学习型社会，促进人的全面发展。

可持续发展能力不断增强，生态环境得到改善，资源利用效率显著提高，促进人与自然的和谐，推动整个社会走上生产发展、生活富裕、生态良好的文明发展道路。

十六大确立的全面建设小康社会的目标，是中国特色社会主义经济、政治、文化全面发展的目标，是物质文明、政治文明、精神文明协调发展的目标，是与加快推进现代化相统一的目标。江泽民指出："全面建设小康社会，最根本的是坚持以经济建设为中心，不断解放和发展生产力。"[1]"发展社会主义民主政治，建设社会主义政治文明，是全面建设小康社会的重要目标。"[2]"全面建设小康社会，必须大力发展社会主义文化，建设社会主义精神文明。"[3]江泽民在报告中第一次提出了政治文明的概念，并且把促进物质文明、政治文明、精神文明的协调发展，作为全面建设小康社会的总体性任务提了出来。他指出："全面建设小康社会，开创中国特色社会主义事业新局面，就是要在中国共产党的坚强领导下，发展社会主

---

[1] 《江泽民文选》第3卷，人民出版社2006年版，第544页。
[2] 《江泽民文选》第3卷，人民出版社2006年版，第553页。
[3] 《江泽民文选》第3卷，人民出版社2006年版，第558页。

义市场经济、社会主义民主政治和社会主义先进文化,不断促进社会主义物质文明、政治文明和精神文明的协调发展,推进中华民族的伟大复兴。"①

提出全面建设小康社会的新目标和确定到 2020 年全面建设小康社会的具体任务及要求,是以江泽民为核心的党的第三代中央领导集体对小康社会理论的丰富与发展。

十六大报告还第一次把"社会更加和谐"同"经济更加发展、民主更加健全、科教更加进步、文化更加繁荣、人民生活更加殷实"一起,作为全面建设小康社会的奋斗目标,为 2005 年提出社会主义现代化建设"政治建设、经济建设、文化建设、社会建设"四位一体的总体布局做了直接的铺垫。

---

① 《江泽民文选》第 3 卷,人民出版社 2006 年版,第 574 页。

防治非典型肺炎

2003年初,我国经济社会发展开局很好。然而,天有不测风云。正当全国人民为实现全面建设小康社会的目标而奋斗的时候,我国遭遇了一场突如其来的非典型肺炎疫病灾害。

由于非典疫病是一种新发现的传染病,有较强的传染性,又没有特别有效的预防治疗办法,加上我国人口多、流动性大,一些地方和部门在应对突发公共卫生事件上准备不足,疫情很快蔓延到我国大部分省区市,广东、北京等地的疫情尤为严重。非典疫情的发生和蔓延,引起了举国上下的担忧,也受到了国际社会的关注。迅速制止非典疫情的蔓延,有效救治患病群众,直接关系到广大人民群众的身体健康和生命安全,关系到改革发展稳定的大局,关系到我国的国家利益和国际形象。坚决战胜非典疫情,是对我们党和政府应对突发事件、驾驭复杂局面能力的一次严峻考验,也是对全党同志和全国人民战胜困难、继续前进的意志和勇气的一次严峻考验。

2003年春节前后,广东省一些地区,尤其是广州市出现大量感染"SARS"病毒的患者,一些医院因不了解其传染性遭受重创。之后,全国不少省区市特别是北京市的病人也越来越多,非典疫情大面积暴发。截至4月18日,全国累计报告非典型肺炎病例1807例。其中,广东1304例,北京339例,山西108例,内蒙古25例,广西12例,湖南6例,四川5例,福建3例,上海2例,河南2例,宁夏1例。在累计报告的病例中,已治愈出院1165人,占64.5%;死亡79人,占4.3%。面对非典疫情,党中央、国务院高度重视、果断决策,坚持把人民群众的身体健康和生命安全放在第一位，把防治非典工作作为各项工作的重中之重，做出了一系列重大决策和部署。

在指导原则上，党中央很快提出了沉着应对、措施果断，依靠科学、有效防治，加强合作、完善机制的总体要求，确定了早发现、早报告、早隔离、早治疗的措施，制定了就地预防、就地观察、就地治疗的原则，提出了提高治愈率、降低病死率的要求。成立了统一指挥和协调全国防治工作的指挥部，严格疫情监测报告制度，派出督查组赴各地检查指导工作，建立省市县三级政府防治工作领导机制，加强重点部位和重点环节的防控工作。加强了同香港、澳门和台湾的信息、技术交流，密切同世界卫生组织和一些国家的合作，阐明我国对疫情控制的立场和态度，争取了各方面的理解和支持。

4月6日，卫生部公布非典病例或疑似病例的推荐治疗方案和出院诊断参考标准（试行）。14日，传染性非典型肺炎被列入《中华人民共和国传染病防治法》进行管理。15日，卫生部印发《传染性非典型肺炎临床诊断标准（试行）》。同日，卫生部办公厅发出通知，要求各级医疗机构在接诊疑似非典患者时不得以任何理由推诿。

17日，中共中央政治局常委会召开会议，对全国抗非典工作提出总体要求和切断非典传播途径的科学策略，即："本着沉着应对、措施果断，依靠科学、有效防治，加强合作、完善机制的总体要求，切实做好非典型肺炎防治工作。当务之急是采取果断措施，控制疫病蔓延。关键是要做到早发现、早报告、早隔离、早治疗，切断传播途径。"①18日，中央办公厅、国务院办公厅发出通知，要求进

---

① 《中国改革开放30年大事记》（下），人民出版社2008年版，第707页。

一步做好非典防治工作，明确5项基本任务：进一步明确各级领导的责任；建立防疫工作统一领导的机制；千方百计尽快控制疫情的扩散和蔓延；严格疫情报告制度；统筹安排做好各项工作。

4月23日，温家宝主持召开国务院常务会议，决定成立国务院防治非典型肺炎指挥部，统一指挥、协调全国非典型肺炎的防治工作。国务院副总理吴仪任总指挥，国务委员兼国务院秘书长华建敏任副总指挥。会议还决定，中央财政设立非典型肺炎防治基金，基金总额20亿元，从预算总预备费中安排。主要用于：农民和城镇困难群众中非典型肺炎患者的救治工作；中西部困难地区县级医院的应急改造和购置治疗非典型肺炎的医疗设备；支持非典型肺炎防治的科技攻关等。国务院为支持中西部地区疾病控制机构的建设，在已安排20亿元国债资金的基础上，再安排9亿元；为支持中国疾病预防控制中心一期工程建设，安排专项资金6亿元。

24日，全国防治非典型肺炎指挥部成立会举行，温家宝在会上上强调，成立全国防治非典型肺炎指挥部是党中央、国务院的重大决策，是加强非典型肺炎防治工作的重要组织保证。要加强领导，统一指挥，协调各方面力量，坚决打赢防治非典型肺炎这场硬仗。他还要求，指挥部要扎扎实实做好10个方面的重要工作：一是做好防治工作，准确统计并及时公布疫情，针对疫情采取有效的防治措施，及时总结经验，提高防治效果；二是做好卫生检疫工作，加强对车站、机场、码头、出入境口岸和汽车、火车、飞机等重点部位流动人员的卫生检疫工作，采取果断措施，切断疫病传播途径；三是组织科技攻关，充分利用国内科研力量，积极开展国际交流与合作，尽快找到科学有效的防治方法；四是做好后勤保障工作，确保医药用品等各种物资和设备不断档、不涨价；五是把农村疫情的防治工作做在前面，摸清农村疫情，采取相应防治措施，对困难患者实行免费治疗，对城市农民工就地救治；六是加强学校的疫情防治工作，充分发挥党、团组织和教师的作用，关心师生身体健康，对患病学生要及时救治，维护学校的正常秩序；七是加强社会治安综合治理，坚决打击趁机造谣惑众、哄抬物价等各种违法犯罪活动，维护群众利益；八是大力宣传党中央和国务院的正确决策，宣传传染病防治法与防治知识，宣传防治工作中的先进人物和先进事迹，树立群众的信心；九是加强国际合作，加强与世界卫生组织的合作，加强与香港、澳门特别行政区和台湾地区的合作；十是把北京市防治工作作为全国的重中之重抓紧抓好。

29 日，卫生部要求严惩防治非典不力的医疗机构责任人，各级卫生行政部门必须对本辖区医疗机构非典防治工作进行监督检查。同日，财政部和卫生部下发《关于农民和城镇困难群众非典型肺炎患者救治有关问题的紧急通知》，明确规定对这部分人员中的非典患者实行免费医疗救治，所发生的救治费用由政府负担。

这次非典型肺炎疫情的发生和蔓延，暴露出我国在处置重大突发公共卫生事件方面机制不健全，特别是在疫情初发阶段，组织指挥不统一，信息渠道不畅通，应急准备不充分。为有效预防、及时控制和消除突发公共卫生事件的危害，迫切需要建立统一、高效、权威的突发公共卫生事件应急处理机制，完善相应的法律法规。5 月 7 日，国务院第七次常务会议通过《突发公共卫生事件应急条例》，与已有的《传染病防治法》共同成为抗击非典型肺炎的法律武器。《条例》第 25 条还明确规定：国家建立突发事件的信息发布制度。

在这场抗击非典的斗争中，国家领导人深入防治工作第一线，身先士卒，指导工作，坚定了人民群众战胜困难的决心和信心。广大医务工作者用心血、汗水甚至生命挽救患者的生命，建立了不可磨灭的功绩。科研攻关队伍在确定病原体和研制诊断试剂、治疗药物、预防疫苗、防护设备等方面，取得了重要成果。人民群众是抗击非典的主力军，群防群控、联防联控，构筑起一道防治疫病的钢铁长城。社会各界和国际社会也提供了巨大的理解、支持和帮助。4月28日下午，胡锦涛在主持中央政治局进行的第四次集体学习时指出，要大力弘扬中华民族精神，充分运用科学技术力量，为防治非典型肺炎斗争提供强大精神动力和强大科技支持，坚决打赢防治非典型肺炎的攻坚战。他特别强调："夺取防治非典型肺炎斗争的胜利，关键要发挥科学技术的重要作用。""实现全面建设小康社会的宏伟目标，要求我们坚持实施科教兴国战略，大力推进科技进步和创新。"[①]

从5月25日开始，北京的非典疫情得到控制，患病数字逐日下降。6月24日下午，我国卫生部和世界卫生组织联合在北京举行的新闻发布会上，世界卫生组织官员郑重宣布：从即日起解除对北京的旅行警告，并将北京从"近期有当地传播"的非典疫区名单中删除。世界卫生组织宣布对北京"双解除"，意味着北京防治非典的成绩得到了国际社会的充分肯定，标志着中国内地已经全部被解除了旅行限制并从疫区名单中除名，中国将恢复正常的社会和经济生活秩序。这标志着中国防治非典工作取得了阶段性的重大胜利。

在抗击非典斗争取得胜利的同时，党中央又适时做出坚持一手抓防治非典这件大事不放松、一手抓经济建设这个中心不动摇的重大战略决策，发出了万众一心抗非典，迎难而上促发展，奋力夺取抗击非典和促进发展双胜利的号召。

---

① 新华社2003年4月29日电。

恩格斯说过，一个聪明的民族，从灾难和错误中学到的东西会比平时多得多。成功抗击非典的过程中，党中央、国务院启动了全国医疗卫生体制改革，加大社会医疗保障的措施力度。2019年底，我国遭遇新型冠状病毒疫情，湖北省最为严重。全面建成小康社会再次面临严峻考验，而十余年来的不懈努力成为我们战胜新挑战的重要底气。例如，我国在2003年以后投入大量资金建设了覆盖全国的传染病疫情监测信息系统，该系统由过去的逐级上报变为在线报告，且覆盖到乡。最重要的医务工作者的防护力量也得到显著加强，一位报名援鄂的医生在网上留言说："我们心里没有那么怕，因为防护程序非常好，与非典相比现在的医疗防护改进太多了，医务工作者不会盲目恐惧，该做的防护一层层放在那，知道辛苦劳累是真的，但别的不用害怕。""一位普通的医生对于医疗援助动员不怕去，愿意去，放心去，做到这点其实并不容易。"本次抗疫斗争中各地驰援湖北的4.2万名医护人员实现了零感染，这反映出我们的进步。在疫情严峻的时刻，从政府到社会各界，吸取应对非典的经验教训，加强信息公开、科学防护、群防群控，及时隔离传染源，调动社会各方面力量，在全国人民的共同努力下，终于成功地控制疫情。不过，本次付出的代价也十分巨大，尤其是在初期的混乱中，有许多白衣天使被感染，多位英雄献出宝贵的生命，仍有很多教训需要去总结、改正和铭记！在全面建成小康社会决胜之年遭遇的疫情，是我国在小康建设过程中遭遇的众多困难和挑战中的一个，直面问题、坚定信心、解决问题、改正错误，就一定能够再次克服困难，完成历史交给我们的重任。

回到2003年，应对危机还给我国带来一项重要收获，就是科学发展观的形成。

科学发展与和谐社会

胡锦涛指出："我们提出科学发展观，就是为了更好地解决改革发展关键时期遇到的各种问题，确保我国经济社会协调发展，确保党和人民的事业继续沿着正确的道路前进。"[①]科学发展观的提出，有宏大的历史背景。进入新世纪，世界经济一体化的快速发展，世界各国综合国力竞争日趋激烈，而在我国内部，随着经济体制深刻变革、社会结构深刻变动、利益格局深刻调整、思想观念深刻变化，我国经济社会发展呈现出一些新的阶段性特征。2003年，我国人均国内生产总值突破1000美元，进入了国际上通常所说的既是"发展机遇期"，又是"矛盾凸显期"的工业化关键时期。准确认识和切实解决我国在这一历史时期的突出问题和矛盾，是我们党面临的重大课题，时代呼吁着理论创新。而非典疫情的暴发，集中暴露出我国经济社会发展中存在的薄弱环节和突出问题。党中央领导全国人民开展抗击非典斗争，加速了发展新思路的探索进程。

在抗击非典斗争最紧张时刻，胡锦涛亲赴疫情严重的广东考察工作。2003年4月15日，他在听取广东省委省政府汇报工作时，针对发展中存在的问题，强调要坚持"全面的发展观"，积极探索加快发展的新路子。

7月28日，胡锦涛在全国防治非典工作会议上的讲话中指出："通过抗击非典斗争，我们比过去更加深刻地认识到，我国的经济发展

[①] 《十六大以来重要文献选编》（中），中央文献出版社2011年版，第309页。

和社会发展、城市发展和农村发展还不够协调；公共卫生事业发展滞后，公共卫生体系存在缺陷；突发事件应急机制不健全，处理和管理危机能力不强；一些地方和部门缺乏应对突发事件的准备和能力，极少数党员干部作风不实，在紧急情况下工作不力、举措失当。我们要高度重视存在的问题，采取切实措施加以解决，真正使这次防治非典斗争成为我们改进工作、更好地推动事业发展的一个重要契机。"①

发展是硬道理，但发展从不是仅限于"经济增长"，有其丰富的内涵。然而在实际工作中，人们却经常把发展简单地理解为经济增长，在推动经济增长时往往又更注重数量、速度而忽视质量、效益。重申发展的丰富内涵，对科学回答"实现什么样的发展、怎样发展"这个重大理论和实际问题至关重要。这表明，一种新的发展理念在应对危机的过程中呼之欲出。胡锦涛在这次讲话中谈道："促进经济社会协调发展，是建设中国特色社会主义的必然要求，也是全面建设小康社会的必然要求。"②他进一步提出："我们讲发展是党执政兴国的第一要务，这里的发展绝不只是指经济增长，而是要坚持以经济建设为中心，在经济发展的基础上实现社会全面发展。我们要更好地坚持全面发展、协调发展、可持续发展的发展观，更加自觉地坚持推动社会主义物质文明、政治文明和精神文明协调发展，坚持在经济社会发展的基础上促进人的全面发展，坚持促进人与自然的和谐。"③这是他第一次使用"全面发展、协调发展、可持续发展的发展观"这一表述。

---

① 《十六大以来重要文献选编》（上），中央文献出版社2011年版，第395页。
② 《十六大以来重要文献选编》（上），中央文献出版社2011年版，第396页。
③ 《十六大以来重要文献选编》（上），中央文献出版社2011年版，第396—397页。

2003年8月底到9月初，胡锦涛在江西围绕"建成完善的社会主义市场经济体制"问题进行考察调研。"建成完善的社会主义市场经济体制"是党的十六大提出的全面建设小康社会奋斗目标的重要内容之一，而定于当年召开的党的十六届三中全会将会对这一问题做出重点研究部署。在江西调研期间，胡锦涛结合已有的思考，将探索中的新发展思路明确表述为"科学发展观"，他指出："要牢固树立协调发展、全面发展、可持续发展的科学发展观，积极探索符合实际的发展新路子，进一步完善社会主义市场经济体制……把加大结构调整力度同培育新的经济增长点结合起来，把推进城市发展和推进农村发展结合起来，把发挥科学技术的作用和发挥人力资源的优势结合起来，把发展经济和保护资源环境结合起来，把对外开放和对内开放结合起来……努力走出一条生产发展、生活富裕、生态良好的文明发展道路"。① 这是他首次提出"科学发展观"这一概念。

10月，党的十六届三中全会召开。14日，胡锦涛在第二次全体会议上讲话提出："树立和落实全面发展、协调发展、可持续发展的科学发展观，对于我们更好坚持发展才是硬道理的战略思想具有重大意义。树立和落实科学发展观，这是二十多年改革开放实践的经验总结，是战胜非典疫情给我们的重要启示，也是推进全面建设小康社会的迫切要求。"② 他还进一步指出："树立和落实科学发展观，十分重要的一环就是要正确处理增长数量和质量、速度和效益的关系。增长是发展的基础，没有经济数量增长，没有物质财富积累，就谈不上发展。但是，增长并不简单等同于发展，如果单纯扩大数量，

---

① 《人民日报》2003年9月2日。
② 《胡锦涛文选》第2卷，人民出版社2016年版，第104页。

单纯追求速度，而不重视质量和效益，不重视经济、政治、文化协调发展，不重视人与自然的和谐，就会出现增长失调、从而最终制约发展的局面。忽视社会主义民主法制建设，忽视社会主义精神文明建设，忽视各项社会事业发展，忽视资源环境保护，经济建设是难以搞上去的，即使一时搞上去了最终也可能要付出沉重代价。"①

在这次会议上审议通过的《关于完善社会主义市场经济体制若干问题的决定》，第一次在党的正式文件中完整地提出了科学发展观，即"坚持以人为本，树立全面、协调、可持续的发展观"，同时还针对我国发展在城乡、区域、经济与社会、人与自然、国内发展与对外开放五个方面存在的突出矛盾，提出了"五个统筹"的要求。这次会议的一个重要进展是把"以人为本"与"全面、协调、可持续的发展"统一起来，使科学发展的理念得到充实和提升。将"以人为本"作为经济社会发展的长远指导方针和实际工作中必须坚持的重要原则，体现了马克思主义的基本立场观点，体现了我们党的性质和宗旨、执政理念和内在要求，且科学发展观具有更鲜明的人民性、科学性和时代性。党的十六届三中全会标志着科学发展观作为一个重大战略思想已经初步形成。

2004年3月10日，胡锦涛在中央人口资源环境座谈会上阐释了科学发展观的深刻内涵和基本要求："坚持以人为本，就是要以实现人的全面发展为目标，从人民群众的根本利益出发谋发展、促发展，不断满足人民群众日益增长的物质文化需要，切实保障人民群众的经济、政治和文化权益，让发展的成果惠及全体人民。全面发展，就是要以经济建设为中心，全面推进经济、政治、文化建设，

---

① 《胡锦涛文选》第2卷，人民出版社2016年版，第105页。

实现经济发展和社会全面进步。协调发展,就是要统筹城乡发展、统筹区域发展、统筹经济社会发展、统筹人与自然和谐发展、统筹国内发展和对外开放,推进生产力和生产关系、经济基础和上层建筑相协调,推进经济、政治、文化建设的各个环节、各个方面相协调。可持续发展,就是要促进人与自然的和谐,实现经济发展和人口、资源、环境相协调,坚持走生产发展、生活富裕、生态良好的文明发展道路,保证一代接一代地永续发展。"①

这样,就对科学发展观做出了明确阐释和科学界定,使之具有比较完备的理论形态,成为实际工作的评价标准,并且提出了"凡是符合科学发展观的事情就全力以赴地去做,不符合的就毫不迟疑地去改,真正使促进发展的各项工作都经得起历史和人民的检验"的明确要求。树立和落实科学发展观,这是20多年改革开放实践的经验总结,是战胜非典疫情的重要启示,也是推进全面建设小康社会的迫切要求。

与此同时,我国在社会建设领域的指导思想也取得长足的进展。

进入新世纪,我国工业化、城镇化步伐大大加快,人民生活水平有了大幅提高。但分配格局中,收入差距扩大等原有矛盾又进一步发展,无地失地农民生活困难等新矛盾不断产生。2003年,我国人均国内生产总值突破1000美元,跨上了一个重要台阶。面对如此重大的成就,党中央清醒地认识到:一些国家和地区发展历程表明,在人均国内生产总值突破1000美元之后,经济社会就进入了一个关键的发展阶段。在这个阶段,既有因为举措得当从而促进经济快速发展和社会平稳进步的成功经验,也有因为应对失误从而导致经济

---

① 《十六大以来重要文献选编》(上),中央文献出版社2011年版,第850页。

徘徊不前和社会长期动荡的失败教训。

这一时期，据世界银行的报告，中国社会的基尼系数已扩大至0.458。中国是世界上基尼系数增长最快的国家之一。中国国家统计局披露，2005年内地最富裕的10%人口占有了全国财富的45%，而最贫穷的10%人口所占有的财富仅为1.4%。财政部官员也曾透露，银行60%的存款掌握在10%的储户手里。这些都显示出中国贫富不均的严重程度。

另一方面，国家具有了解决社会公平问题的一定条件和初步手段，人民群众对于共享发展成果有了更多期待。邓小平在改革开放之初就提出的共同富裕问题，此时出现了新的阶段性特点。胡锦涛提出科学发展观，强调以人为本，全面协调可持续发展，大大扩展了"共同富裕"的内涵。

经过深入的思考，2004年5月5日，胡锦涛在江苏省考察工作时对我国经济社会发展的阶段性特征首次进行阐述，并做出了我国改革发展进入一个关键时期的关键性判断。而要应对这样一个关键时期的挑战，很重要的一点就是要在发展经济的同时，统筹协调处理好各方利益和社会矛盾，为生产力的发展提供一个稳定的社会政治环境。因此，同年9月召开的十六届四中全会，着眼于实现我国经济社会协调发展、党和国家长治久安，首次提出了构建社会主义和谐社会的重大战略任务，对推进社会管理体制创新做出部署。这是首次将此前进行的有关社会建设和社会管理方面的工作，整合成"社会建设"这一全新概念，与中国特色社会主义经济、政治、文化建设相并列成为社会主义现代化建设的一项重要内容。提出"和谐社会"和"社会建设"这两个概念，是2004年我们党实现的重要理论创新。

党的十四大之后,我们党开启了一种新的高级干部培训方式,这就是根据国内外新形势新任务的需要,围绕一个时期的重大理论和实践问题而举办的省部级主要领导干部专题研讨班。2005年2月19日,胡锦涛在省部级主要领导干部提高构建社会主义和谐社会能力专题研讨班上发表讲话,第一次全面系统地深刻阐明了构建社会主义和谐社会的科学内涵,他明确提出社会主义和谐社会的基本特征即"我们所要建设的社会主义和谐社会,应该是民主法治、公平正义、诚信友爱、充满活力、安定有序、人与自然和谐相处的社会"。①两天后,他在主持中共中央政治局第20次集体学习时进一步要求"我们必须提高管理社会事务的本领、协调利益关系的本领、处理人民内部矛盾的本领、维护社会稳定的本领。要适应社会主义市场经济发展和社会结构深刻变化的新情况,深入研究社会管理规律,更新社会管理观念,推进社会建设和管理的改革创新,尽快形成适应我国社会发展要求和人民群众愿望、更加有效的社会管理体制"②。

同年10月,党的十六届五中全会上,以"十一五"规划的制定为重要契机,构建社会主义和谐社会被纳入我国经济社会发展五年规划的总体部署。全会通过的《关于制定国民经济和社会发展第十一个五年规划的建议》以"推进社会主义和谐社会建设"这样一个专门的章节,分别从7个方面"积极促进社会和谐""千方百计扩大就业""加快完善社会保障体系""合理调节收入分配""丰富人民群众精神文化生活""提高人民群众健康水平"和"保障人民群众生命财产安全",对"十一五"时期推进社会主义和谐社会

---

① 胡锦涛:《在省部级主要领导干部提高构建社会主义和谐社会能力专题研讨班上的讲话》,人民出版社2005年版,第14页。
② 《人民日报》2005年2月23日。

建设做出全面部署，突出重点解决好人民群众最关心的就业、社会保障、扶贫、教育、医疗、环保和安全等问题。建设和谐社会这一重大战略任务进入全面推进阶段。

以此为统领，一段时间内，我国先后出台《国家突发公共事件总体应急预案》《国务院关于大力发展职业教育的决定》《国务院关于进一步加强就业再就业工作的通知》《国务院关于解决农民工问题的若干意见》《国务院关于加强和改进社区服务工作的意见》。深化医药卫生体制改革，建设城市社区卫生服务体系，制定实施农村卫生服务体系建设和发展规划，扩大新型农村合作医疗制度试点范围，加大对食品药品监督和管理的力度，推进食品药品监督管理系统基础设施建设等涉及教育、就业、收入分配、社会保障、医疗卫生和社会管理的一系列重要举措陆续出台，社会建设与经济建设、政治建设、文化建设四位一体的总体格局，在实践中得以逐步贯彻，协调推进。

江苏省南京市鼓楼区的工人新村，这是一个建设于20世纪50年代的老小区。在面积29万平方米的小区里，共有常住居民3545户，11350多人，尽管人员有所流动，但是80%的住户依然是普通工人家庭，其中就有许多下岗工人。伴随整个南京城市化进程的加快，社会转型期所产生的诸多矛盾日益凸显。随着政府对社会管理的改革，居委会的职能发生了改变，由原来的单纯管理，变成了提供服务。从2000年起，工人新村通过积极探索，成立了一个"社区议事园"，有什么大事小事，急事难事，都通过这个"社区议事园"，摆到"台面"上进行协商。话越说越明，理越辩越清，办法总比困难多，所有的问题最终都会找到一个让大家比较满意的解决方案。"小区的事自己议、政府的事共参与。""社区议事园"正是中国大地上正在普遍形成的新型社会管理体系的缩影。

2005年，胡锦涛在中纪委第五次全会讲话中，提出"妥善处理效率和公平的关系，更加注重社会公平"的分配指导思想。2006年的十六届六中全会上，胡锦涛强调，要从"大社会"着眼，又要从"小社会"着手，"以解决人民群众最关心、最直接、最现实的利益问题为重点，着力发展社会事业、促进社会公平正义、建设和谐文化、完善社会管理、增强社会创造活力，走共同富裕道路"[1]。全会通过的《关于构建社会主义和谐社会若干重大问题的决定》，进一步阐述了收入分配制度改革的基本原则："坚持按劳分配为主体、多种分配方式并存的分配制度，加强收入分配宏观调节，在经济发展的基础上，更加注重社会公平，着力提高低收入者收入水平，逐步扩大中等收入者比重，有效调节过高收入，坚决取缔非法收入，促进共同富裕。"[2]

"更加注重社会公平"，体现在保障和改善民生的社会事业得到了很大发展。根据"多予、少取、放活"的方针，财政支农力度大，免除农业税，建设社会主义新农村，农村面貌发生很大改变。2007年、2008年先后全部免除农村和城市义务教育阶段学杂费。全国农村全面建立最低生活保障制度，参加新型农村合作医疗农民达7.3亿。覆盖城乡、功能比较齐全的疾病预防控制和应急医疗救治体系基本建成。经济适用房、廉租房、限价房让许多低收入家庭住进新房。社会保障的覆盖面迅速扩大。在席卷全球的金融风波中，"惠

---

[1] 《中共中央关于构建社会主义和谐社会若干重大问题的决定》，人民出版社2006年版，第5页。
[2] 《中共中央关于构建社会主义和谐社会若干重大问题的决定》，人民出版社2006年版，第19页。

民生"也是应对之道。家电以旧换新、灾区房屋重建、保障性住房等，都让群众享受到实惠。

建设和谐社会，成为共同富裕的落脚点。小康社会的不懈努力，使社会财富"蛋糕"越做越大，可分配的社会资源越来越多。能不能公平公正地分配，发展成果由全体人民共享，关系到未来发展，关系到社会和谐稳定。

而贫富分化扩大，住房难、看病难、上学难、养老难，都在提示人们：实现共同富裕还面临着艰巨的任务，还有许多难题需要进一步探索解决之道。

2009年3月1日，地处西北的陕西神木县，全面推行全民免费医疗制度，轰动全国。"神木模式"并不是一帆风顺的。刚刚推出时，百姓的就医需求大释放，3月下旬起，住院病人达到高峰，和往年同期相比增加了30%，医院一床难求，招来一片质疑声。经过一年的摸索，神木县出台了定点医疗机构新的考核办法，防止出现过度医疗，遏制医疗资源的浪费。

神木敢做全民免费医疗第一个吃螃蟹的县，当然不光凭勇气，而是事先做了大量调查研究，充分考虑了县域经济的承受力，制定了比较可行的制度。截至2010年5月底，全县累计报销住院患者47826人次，报销住院医药费1.83亿元。虽然超出了事先核定的1.3亿元总额，但岁入93.26亿元的县财政完全负担得起。神木县委书记郭宝成欣然表示：神木模式从根本上解决了老百姓看病贵、看病难的问题，特别是让贫困群众享受到经济发展的成果，避免了因病致贫、因病返贫。无论在实行"神木模式"过程中遇到多少困难，神木县都将持续推行下去。

神木的探索是可贵的。在经济和社会发展基础上，发展社会保障等各项社会事业，是让广大群众共享发展成果、缩小分配差距的重大环节。

社会保障制度欠公平，是造成收入分配差距扩大的重要原因。客观而论，我国现阶段收入分配领域中利益失衡格局的形成，是多种原因综合影响的结果，也是多年以来重财富增长轻财富分配、重鼓励部分人先富轻促进全民共享的结果。

相当长的时期里，我国社会保障存在4个空白点或薄弱环节：一是城镇非就业的老年居民没有基本的养老保障制度；二是国家机关和事业单位仍实行单位退休养老制度，没有社会化；三是各项社会保障制度之间还缺乏顺畅衔接的机制；四是补充性的社会保障制度发展相对缓慢，不能满足群众多层次、多样化的需求。尽快健全社会保障制度，是经济社会可持续性发展的必要基础。在完善社会保障体系的诸多任务中，要把尽快弥补制度缺失作为优先目标。因为相对于其他矛盾，一部分社会群体没有基本保障的制度安排是最大的不公平。

实现共同富裕是一个长期的历史过程，在刚刚富起来的中国还只能是破题。但党的一切工作都是为了造福人民，全面建设惠及十几亿人口的更高水平的小康社会，就是要不断地改善民生，使十几亿人过上更高标准的小康生活。以胡锦涛为总书记的党中央坚持以改善民生作为重点和着力点，积极全面地推进社会建设。

着力解决就业问题。就业是民生之本。我国是世界上人口最多的国家，解决就业问题是长期的艰巨的任务。党中央特别重视解决企业下岗职工再就业和大专院校毕业生就业难的问题，并且实施积极的就业政策，采取了一系列有效的措施和办法。

2005年6月，中央办公厅、国务院办公厅印发了《关于引导和鼓励高校毕业生面向基层就业的意见》，提出建立与社会主义市场经济体制相适应的高校毕业生面向基层就业的长效机制，引导广大高校毕业生面向基层、面向西部就业，为解决大专院校毕业生就业问题提供了新的思路。2007年8月，十届全国人大第29次会议通过《中华人民共和国就业促进法》，确立了"坚持劳动者自主择业、市场调节就业、政府促进就业"的基本方针，为劳动者多样化就业方式提供了法制依据，使就业工作进入一个法制化、制度化的新阶段。

加大扶贫帮困的力度。 由于长期以来存在的经济社会发展不平衡的问题，也由于体制转轨不断深化，城乡之间、行业之间、地区之间收入差距不断拉大，社会上不可避免地出现了生活困难的群体。而随着人民生活水平总体实现小康，对生活困难群体的救济和保障，成为改善民生的一个突出任务。十六大以来，党中央在努力促进社会就业的同时，部署加快了面向困难群体的社会保障的工作，并采取各种政策措施，为下岗失业人员、破产关闭企业职工、困难企业离退休人员和城乡贫困人口排忧解难。在农村，加大了对没有解决温饱问题的贫困人口的扶持力度，并坚持开发式扶贫的方针，增强贫困地区自我发展的能力。

着力解决部分群众"上学难、看病难、住房难"问题。 "三难"问题，总的说是由社会事业总体发展水平不高、各种资源分配不平衡及体制机制不健全等诸多原因造成的。2006年10月，十六届六中全会强调加强经济社会协调发展，加强社会事业建设，对关系人民群众切身利益的教育、医疗、住房等问题提出了具体的政策措施。2007年起，中国免除了所有城乡孩子义务教育阶段的学杂费，并且建立起了从学前教育到研究生教育，较为完善的家庭经济困难学生资助体系，保证了每一个孩子接受教育的权利。2007年8月，国务院颁发《关于解决城市低收入家庭住房困难的若干意见》，确定进一步建立健全城市廉租住房制度，力争到"十一五"期末使低收入家庭住房条件得到明显改善的目标。2007年7月，国务院发出《关于开展城镇居民基本医疗保险试点的指导意见》，决定从当年起开展城镇居民基本医疗保险试点。2009年4月，中央发布《关于深化医药卫生体制改革的意见》，新医改仅前3年中国政府就累计投入1.1万亿元，初步建立了覆盖13亿城乡居民的基本医疗卫生制度框架，编织起了世界最大规模的基本医保网络。2009年起，新型农村社会养老保险试点在全国逐步开展，两年后，城镇养老保险试点工作也开始实施。至2012年7月1日，我国基本实现社会养老保险制度全覆盖。① 几千年来中国人"老有所养"的愿望，正在逐步成为现实。

在党的十七大上，胡锦涛提出："必须在经济发展的基础上，更加注重社会建设，着力保障和改善民生，推进社会体制改革，扩大公共服务，完善社会管理，促进社会公平正义，努力使全体人民学有所教、劳有所得、病有所医、老有所养、住有所居，推动建设和谐社会。"②

解决社会贫困问题，最根本的是建立健全缩小收入分配差距、促进社会共同富裕的分配制度。十七大报告对深化收入分配制度改革提出了新的原则，明确指出："初次分配和再分配都要处理好效率和公平的关系，再分配更加注重公平。逐步提高居民收入在国民收入分配中的比重，提高劳动报酬在初次分配中的比重。整顿分配秩序，逐步扭转收入分配差距扩大趋势。"③

---

① 《改革开放四十年大事记》，人民出版社2018年版，第80页。
② 《十七大以来重要文献选编》（上），中央文献出版社2011年，第29页。
③ 《十七大以来重要文献选编》（上），中央文献出版社2011年，第30页。

坚持科学发展观和以人为本的执政理念，中央顺应各族人民过上更好生活的新期待，注重解决人民最关心、最直接、最现实的利益问题，动员广大人民群众以更加饱满的热情为全面建设小康社会而团结奋斗。

"中国制造"经历淬炼

萨拉·邦乔尼，是美国路易斯安那州一位报道经济新闻的记者。2008年，这位女记者做了一个有趣的生活实验。在一年的时间里，她带领全家坚持不使用所有"Made in China"的产品。她的目的，是想调查经济全球化对普通美国人的影响，所以决定拿遍及全球的"中国制造"来做试验。

随后的日子里，这个年轻的美国家庭就像坐上了一列上下颠覆的"过山车"，生活脱离了正常的轨道，彻底乱了套，为了咬牙将试验进行到底，他们甚至选不到一个美国家庭必不可少的咖啡壶。

一年中，萨拉·邦乔尼一家经历了无数的麻烦，花了大把的"冤枉钱"，在这个"疯狂"试验终止后，萨拉·邦乔尼心有余悸地感叹道："没有中国，你也许可以活下去，但是生活会越来越糟糕，而且代价会越来越大。在未来的10年中，我无论如何都没有勇气再尝试这种没有'中国制造'的日子了。"

人们不会忘记，仅仅在百年前，中国还是一个饱受外强欺凌、风雨飘摇、积贫积弱的落后的农业大国，为了开启中国现代化的航船，从张之洞、李鸿章的"洋务运动"，到郑观应、张謇倡导的"实业救国"；从康梁的"维新变法"，到孙中山领导的辛亥革命，我们的先哲们苦苦求索，曾为之拼搏了百年。可是，在半封建半殖民地的旧中国，这些改革家的梦想最终全都付之东流，雄心勃勃的发展计划也烟消云散。

革命就是解放生产力，1949年新中国的诞生，使东方这片古老的土地焕发了新的生机，面对百废待兴的局面，如何迅速走出战争创伤？如何带领中国人民建设一个现代化的强国？历史的重任压在了刚刚走出战争硝烟，急匆匆"进京赶考"的中国共产党人的肩头。

毛泽东曾急切地说："现在我们能造什么？能造桌子椅子，能造茶碗茶壶，能种粮食，还能磨成面粉，还能造纸，但是，一辆汽车、一架飞机、一辆坦克、一辆拖拉机都不能造。"①

不会就学。鉴于当时的国际国内环境，20世纪50年代，我们确定了社会主义基本经济制度，仿照苏联的经济发展模式，在极其艰难困苦的条件下，初步建成了比较完整的国家工业化体系。这期间，毛泽东发表了《论十大关系》等经济学著作，并提出了"多快好省地建设社会主义"的经济增长方式，为寻找中国式的现代化道路做出了有益的探索。

1954年，新中国第一架飞机上了天；1956年，新中国第一辆汽车开出了工厂；1963年，大庆年产原油420多万吨，新中国基本实现了石油的自给自足；同一年，山西省大寨村的农民战胜了百年未遇的洪涝灾害，原定完成的国家征粮任务斤两不差；1964年，新中国第一颗原子弹爆炸成功，1970年，新中国自行设计、制造的第一颗人造地球卫星开始遨游太空……

"自力更生、艰苦奋斗"从此成为中国人民宝贵的精神财富。

一个国家的经济发展，是随着经济增长而逐步实现经济进步的历史过程。我们的失误产生于20世纪50年代后期，因为急于改变自己的落后面貌，我们忽视了客观规律，在经济工作中强调"以钢为纲""以粮为纲"，造成了产业结构的不合理，在指导思想上强

---

① 《建国以来重要文献选编》第5册，中央文献出版社1993年版，第292页。

调以"阶级斗争为纲",把经济发展放到了次要的地位,生产关系盲目求纯,发展速度盲目冒进,致使我们的发展道路产生了严重的偏差,以至于付出了"大跃进"和"文化大革命"这样惨痛的代价。

仅仅在这 20 年,西方发达国家经过几次经济调整,现代化程度迈上了几个大的台阶。社会主义的制度优越性,归根到底要表现在社会生产力的发展上,人民物质文化生活的改善上。生产力发展的速度比资本主义慢,那就没有优越性。贫穷不是社会主义,发展太慢也不是社会主义,社会主义的根本任务是发展生产力。邓小平提出的这些新鲜的观点,是我们横下心来一心一意谋发展、搞建设、实行改革开放的理论根据。

以 1978 年党的十一届三中全会为标志,中国步入了世界现代化进程的快车道,百姓的心声和政府的决策得到了高度的统一。在这场新的革命中,我们对现代化建设的规律和经济增长方式的认识,在实践中不断得到深化与升华。

我们在转变经济增长方式方面开始了积极的探索。"抓住机遇,加快发展",是 20 世纪 70 年代末到 90 年代中期中国经济发展的基本导向,是改革开放之初我们对经济增长方式唯一正确的选择。

"发展是硬道理",这是邓小平的一句名言,是中国改革开放和快速发展的思想支柱。有人曾对这句话提出异议,认为中国经济发展方式的问题归根结底是长期快速发展引起的。"盲目求快",是总设计师邓小平老年心态的体现,这无疑是对改革开放的严重误解与偏见。

实际上,快速发展是中国现代化建设长期不变的必然选择,这是中国国情和特点决定的,不快是不行的,不持续快速也是不行的。加快发展与抓住机遇是紧密联系在一起,不可分割的。不能把邓小平提出的"抓住机遇,加快发展"与科学发展对立起来,邓小平从来没有盲目求快,恰恰是他率先提出要在快速发展中转变经济增长方式的思想,为小康社会建设的健康发展奠定了基础。

中国经济增长方式的革命性变革,正是从邓小平确定"小康"目标开始的。"小康"目标以前,我们的经济发展是以不切实际的高指标为中心的。高指标的背后,是重速度、轻效益,重生产、轻生活的发展方式。"小康"目标的确定,不仅摒弃了高指标,更重要的是让我们的经济建设不再单纯追求扩大规模、增加产值、提高速度,而全面转向了围绕人民生活水平提高来确定方针和步骤的轨道。

1992年邓小平在视察南方时有这么一句话:"不坚持社会主义,不改革开放,不发展经济,不改善人民生活,只能是死路一条。"①深圳市委原书记李灏曾说:"他(邓小平)离开深圳去珠海,上船的时候,走了几步又回来特意嘱咐我:'你们要搞快一点。'后来有人对这话有异议,说老人家就知道快。其实他在深圳还说了许多话,他说,不是鼓励不切实际的高速度,还是要扎扎实实,讲求效益,稳步协调地发展。他还说,经济发展得快一点,必须依靠科技和教育。我们这些年,离开科学技术能增长这么快吗?靠科学才有希望。这个时候他就提出一个新的设想。他说,现在我们国内条件具备,国际形势有利,再加上发挥社会主义制度能够集中力量办大事的优势,出现若干个发展速度比较快、效益比较好的阶段,是必要的,也是能够办到的。我们就是要有这个雄心壮志!这说的就是经济增长方式的转变,从加快发展到又快又好,就是从这儿来的。"②

"抓住机遇,加快发展"使中国的综合国力得到迅速提高。

---

① 《邓小平文选》第3卷,人民出版社1993年版,第370页。
② 李灏采访记录,2009年。

1995年，我国国民生产总值达到了5.76万亿元，提前5年实现了原定2000年国民生产总值比1980年翻两番的目标。这一年，作为第三代中央领导集体的核心，江泽民发表了《正确处理社会主义现代化建设中的若干重大关系》一文，以新的发展思路论证了中国现代化建设中必须正确处理的12个重大关系。

同样是这一年，江泽民提出了我国经济发展要实现"两个根本转变"的思想，强调"从计划经济体制向社会主义市场经济体制转变，经济增长方式从粗放型向集约型转变，这是实现今后十五年奋斗目标的关键所在"。为此，中央做出了科教兴国战略、区域协调发展战略、可持续发展战略等一系列重大战略决策。

从20世纪90年代中期起，"又快又好"替代了"加速发展"，成为中国现代化建设新的主旋律。

2000年，站在新的历史起点上，江泽民阐发"三个代表"重要思想，首先强调的就是"中国共产党要始终代表中国先进生产力发展要求"，明确了党的理论、路线、纲领、方针、政策和各项工作，必须努力符合生产力发展的规律，体现不断推动社会生产力的解放和发展的要求，尤其要体现推动先进生产力发展的要求，通过发展生产力不断提高人民群众的生活水平。

时间进入了21世纪，中国共产党完成了关于工业化认识上的转变，形成了新型工业化道路的基本思路。2002年9月，在党的十六大上，"新型工业化"道路被正式概括为："坚持以信息化带动工业化，以工业化促进信息化，走出一条科技含量高、经济效益好、资源消耗低、环境污染少、人力资源优势得到充分发挥的新型工业化路子。"[①]

[①] 《十六大以来重要文献选编》（上），中央文献出版社2011年版，第16页。

从中国人民站立起来的时刻算起,岁月翻过一个甲子,中国已经进入小康社会。据中国商务部报告,那时全世界每人每年要穿一双中国制造的鞋,买两米中国生产的布,穿三件中国制造的衣服。世界已经离不开中国了,小康中国的"体量"举足轻重,小康中国的"动向"更是举世瞩目。

小康中国已经成为世界上举足轻重的经济大国,像萨拉·邦乔尼家一样,全世界都已经离不开"中国制造";另一个方面,众多的"中国制造"又被贴上了廉价产品的标签。中国的现代化"赛程"已经过半,我们在大步追赶领先者的同时,自身经济发展存在的自然和人力资源的大量消耗、缺乏自主的知识产权、高度依赖国际市场等问题,也开始暴露出来。而此时,来自外部的强烈冲击也不期而至。

2008年7月13日,美国财政部和美联储宣布救助房利美和房地美。9月15日,有着158年历史的美国第四大投资银行雷曼兄弟公司宣布申请破产保护。美林公司被收购,AIG被政府接管,发达国家金融体系的流动性全面冻结,始自美国次贷危机的国际金融危机全面爆发。美国经济自2006年开始出现问题,2007年12月即开始陷入衰退,紧接着日本和欧元区也陷入衰退,新兴经济体情况不断恶化,二战后发达经济体经济首次出现负增长。

导致这场危机的原因是多方面的,但从本质上看,国际金融危机是主要发达国家经济体宏观经济政策不当、政府监管缺失造成的,是其长期负债的消费模式难以为继的结果。国际金融危机是对过度负债消费和过度依赖资源消耗的经济增长模式的冲击,是对不适应经济形势变化的现行金融监管模式的冲击,也是对自由放任和缺乏制约的发展理念的冲击。

起源于美国的国际金融危机,打乱了世界经济的原有秩序和发展态势，不仅给世界主要经济体，更给对外开放度日益提高的中国带来巨大冲击，使中国经济实现平稳较快发展的难度急剧增大。2008年中国经济增速从上一年的14.2%，回落到9.6%，其中第四季度增速从第三季度的9%滑落至6.8%。

在中国的东南沿海，仅仅30年前，"洋火""洋油"还是农民们日常生活的重要词汇，而那时这里已经成为"中国制造"的重要基地。一些中小企业完全依赖国际市场，靠低成本优势打拼。2008年以前，珠三角的玩具企业有8000多家，玩具销售额占全国的70%以上，国际金融危机来袭后，其中的5000余家企业不得不关门倒闭，到2011年4月，我国的玩具行业累计亏损率达22.6%，资产负债率为50.18%。

同样，有着中国民间资本"晴雨表"之称的温州，从2011年4月开始，也经历了一场罕见的民间金融"风暴潮"。由于民间借贷危机愈演愈烈，企业资金链断裂，上演了一场企业主欠债"跑路"的悲剧。问题惊动了中央政府，国务院总理温家宝亲临当地调研，出面召开四级政府会议帮助企业脱困。

面对复杂多变的国际国内环境，党中央、国务院审时度势、科学决策，加强和改善宏观调控，及时、灵活地调整宏观经济政策，积极应对国际金融危机。

国际金融危机爆发前，党中央就有所预见。2007年8月、9月，胡锦涛在中央政治局集体学习时提出，在经济全球化、我国对外开放不断扩大的形势下，必须增强国家经济安全监测和预警、危机反应和应对能力，增强金融业抗风险能力，以确保经济安全和金融安全。10月，他在十七大报告和十七届一中全会的讲话中强调，要统筹国内国际两个大局，善于从国际形势发展变化中把握机遇、应对挑战，特别要注重防范国际经济风险。12月初，胡锦涛在中央经济工作会议上明确谈到美国次贷危机问题。其后，他又在新进中央委员会的委员、候补委员学习贯彻党的十七大精神研讨班上，突出强调："宁可把风险、困难估计得足一些，也千万不要因为估计不足而在风险一旦发生时手足无措，陷于被动。"①

危机爆发后不久，2008年12月，胡锦涛在中央经济工作会议上对世界经济发展的最新动向和中长期趋势做出了基本判断。他指出：这场危机发生后，"世界经济增长格局会有所变化，但经济全球化深入发展的大趋势不会改变；政府维护市场正常运行的职责会有所强化，但市场在资源配置中的基础性作用不会改变；国际货币多元化会有所推进，但美元作为主要国际货币的地位没有发生根本改变；发展中国家整体实力会有所上升，但发达国家综合国力和核心竞争力领先的格局没有改变"②。依据对世界经济形势的这种清醒分析，党中央得出重要结论：我国发展的重要战略机遇期仍然存在，不会因为这场金融危机而发生根本性逆转。这个基本判断，是我国形成应对国际金融危机冲击的明确思路和长远发展的战略构想的基础。

面对经济可能出现下滑的严峻形势，党中央、国务院判断准、预见早、行动快。9月中下旬，央行开始分别下调人民币贷款基准利率和存款准备金率，旨在增加市场流动性。10月后，我国频繁出台一系列应对危机的政策组合，其中包括被国际社会称为"中国四万亿经济刺激计划"的投资计划。10月9日至12日，中共十七届三中全会提出，积极应对挑战，最重要的是把我国自己的事情办好，尽快扭转经济增速下滑的势头。要采取灵活审慎的宏观经济政策，

---

① 《胡锦涛文选》第3卷，人民出版社2016年版，第19页。
② 《胡锦涛文选》第3卷，人民出版社2016年版，第280页。

着力扩大国内需求特别是消费需求，保持经济稳定、金融稳定、资本市场稳定、社会大局稳定。11月5日，国务院常务会议决定采取进一步扩大内需、促进经济增长的十项措施，具体包括：加快建设保障性安居工程，实施游牧民定居工程，扩大农村危房改造试点。加快农村基础设施建设。加大农村沼气、饮水安全工程和农村公路建设力度，完善农村电网，加快南水北调等重大水利工程建设和病险水库除险加固，加强大型灌区节水改造。加大扶贫开发力度，加快医疗卫生、文化教育事业发展。加强基层医疗卫生服务体系建设，加快中西部农村初中校舍改造，推进中西部地区特殊教育学校和乡镇综合文化站建设。加强生态环境建设，加强重点防护林和天然林资源保护工程建设。加快地震灾区灾后重建各项工作。提高城乡居民收入，提高明年粮食最低收购价格，提高农资综合直补、良种补贴、农机具补贴等标准，增加农民收入。提高低收入群体等社保对象待遇水平，增加城市和农村低保补助。加大金融对经济增长的支持力度，取消对商业银行的信贷规模限制，合理扩大信贷规模，加大对重点工程、"三农"的信贷支持，有针对性地培育和巩固消费信贷增长点。这些工程投资相当于2007年我国GDP的16%，预测可每年拉动我国经济增长1%。

在做好自己的事的同时，党和国家还加强了国际合作。11月15日，胡锦涛在20国集团领导人金融市场和世界经济峰会上讲话，阐明中国应对危机的重要主张，提出坚持全面性、均衡性、渐进性、实效性的原则对国际金融体系进行改革的4点建议。11月21日，他在亚太经合组织工商领导人峰会演讲时强调，国际社会应该认真总结这场金融危机的教训，在所有利益攸关方充分协商的基础上，把握建立公平、公正、包容、有序的国际金融新秩序的方向，对国际金融体系进行必要的改革，创造有利于全球经济健康发展的制度环境。11月22日，胡锦涛在亚太经合组织第16次领导人非正式会议上，就有效应对危机、维护国际金融稳定、促进世界经济发展提出3点主张，并就国际经济社会发展中的突出问题提出了凝聚共识、承担责任、交流合作、规范引导、协调行动等5点主张。

经过了一个阶段的反应、充实和完善，我国形成了较为系统完整的应对危机一揽子计划，主要包括4个方面：首先，大规模增加政府投资，实施总额4万亿元的两年投资计划，实行结构性减税，扩大国内需求；其次，大范围实施调整振兴产业规划；第三，大力推进自主创新；最后，大幅度提高社会保障水平，扩大城乡就业，促进社会事业发展。

在一揽子计划的拉动下，中国经济度过了进入新世纪以来最困难的一年，2009年经济增长9.4%，完成了"保增长"的要求。这年6月中旬，胡锦涛出席"金砖四国"领导人首次正式会晤，在阐述推动恢复世界经济增长的4点建议中，他提出："我们要努力克服困难，争取率先从国际金融危机中复苏。"[①]2010年，我国经济增速回升到10.6%。

在应对国际金融危机冲击的过程中，扩大内需政策起到极为关键的作用。国家坚持扩大内需的战略方针，通过鼓励消费，进一步增强内需对经济增长的拉动作用。扩大内需的政策措施重点更多地放在保障和改善民生、加快发展服务业、提高中等收入者比重等方面，如：增加对城镇低收入居民和农民的补贴、实施家电下乡和以旧换新政策、改善城乡商业流通、鼓励新型消费等。在各项政策措

---

① 《胡锦涛文选》第3卷，人民出版社2016年版，第218页。

施推动下，国内需求对经济增长的贡献率大幅提高，2007年至2010年，国内需求对经济增长的贡献率分别为81.9%、91%、138.9%和92.1%。2009年，在外需对经济增长为负贡献的情况下，国内需求增长有效弥补了外需的下降。扩大内需政策，显著增强了经济的内生动力，投资、出口、消费带动经济增长的协调性不断增强。

这些应对危机的措施，概括起来，就是我们全面分析和及时判断国内外经济形势的复杂变化，积极应对国际金融危机给我国经济发展带来的严重冲击，全力保增长、保民生、保稳定。而通过这次经济危机的淬炼，我们更大的收获是，着眼于世界经济形势新变化和国内经济发展新情况，从全面建设小康社会、推进改革开放和社会主义现代化的战略全局出发，深化对经济发展宏观背景的认识，深入研究和积极实施推动经济社会发展的政策措施，加快经济发展方式转变和经济结构调整，为促进经济社会又好又快发展创造了条件。

由又快又好到又好又快

危机发生后，有人提出疑问：与发达国家不同，中国的金融业健康稳定，对实体经济的"造血"功能毫发未损，为什么中国经济也会受到国际金融危机的冲击？答案是明显的。

长期以来，我国企业自主创新能力不足，缺乏核心技术、缺乏自主知识产权，更多依靠廉价劳动力的比较优势、依靠资源能源的大量投入来赚取国际产业链低端的微薄利润。"世界工厂"的光环，掩不住 90% 的出口商品是贴牌产品的尴尬。在巨浪滔天的金融海啸里，这些没有自己"头脑"和"心脏"的贴牌企业更容易"沉没"。

长期以来，我国经济增长高度依赖国际市场，外贸依存度从改革开放之初的 9.7% 上升到 60%，远高于世界平均水平。如此之高的外贸依存度，带来与国际市场"同此凉热"的高风险度。一旦危机席卷全球、外部需求急剧下滑，拉动中国经济的三驾马车就必然因为出口的自由落体式滑落而失去平衡。

从小康目标提出时起，经过多年的持续快速发展，中国进入全面建设小康社会的新阶段，国家的经济实力和综合国力大大增强，但资本和土地资源等传统生产要素对经济增长的贡献率开始呈现递减趋势，经济增长方式落后、经济整体素质不高、竞争力不强的问题日益突出。

进入小康社会后的几年时间，中国处于工业化中期和城市化加速阶段，外延型增长仍然有较大空间。工业化中期的需求升级和城市化的加速，必然导致重化工业的扩张。而受长期形成的赶超战略和就业压力的影响，经济发展速度成为最主要和优先的目标。同时，地区之间因经济发展极端不平衡所导致的激烈竞争，也阻碍了经济增长方式的转变。

此时，小康社会建设已经30多年，中国经济在不断地转变中持续快速发展，创造了世界现代化进程中的一个伟大奇迹。环顾全球，曾经成功启动现代化进程的国家不少，但真正能够推动现代化进程持续发展，并最终获得成功的国家并不多。不少国家在迈入现代化进程后，最初的发展势头相当不错，但后来却出现停滞，甚至发生逆转，关键原因就是没能及时对发展方式做出调整。

面对日益复杂的新情况、新问题，2006年10月11日，胡锦涛在党的十六届六中全会第二次全体会议上提出："扎实促进经济又好又快发展。"① 这就将长期以来对经济发展"又快又好"的要求，改为了"又好又快"。12月5日，他将几年来在经济社会发展实践中贯彻落实科学发展观的经验概括为"六个必须"，其中最重要的是第一条："坚持又好又快发展，是落实科学发展观、实现全面建设小康社会目标的必然要求，是调动各方面积极性、发挥各类生产要素潜力的有效途径，是紧紧抓住发展机遇、实现综合国力整体跃升的必由之路。又好又快发展是有机统一的整体，既要求保持经济平稳较快增长，防止大起大落，更要求坚持好中求快，注重优化结构，努力提高质量和效益。"② "我国已具备支撑经济又好又快发展的诸多条件，关键要在转变增长方式上狠下功夫，当前特别是要在增强自主创新能力和节能降耗、保护生态环境方面迈出实质性步伐。"③

---

① 《十六大以来重要文献选编》（下），中央文献出版社2011年版，第679页。
② 《胡锦涛文选》第2卷，人民出版社2016年版，第545页。
③ 《胡锦涛文选》第2卷，人民出版社2016年版，第545—546页。

这样就实现了我国经济社会发展的指导方针由"又快又好"到"又好又快"的重大转变，也是科学发展观的一个重大发展。

没有一劳永逸的现代化，也就没有一成不变的发展方式。如何避免前人所走的弯路？如何解决资源环境、投资消费比例、收入分配差距、自主创新能力等问题？国际金融危机形成的倒逼机制，让我们切身感受到，中国的小康社会建设、中国的现代化进程又到了一个攸关未来的十字路口。在这个问题上，不变则罔，不进则退，否则，发展代价会越来越大，空间会越来越小，道路会越来越窄。因此，在科学发展观指导下，加快转变经济发展方式成为了推动科学发展的必由之路，它是中国经济社会领域的一场深刻变革，将贯穿经济社会发展的全过程和各领域。

2010年2月，中国进入小康社会的第10个春天里，在北京西郊的中央党校，举办为期7天的省部级主要领导干部深入贯彻落实科学发展观、加快经济发展方式转变专题研讨班。这是一个不同寻常的举动。在开班式上，胡锦涛做了长篇讲话，他说："综合判断国际国内经济形势，转变经济发展方式已刻不容缓。"①

什么叫"刻不容缓"？国际金融危机使我国转变经济发展方式问题更加凸显出来，国际金融危机对我国经济的冲击表面上是对经济增长速度的冲击，实质上是对经济发展方式的冲击。而且，国际金融危机波澜未平，一场争夺未来发展制高点的"竞赛"就已悄然涌动：美国将研发投入提高到GDP的3%，创下历史最高水平，并提出5年内出口翻番的目标；英国着眼发展低碳经济、数字经济，"构建英国未来"；欧盟宣布投资1050亿欧元发展绿色经济；日本决心

---

① 《胡锦涛文选》第3卷，人民出版社2016年版，第330页。

重返世界制造业的高端；俄罗斯提出开发纳米和核能技术……"国际金融危机形成的倒逼机制客观上为我国加快经济发展方式转变提供了难得机遇，我们必须紧紧抓住机遇，承担起历史使命，毫不动摇加快经济发展方式转变，在后国际金融危机时期的国际竞争中赢得主动，使我国发展质量越来越高、发展空间越来越大、发展道路越走越宽。"①

在世界经济格局中，欧美占据了金融和消费的高端，中国居于生产中心的中端，下端还有提供原料的经济体。实际上，"目前世界经济增长模式确实不可持续，发达国家过度消费模式难以为继，世界经济增长模式调整势在必行，我们必须见事早、行动快、积极应对，为我国加快转变经济发展方式、保持经济平稳较快发展增添推动力"。②"后危机时代"的国家力量对比，将重构全球的政治经济版图。而发达国家意图在"后危机时代"抢占发展制高点的战略布局，向中国发出了一个强烈的信号：不加快转变发展方式，就不能从大国变为强国，也就很难走完现代化的"后半程"。

面对新的挑战，党中央明确提出：坚持把经济结构战略性调整作为主攻方向，坚持把科技进步和创新作为重要支撑，坚持把保障和改善民生作为根本出发点和落脚点，坚持把建设资源节约型、环境友好型社会作为重要着力点，坚持把改革开放作为强大动力。这"五个坚持"，为加快转变经济发展方式指明了方向。

2010年10月23日，在韩国庆州举行的二十国集团财长和央行行长会议，对国际货币基金组织的改革达成协议，超过6%的投票权将从欧洲发达国家转向新兴经济体及发展中国家，金砖四国晋升

---

① 《胡锦涛文选》第3卷，人民出版社2016年版，第330页。
② 《胡锦涛文选》第3卷，人民出版社2016年版，第229—330页。

十大股东行列，中国的份额升至第三位。国际舆论评价说，这是一次历史性大改革，股权结构的变化预示着国际经济秩序的调整。

也许是历史的巧合，几乎就在同时，一场规模不大的圆明园罹劫150周年纪念活动在北京举行。历史与现实不期而遇，让人感慨，更令人振奋。

此时的中国已今非昔比，此时的中国正在迅速崛起。在"十一五"行将结束时，工业和信息化部的统计显示，全世界大概500种工业产品中，220多种产品产量的"世界第一"属于中国。

要是放在以往，这样的消息肯定会令人心潮澎湃、热血沸腾，而经历了一个快速发展的阶段后，当不全面、不协调、不可持续等问题日益凸显时，我们已经学会了用科学发展的眼光冷静、审慎地看待这些"世界第一"了。

同样，当经济总量跃居世界第二的消息传出，与国际舆论铺天盖地的热议相反，中国的反应相当低调。在例行的记者会上，外交部发言人表示，中国的经济总量看上去较大，但仍是发展中国家，中国的外交政策不会因为GDP的增长而改变。

这不是故作低调，而是实话实说。因为我们清楚地知道，设计和利润留在欧美日，意义有限的GDP和资源能耗留在了中国。

30多年前，中国选择了改革开放，选择了小康目标，由此演绎出一段世界发展史上罕见的时代传奇。面对现代化之路上的又一个十字路口，中国坚定地选择转变发展方式，力争站在新的台阶上，开启由大国通向强国的大门。

英国《每日电讯报》评价说，这一转变有可能继中国30多年前推行改革开放政策之后，再一次让中国的发展释放出更大的活力。

2012年4月，国务院正式决定设立温州市金融综合改革试验区，这意味着长期受到关注的民间金融规范问题有了实质性进展，民间资本有望由"地下暗流"变为"地上活水"。

美国畅销书作家托马斯·弗里德曼在《现在谁睡着了？》一书中不无忧虑地谆谆告诫美国人："我们千万不能在活力十足的中国早已醒来时，兀自昏睡不起。"

抗震救灾

2008年，我国面对的困难与挑战，并非只有国际金融危机。不让来之不易的小康生活得而复失，是全面小康社会建设的重要组成。

这年5月12日14时28分，我国四川省汶川发生了特大地震灾害。汶川地震是中华人民共和国成立以来破坏性最强、波及范围最广、救灾难度最大的地震，震级达里氏8级，最大烈度达11度，余震达3万多次，受灾群众达4625万人，需要紧急安置受灾群众达1510万人，遇难人数达69227人，失踪人数达17923人。灾区总面积约50万平方公里，波及范围包括四川、甘肃、陕西、重庆等10个省（区、市）、417个县（市、区）、4667个乡（镇）、48810个村。其中，极重灾区、重灾区面积13万平方公里，直接经济损失达8451亿多元。

灾害发生后，党中央、国务院高度重视，胡锦涛在第一时间做出"尽快抢救伤员，保证灾区人民生命安全"的重要指示。根据2006年1月发布的《国家自然灾害救助应急预案》，国家减灾委紧急启动国家一级救灾应急响应。国务院迅速成立了抗震救灾指挥部，并设立有关部门、军队、武警部队和地方党委、政府主要负责人参加的8个抗震救灾工作组，具体包括：救援组、预报监测组、医疗卫生组、生活安置组、基础设施组、生产恢复组、治安组和宣传组。12日下午，地震发生不到2小时，温家宝即乘飞机紧急赶往四川。当晚23点40分，国务院抗震救灾指挥部在四川成都都江堰临时搭建的帐篷里召开第一次会议，开始正式运转。

5月13日至15日，胡锦涛连续主持召开中央政治局常委会议，全面部署抗震救灾工作，要求各地各有关方面务必把抗震救灾工作作为最重要最紧迫的任务，不畏艰难，连续作战，团结协作，全力以赴，坚决打胜抗震救灾这场硬仗。同时，国务院抗震救灾指挥部在灾区连续召开4次会议，温家宝在会上强调，救人仍是当前救灾工作的重中之重，要求人民解放军官兵全力以赴打通道路，进入震中区域开展救援。16日上午，胡锦涛亲赴四川地震灾区，慰问灾区群众，指导抗震救灾工作，看望在一线奋战的人民解放军指战员、公安民警和医护人员。他指出，经过几天的努力，抗震救灾工作已经全面展开，正在有力有序有效地进行，但面临的挑战仍然十分严峻，任务仍然十分艰巨，而且时间非常紧迫。现在虽然已经过了震后72小时的"黄金救援"时间，但仍然要把挽救人的生命作为当务之急、重中之重，同时要抓好伤员的救治，抓好交通、通信、电力等基础设施的恢复，解决好群众基本生活保障问题。他还强调：当前，抗震救灾斗争已经到了最危急的时刻。我们一定要千方百计、争分夺秒，克服一切艰难险阻，奋力夺取抗震救灾斗争的胜利。从16日到18日，胡锦涛深入四川地震灾区，实地指导抗震救灾工作。17日，他在成都召开的抗震救灾工作会议上发出了"进村入户"的命令："要充分发挥人民解放军、武警部队和公安消防特警突击队作用，在救援队伍进入所有乡镇的基础上，尽快进入所有村庄，排查每一处倒塌房屋，竭尽全力搜救被困群众。"[1]19日凌晨，刚刚回到北京的胡锦涛在军队有关情况汇报上批示，要求部队"深入责任区内村庄，营救被困群众，医治伤员，帮助群众解决困难。要争分夺秒，时不

---

[1] 《十七大以来重要文献选编》（上），中央文献出版社2011年版，第466页。

我待"①。

在党中央、国务院和中央军委坚强领导下,全党全军全国各族人民众志成城、迎难而上,以惊人的意志、勇气、力量,组织开展了我国历史上救援速度最快、动员范围最广、投入力量最大的抗震救灾斗争,最大限度地挽救了受灾群众生命,最大限度地减低了灾害造成的损失,夺取了抗震救灾斗争重大胜利,表现出泰山压顶不弯腰的大无畏气概,谱写了感天动地的英雄凯歌。尤其是人民解放军指战员、武警部队官兵、民兵预备役人员和公安民警,再次发挥了主力军和突击队的关键作用。地震发生不到 10 个小时,就有 1.2 万多名解放军和武警部队官兵进入灾区展开救援,共有从全国调集的 14.6 万名人民子弟兵前往灾区开展工作,他们承担起最紧急、最艰难、最危险的抗震救灾任务。14 日,由成都军区某红军师 600 名官兵组成的救援队,把绳子绑在身上相互牵拉着,从悬崖峭壁上开辟出营救受灾群众的生命通道,由地面迅速赶到茂县。空降兵某军特种大队,100 名伞兵全部立下生死状,15 名神勇伞兵于 14 日中午冒着生命危险超条件跳伞降到茂县,迅速报告了当地灾情。在接到胡锦涛 17 日发布的"进村入户"命令后,100 余位将军率约 9 万名官兵,用强行军的方式在短短几天内,深入 300 个乡镇、2500 多个行政村和近万个自然村,转移被困群众 138 万余人,医治受伤群众 68 万余人,转运伤员 6 万余人,安置受灾群众 30 余万人。并且截至 20 日,救援部队已在灾区打通道路 1835 公里。同时,地震后各省市进入四川灾区服务的志愿者超过 10 万人,四川各地(包括灾区与非灾区)参与服务的志愿者超过 100 万人。北京、上海、天津、广

---

① 《人民日报》2008 年 7 月 30 日。

州等地的献血站排起长龙，有些城市血库满仓后，不得不发出通知暂缓接受自愿献血。截至 6 月 2 日 12 时，全国共接受国内外社会各界捐赠款物总计 417.42 亿元，实际到账款物 377.27 亿元，其中到账捐款 319.47 亿元，物资折价 57.8 亿元。截至 11 月 5 日，全国共有 4550 多万名共产党员缴纳抗震救灾"特殊党费"97.3 亿元。在同特大地震灾害的艰苦搏斗中，我们的党、我们的军队、我们的人民万众一心、众志成城，充分展现了中华民族和衷共济、团结奋斗的民族品格。举国上下患难与共，前方后方同心协力，海内海外同气连枝，凝结成坚如磐石、牢不可破的生命共同体。这种团结奋进的强大力量，是我们的人民和民族在生与死、血与火的严峻考验中的本色反映，是中华民族从历史深处走来的内在力量，显示了中国人民和中华文明生生不息的旺盛生命力。

5 月 21 日，国务院常务会议对抗震救灾、恢复重建的资金做出了明确的安排。27 日，抗震救灾总指挥部第 14 次会议宣布，抗震救灾工作已经进入新阶段，在继续做好被困群众搜救工作的同时，把安置受灾群众、恢复生产和灾害重建工作摆在更加突出的位置。同日，国务院提出实行一省帮一重灾县，几省帮一重灾市（州），举全国之力加快恢复重建。6 月 3 日，抗震救灾总指挥部第 16 次会议讨论《国家汶川地震灾后重建规划工作方案》。4 日，国务院常务会议审议并原则通过《汶川地震灾后恢复重建条例（草案）》，将恢复重建工作纳入了法制轨道。11 日，国务院常务会议提出了地震灾区恢复生产的六条具体措施。

10 月 14 日，抗震救灾总指挥部第 26 次会议强调，要力争用 3 年左右时间完成恢复重建的主要任务，使灾区基本生活条件和经济发展水平达到或超过灾前水平。这次会议标志着抗震救灾工作全面转入灾后重建阶段。

灾后重建不仅要重建家园,还要帮助受灾群众恢复生产、生活。切实解决灾区人民群众的长远生计问题,成为各部门制定灾后恢复重建政策的重点。胡锦涛指出:"按照以人为本、尊重自然、统筹兼顾、科学重建的原则,科学制定灾后恢复重建规划,迅速出台一系列支援灾区的政策措施,积极开展对口支援,迅速组织开展灾后恢复重建工作。"[①] 他进一步提出:"我们要继续扎扎实实推动经济社会又好又快发展。改革开放以来我国不断增强的综合国力,是我们战胜四川汶川特大地震灾害的坚实物质基础,也是我们应对各种困难和挑战的坚实物质基础。"[②]

到2018年,汶川地震10年后,灾后恢复重建发展取得重大成就。在全国大力支持下,四川全省万众一心、奋发图强,当年的地震灾区实现城乡面貌历史性改变、民生事业突破性进步、基础设施根本性提升、产业发展再生性跨越、生态环境实质性改善。在党中央坚强领导和有力部署下,当地始终坚持民生优先原则,恢复重建各类教育机构3340所、医疗服务机构2032所、公共文化服务设施1115处,帮助157.5万因灾失地失业人员实现就业。学校、医院设施装备明显改善,抗震标准比当地民用建筑提高1度设防。尤其是党的十八大以来,汶川地震灾区39个重灾县GDP年均增长9.3%;城乡居民人均可支配收入分别年均增长9.2%、11%;四川受灾严重的6个市州,2012年经济总量在全省占比49.63%,2017年提升至52.88%。

---

① 胡锦涛:《在出席纪念四川汶川特大地震一周年活动时的讲话》,人民出版社2009年版,第2页。
② 胡锦涛:《在出席纪念四川汶川特大地震一周年活动时的讲话》,人民出版社2009年版,第4页。

汶川地震灾后重建事关灾区广大灾民的生存和发展，事关四川和全国实现全面小康社会的目标，灾后重建的成败受到国人关心、世界瞩目。2018年2月12日，在四川考察的习近平总书记在临近春节之际再次来到汶川映秀镇。他说："我很牵挂这个地方，10年了，这里的变化我也很欣慰。"①

---

① 《人民日报》2018年5月12日。

生态文明

在不断战胜危机、贯彻落实科学发展观的过程中,全面建设小康社会新的实践,使党对全面建设小康社会的认识也得到全面的升华。

2007年10月,在党的十七大上,胡锦涛阐述全面建设小康社会的整体目标:"到二〇二〇年全面建设小康社会目标实现之时,我们这个历史悠久的文明古国和发展中社会主义大国,将成为工业化基本实现、综合国力显著增强、国内市场总体规模位居世界前列的国家,成为人民富裕程度普遍提高、生活质量明显改善、生态环境良好的国家,成为人民享有更加充分民主权利、具有更高文明素质和精神追求的国家,成为各方面制度更加完善、社会更加充满活力而又安定团结的国家,成为对外更加开放、更加具有亲和力、为人类文明作出更大贡献的国家。"[①] 这五个"成为",是对全面建设小康社会的整体目标富于时代精神的概括,对全面建设小康社会提出了五个方面的新目标、新要求:一是"增强发展协调性,努力实现经济又好又快发展";二是"要扩大社会主义民主,更好保障人民权益和社会公平正义";三是"加强文化建设,明显提高全民族文明素质";四是"加快发展社会事业,全面改善人民生活";五是"建设生态文明,基本形成节约能源资源和保护生态环境的产业结构、增长方式、消费模式"。[②]

---

① 《十七大以来重要文献选编》(上),中央文献出版社2011年版,第16页。
② 《十七大以来重要文献选编》(上),中央文献出版社2011年版,第15—16页。

特别是，胡锦涛突出强调发展要以"优化结构、提高效益、降低消耗、保护环境"为基础；要显著提高自主创新能力，使科技进步对经济增长的贡献率大幅上升。同时，还第一次提出"建设生态文明"的要求，把生态环境问题提高到人类文明的高度上来认识，并反映了人在解决生态环境问题上的主观能动性。

2008年1月，在中央政治局第三次集体学习会上，胡锦涛对这五个方面的新目标、新要求又做了新的归结。他指出："贯彻落实实现全面建设小康社会奋斗目标的新要求，必须全面推进经济建设、政治建设、文化建设、社会建设以及生态文明建设。"① 由此，全面建设小康社会的整体布局从经济建设、政治建设、文化建设、社会建设四个方面明确扩展为五个方面，增加了"生态文明建设"。

在此统领下，始建于1919年、为国家建设和北京市发展做出很大贡献的首都钢铁公司，由于每年固体颗粒物排放达1.8万吨，占全市工业排放的40%以上，对环境保护造成很大压力，虽然投入大量资金治理污染，但仍难以满足奥运会对环境质量的要求。2005年3月，国务院批准了北京市关于首钢实施压产、搬迁、调整和环境治理方案，决定在河北曹妃甸建设新的大型现代化钢铁企业，同时在北京建设冷轧薄板项目。当年7月7日，有着47年历史的首钢炼铁厂5号高炉正式熄火，标志着首钢北京地区涉钢系统压产、搬迁工作正式启动。如今，首钢在新厂址重树辉煌，跨地区联合重组，形成3000万吨以上生产能力，产品结构实现向高端板材为主的转变。还是弗里德曼，在他的书中指出，工业革命时期的中国沉睡不醒，信息科技革命时期的中国悠悠苏醒。如今的中国试图全面参与绿色革命，而且已经

---

① 《人民日报》2008年1月31日。

在风力、太阳能、高速铁路、核能建设居于世界前列。"置身中国，我现在比任何时候更加确信，当历史学家回顾21世纪头十年的时候，他们会认为最重要的事件不是经济大衰退，而是中国的绿色大跃进。"首钢成为我国第一个由中心城市搬迁调整向沿海发展的钢铁企业，为北京成功举办2008年奥运会做出了重大贡献。

"我家大门常打开，开放怀抱等你，拥抱过就有了默契，你会爱上这里……"2008年，这一首《北京欢迎你》响彻大街小巷，成为"大热单曲"。这一年的中国，"奥运"是关键词，举国上下，奥林匹克盛会的欢腾不断发酵，成功举办的这场"无与伦比"的赛事，让中国人增添了骄傲和自信，更让中国站稳了体育大国的位置，增添了向体育强国行进的豪情和动力。

2008年8月8日晚，世界瞩目北京。北京不负所托，承载了历史悠久的奥林匹克和源远流长的中华文明的和谐交汇，谱写了一曲动人心弦、难以忘怀的华美乐章。

北京奥运会以"同一个世界，同一个梦想（One World, One Dream）"为主题，体现了奥林匹克的精神实质和普遍价值观，即团结、友谊、进步、和谐、参与和梦想，表达了全世界人民在奥林匹克精神的感召下，追求人类美好未来的共同愿望。也表达了中国人民愿与世界各国人民一道共建美好家园，同享文明成果，携手共创未来的崇高理想。

北京奥运会上，来自204个国家和地区的11438名参赛运动员，展示了"更快、更高、更强"的健儿风采，创造了43项新世界纪录及132项奥运纪录，共有87个国家和地区在赛事中取得奖牌。中国以51枚金牌居金牌榜首，是奥运历史上首个登上金牌榜首的亚洲国家。这是一场参赛选手获得奖牌的国家和地区数量最多，参与的奥运志愿者数量最多,赛况收视率最高的体育盛会。中国人民用智慧和汗水交出了北京2008年奥运会的完美答卷,用充满中国特色的方式书写了奥林匹克的辉煌篇章,赢得了国际社会的认可和世界人民的赞叹。

关于2008年的北京奥运会,胡锦涛在当年9月29日总结道:"举办一届有特色、高水平的奥运会、残奥会,实现两个奥运同样精彩,这是中国人民对国际社会的郑重承诺。经过7年多不懈努力,我们终于取得北京奥运会、残奥会的巨大成功,广泛弘扬了团结、友谊、和平的奥林匹克精神,大力促进了世界各国人民的相互了解和友谊,让同一个世界、同一个梦想的口号响彻寰球。中国人民以坚忍不拔的执着和努力,实现了中华民族的百年期盼,完成了海内外中华儿女的共同心愿,履行了对国际社会的郑重承诺,赢得了国际社会高度评价,在现代奥林匹克运动史册上深深钤上了彤红的中国印。"[①]

北京奥运会的成功举办,不仅让中华儿女得偿所愿,让中华民族的百年梦想照进现实,更意味着中国以全新的大国形象践行对国际社会的庄严承诺。中国人民以更饱满的热情、更自信的姿态、更雄伟的步伐踏上即将来临的全面建成小康社会的新征程。

---

① 《胡锦涛文选》第3卷,人民出版社2016年版,第101页。

第五章

中国特色社会主义新时代
全面建成小康社会

合寨的民主步伐
全面建成小康社会宏伟目标
共享发展理念
文化自信
脱贫攻坚战
扎实解决三农问题
保卫绿水青山

合寨的民主步伐

广西宜州，是刘三姐的故乡。在大山深处三县交界的地方，坐落着一个普通的壮族村落——屏南乡合寨村。它包括11个自然村，1050户村民。他们祖祖辈辈都生活在这片风景如画的土地上。

如今，这里悬挂着"中国第一个村民委员会"的牌匾，这是2010年，为庆祝合寨村"村民自治"30周年，全国人大常委会委员长吴邦国亲自为他们题写的。

1980年，也就是"小康"目标刚刚诞生的时候，就在村口一棵五人合抱的大榕树下，合寨村果作、果地两个自然村的农民们，以无记名的方式投下了自己神圣的一票，选举产生了一个属于自己的全新的管理组织——村民委员会。当时他们绝没有想到，正是这一双双布满老茧的双手，拉开了中国农村村民自治的历史序幕，为中国特色的社会主义民主政治建设做出了特殊的贡献。

中国的小康社会建设，发展人民民主是重要的先导。1978年，邓小平在历史转折的时刻指出："民主是解放思想的重要条件"[1]，"必须使民主制度化、法律化"[2]。1979年，在小康目标提出之前，他又指出："没有民主就没有社会主义，就没有社会主义现代化"，"社会主义愈发展，民主也愈发展"[3]。

在广大农村地区实行民主并使之制度化、法律化，是一个艰难

---

[1] 《邓小平文选》第2卷，人民出版社1994年版，第144页。
[2] 《邓小平文选》第2卷，人民出版社1994年版，第146页。
[3] 《邓小平文选》第2卷，人民出版社1994年版，第168页。

的过程。农村改革初期,"政社合一,集中经营"的人民公社管理体制被取消之后,一些地方出现了村庄管理缺位的无序状态。合寨村的情况尤为严重。混乱到什么程度呢?村民说,我们这里有"六多一少",赌博的多,盗窃的多,乱砍滥伐多,唱野山歌的多,乱放牛放马多,还有一个搞封建迷信多,但是管事的少,没有人管了。群众在白天搞生产,晚上睡不好觉。①

1980年初,在群众的强烈要求下,果地和果作两个自然村率先行动起来,决心要找出一个解决的办法来。合寨村果作村村民委员会原主任韦焕能,当时是生产队长、党小组长,他组织了党员和骨干到家中商量。大家你一言我一语出谋献计,逐渐形成了共识:既然大队、生产队不管事了,就自己选出一个管理组织,制定一个村规民约,自己管理自己。最后大家决定在寨子里召开群众大会,不采用传统的举手,而通过投票的方式选举产生村里的领导。

要选举出5个村里的领导,但是那时候村里连票箱都没有,就用一个米桶代替。共有6个候选人,选票只能写5个,多了就作废。

就这样,全村人聚集在村口的大榕树下,用米桶做的票箱,以无记名投票的方式,选出了新中国第一个村民自治组织。这个组织该叫个什么名字呢?合寨村的乡亲们颇费了一番脑筋。最后,还是一位有见识的老人提议,人家城里有"居民委员会",咱们农村,就叫个"村民委员会"吧。

有了村委会,合寨人又通过集体讨论、按手印表决的方法,制定了《村规民约》和《封山公约》,组织村民修了两座小桥,开辟了一条机耕路,开始实现村民的自我管理、自我教育、自我服务。

---

① 合寨村村民韦焕能、蒙光欣采访记录,2009年。

由此，合寨村的民风迅速好转，群众开始安居乐业，生产也搞得红红火火。他们当时怎么也不会想到，自己的自发之举，竟然创造了历史。他们的这一创造性举措，竟然与"联产承包"和"乡镇企业"一起，并称为中国农民的三大创造。

1982年，我国颁布修改后的新宪法，史称"八二宪法"，是现行宪法。其中不仅加大了对人权的保障力度，确认了"民主"与"法治"两项基本的宪法原则，还明确规定了村委会的性质和任务，确立了村委会是群众性自治组织的法律地位。

也就是在这一年，合寨村又选举产生了自己的"小人大"——"村民议事会"。议事会成员由村民代表推选出有威望的人担任，村里重大事情必须通过议事会研究解决方案，经过村民会议通过后才提交村委会办理。集体林场的收入如何分配、村里道路如何改造，都要"小人大"先讨论。议事会每季度召开一次，遇特殊情况随时召开，至今从未间断。

由合寨村首创的村民委员会在全国迅速推开。到1985年，全国农村普遍建立了村民委员会。村民自治调动了亿万农民群众的积极性，促进了农村的社会稳定和农村经济的发展，为全国农村的奔小康提供了制度保障。

到20世纪90年代初，随着经济体制改革的不断深入发展，农村的民主制度建设面临新的挑战。这段时间，大山深处的小小合寨村，遇到了一场意想不到的变故。连任两届村委会主任的韦焕能，被上级突如其来地换了一个名称：村长。村委会被改作村公所。选举没了，村委会没了，已经搞得有声有色的"村民自治"也一下子没有了。村公所是行政单位，既要完成上级布置的任务，又要保障农民的利益不受影响，这让韦焕能他们感到自己成了风箱里的老鼠，两头受气。

历史开了一个不大不小的玩笑。

这件事情验证了邓小平早年所说的"必须使民主制度化、法律化"的重要性。这种违背群众意志，随意改变基层民主形式的错误做法，受到了广大农民的强烈反对。经过激烈的争论和斗争，"撤委设所"得到了纠正，农村管理又重新回到了村民"自我管理、自我服务、自我教育、自我监督"的基层民主轨道上。

1997年，党的十五大明确提出"依法治国，建设社会主义法治国家"的目标，首次把村民自治的基本内容——民主选举、民主决策、民主管理、民主监督写进党的代表大会的政治报告。

1998年11月，《村民委员会组织法》在试行10年后正式颁布实施，为村民自治提供了法律保障。村民自治驶上快车道。截至2007年底，全国已建村委会62万多个。村委会选举，成了中国9亿农民最好的"民主训练"；村民自治，成了一所最好的"民主学校"。这为小康社会的建设提供了强大动力。

村民自治调动了村民的积极性，为新农村建设提供了组织领导和制度保障。在村委会的领导下，合寨村新建了校舍，铺设了道路，维修了水渠，安装了闭路电视，群众行路难、饮水难、看病难、上学难等问题得到了解决。

21世纪，全面建设小康社会新的实践，对中国特色社会主义民主政治建设提出新的更高要求。在新阶段，执着追求民主、敢闯敢干的合寨人再一次进行了创新。2004年，合寨村健全完善了一个"非官方组织"——农村社区议事会。村里民房改造、修路架桥，由"议事会"决策；谁家有红白喜事，村民都来帮助，而操办这些杂事的，就是这个"议事会"。这个"议事会"的成员也由村民无记名投票产生，他们发动村民互帮互助，解决了村里的许多难题。

合寨人不断创新的基层民主制度为中国共产党不断完善中国特色社会主义政治制度提供了新鲜经验。2007年10月，党的十七大通过的《中国共产党章程（修正案）》把"基层群众自治制度"与人民代表大会制度、中国共产党领导的多党合作和政治协商制度、民族区域自治制度一起，提升为走中国特色社会主义政治发展道路必须坚持的四项政治制度之一。大会进一步强调："人民当家作主是社会主义民主政治的本质和核心。要健全民主制度，丰富民主形式，拓宽民主渠道，依法实行民主选举、民主决策、民主管理、民主监督，保障人民的知情权、参与权、表达权、监督权。"[①]

2008年4月11日，合寨村迎来了第九届村委会换届选举的日子。一大早，合寨村民敲锣打鼓地涌向村委会前的广场，在开创了"村民自治"28年之后，用自己手中的选票，决定自己的命运，选出自己信任的带头人，早已成了合寨人自觉的行动。

那一天，全村选民到了3132人，超过了选民总数的96%，他们中的许多人都是接到换届选举的通知后，从打工、经商、上学的地方，不远千里匆匆赶回来的。为服务那些外出回不来的村民，合寨村还专门开通了电话和网络视频投票系统，远在外地的合寨选民，可以通过便捷的现代化通信工具，行使自己神圣的民主权利。选一个更好的、能带领大家发家致富的领导班子是群众最大的希望。

最终，自2002年起被乡亲们选举担任村委会主任的韦向生再次当选。韦向生心情激动，他带领新当选的村委会班子，在全村父老的注视下，庄严地举起拳头宣誓："我宣誓：按照《中华人民共和国村民委员会组织法》的规定，履行好各项职责，努力工作，发展

[①] 《中国共产党第十七次全国代表大会文件汇编》，人民出版社2007年版，第28页。

经济，服务群众，造福于民，接受群众监督，廉洁勤政，做一名群众拥护和信赖的村干部，为社会主义新农村建设做出应有的贡献。"随着全面小康社会建设的开展、合寨经济的发展和社会事业的进步，韦向生感到自己肩上的担子也越来越重了。

2010年10月，十一届全国人大常委会第17次会议对村委会组织法再次进行修订。修改后的村委会组织法着眼于规范程序、完善制度，主要从村民委员会成员的选举和罢免程序、民主议事制度、民主管理和民主监督制度等方面进行了细化完善，突出了法律的时代性、科学性和可操作性。

星移斗转，村口的大榕树依然根深叶茂，它见证了合寨的发展巨变，也见证了村民自治走过的每一个脚印。合寨村民用自己手中神圣的选票表达着自己的意愿，通过有效的民主决策、民主管理和民主监督方式，决定着每一件关乎全村利益的大事。

通过村民自治，合寨村已经建成了桑蚕、甘蔗两大支柱产业；建起了3个食用菌示范基地；涌现一批猪、牛、鸽、兔、鱼专业养殖户。村民们的致富路越走越宽。全村99%的农家住进了漂亮的楼房，冰箱、彩电齐备，摩托车、汽车进村入户。到2011年，合寨村农民人均纯收入超过了5400元。

合寨，这个村民自治第一村，走上了一条富裕文明的小康之路，展现着社会主义民主政治的独特魅力。

人民民主，这个中国共产党和中国人民矢志不渝的法宝，正在中国大地上开创更加美好的未来。

2012年，中国特色社会主义迎来了新时代，中国进入了全面建成小康社会的新阶段！

全面建成小康社会宏伟目标

2012年11月8日至14日,党的十八大在北京召开,这次大会肩负着时代赋予的使命,承载着亿万人民的期待。

胡锦涛在十八大报告中提出"我国进入全面建成小康社会决定性阶段",要"确保到2020年实现全面建成小康社会宏伟目标"[①]。全面建成小康社会目标,根据我国经济社会发展实际,党的十八大在十六大、十七大确立的目标基础上提出了需要努力实现的新要求,即:

> 经济持续健康发展。转变经济发展方式取得重大进展,在发展平衡性、协调性、可持续性明显增强的基础上,实现国内生产总值和城乡居民人均收入比二〇一〇年翻一番。科技进步对经济增长的贡献率大幅上升,进入创新型国家行列。工业化基本实现,信息化水平大幅提升,城镇化质量明显提高,农业现代化和社会主义新农村建设成效显著,区域协调发展机制基本形成。对外开放水平进一步提高,国际竞争力明显增强。
>
> 人民民主不断扩大。民主制度更加完善,民主形式更加丰富,人民积极性、主动性、创造性进一步发挥。依法治国基本方略全面落实,法治政府基本建成,司法公信力

---

① 《胡锦涛文选》第3卷,人民出版社2016年版,第625页。

不断提高，人权得到切实尊重和保障。

文化软实力显著增强。社会主义核心价值体系深入人心，公民文明素质和社会文明程度明显提高。文化产品更加丰富，公共文化服务体系基本建成，文化产业成为国民经济支柱性产业，中华文化走出去迈出更大步伐，社会主义文化强国建设基础更加坚实。

人民生活水平全面提高。基本公共服务均等化总体实现。全民受教育程度和创新人才培养水平明显提高，进入人才强国和人力资源强国行列，教育现代化基本实现。就业更加充分。收入分配差距缩小，中等收入群体持续扩大，扶贫对象大幅减少。社会保障全民覆盖，人人享有基本医疗卫生服务，住房保障体系基本形成，社会和谐稳定。

资源节约型、环境友好型社会建设取得重大进展。主体功能区布局基本形成，资源循环利用体系初步建立。单位国内生产总值能源消耗和二氧化碳排放大幅下降，主要污染物排放总量显著减少。森林覆盖率提高，生态系统稳定性增强，人居环境明显改善。①

从经济、政治、文化、社会、生态文明五个方面统筹推进，这就是"五位一体"的总体布局，是新时代推进中国特色社会主义事业的总号角，也是夺取全面建成小康社会胜利的路线图。

"四个全面"，是中国特色社会主义事业的战略布局，是新的历史条件下治国理政的方略。其中，全面建成小康社会是战略目标，

---

① 《胡锦涛文选》第3卷，人民出版社2016年版，第626—627页。

统帅和引领着全面深化改革、全面依法治国、全面从严治党三大战略举措。同时，全面深化改革为全面建成小康社会提供动力源泉，全面依法治国为全面建成小康社会提供法治保障，全面从严治党是全面建成小康社会的根本保证。

全面建成小康社会，是中国共产党提出的"两个一百年"奋斗目标的第一个百年奋斗目标，是中国特色社会主义进入新时代的重大历史任务，是中华民族伟大复兴进程中的重要里程碑。"全面建成小康社会，强调的不仅是'小康'"，"更重要的也是更难做到的是'全面'。'小康'讲的是发展水平，'全面'讲的是发展的平衡性、协调性、可持续性。"① 从"全面建设小康社会"到"全面建成小康社会"，虽仅一字之差，却体现了中国共产党全面建成小康社会的信心和决心。

邓小平曾经说："我国的事情能不能办好，社会主义和改革开放能不能坚持，经济能不能快一点发展起来，国家能不能长治久安，从一定意义上说，关键在人。"② "中国问题的关键在于共产党要有一个好的政治局，特别是好的政治局常委会。只要这个环节不发生问题，中国就稳如泰山。"③ 组成一个好的政治局及其常务委员会，对于在国际国内形势深刻变化的条件下维护和推进我国改革发展稳定大局、保障党和国家事业继往开来，尤其是对于全面小康社会目标的顺利实现，具有十分重要的意义。"最关紧要的是有一个团结的领导核心。这样保持五十年，六十年，社会主义中国将是不可战

---

① 《习近平关于全面建成小康社会论述摘编》，中央文献出版社2016年版，第12页。
② 《邓小平文选》第3卷，人民出版社1993年版，第380页。
③ 《邓小平文选》第3卷，人民出版社1993年版，第365页。

胜的。"① 在党的十八大顺利完成党的领导机构新老交替，选举新一届中央领导机构，是历史赋予中国共产党的重任，是人民对中国共产党的期待。

2012年11月15日上午，北京人民大会堂庄严肃穆。中国共产党第十八届中央委员会第一次全体会议，选举习近平为中央委员会总书记和以习近平总书记为核心的新一届中央领导集体。11时53分，新当选的中共中央总书记习近平和中央政治局常委李克强、张德江、俞正声、刘云山、王岐山、张高丽步入大会堂东大厅，同采访党的十八大的中外记者亲切见面。中央领导同志步履矫健、沉着坚定、从容自信，向大家热情挥手、微笑致意，展示出蓬勃旺盛的活力和锐意进取的精神。习近平总书记代表新一届中央领导机构成员感谢全党同志的信任，并表示定当不负重托，不辱使命。他说，全党同志的重托，全国各族人民的期望，是对我们做好工作的巨大鼓舞，也是我们肩上的重大责任。

以习近平总书记为核心的新一届中央领导集体高举中国特色社会主义伟大旗帜，团结带领全党和全国各族人民解放思想，改革开放，凝聚力量，攻坚克难，坚定不移沿着中国特色社会主义道路前进，为全面建成小康社会而奋斗，不断夺取中国特色社会主义新胜利，共同创造中国人民和中华民族更加幸福美好的未来。时间在这一刻被赋予了新的历史内涵。穿越近百年光辉历程的中国共产党，再次挺立于承载人民期望、担当复兴使命的新起点。中国共产党的历史掀开新的篇章，中国特色社会主义踏上新的征程，中华民族伟大复兴展现出光明前景。习近平总书记指出："党的十八大报告勾画了

---

① 《邓小平文选》第3卷，人民出版社1993年版，第365页。

在新的历史条件下全面建成小康社会、加快推进社会主义现代化、夺取中国特色社会主义新胜利的宏伟蓝图，是我们党团结带领全国各族人民沿着中国特色社会主义道路继续前进、为全面建成小康社会而奋斗的政治宣言和行动纲领，为我们这一届中央领导集体的工作指明了方向。"①

党的十八大后，"中国特色社会主义进入了新时代"。这个新时代建立在新中国成立特别是改革开放、小康提出以来我国发展取得的重大成就的基础上，是以习近平总书记为核心的党中央领导党和国家事业发生历史性变革的结果。党的十九大用"三个意味着"，从中华民族、科学社会主义、人类社会的维度，深刻阐明了新时代的历史意义、政治意义和世界意义。中国特色社会主义进入新时代，标明了决胜全面建成小康社会的历史方位。

全面建成小康社会，我们所肩负的任务之艰巨性和繁重性世所罕见，我们所面临的矛盾和问题之复杂性世所罕见，我们所面对的困难和风险也世所罕见。

比如，在这样一个关键的阶段，只有保持经济中高速增长，才有利于改善民生，让人民群众更加切实感受到全面建成小康社会的成果。要确保到 2020 年实现国内生产总值和城乡居民人均收入比 2010 年翻一番的目标，必须保持必要的增长速度。从国内生产总值翻一番看，2016 年至 2020 年经济年均增长底线是 6.5%。从城乡居民人均收入翻一番看，2010 年城镇居民人均可支配收入和农村居民人均纯收入分别为 19109 元和 5919 元。到 2020 年翻一番，按照居民收入增长和经济增长同步的要求，"十三五"时期经济年均增长

---

① 《十八大以来重要文献选编》（上），中央文献出版社 2014 年版，第 72 页。

至少也要达到6.5%。而随着我国经济发展进入新常态，产能过剩化解、产业结构优化升级、创新驱动发展实现都需要一定的时间和空间，经济下行压力明显，保持较高增长速度难度不小，面临的不确定性因素也比较多。一个时期内，全球经济贸易增长持续乏力，我国投资和消费需求增长放缓，形成新的市场空间需要一个过程。在经济结构、技术条件没有明显改善的条件下，资源安全供给、环境质量、温室气体减排等约束强化，将压缩经济增长空间。经济运行中还存在其他一些风险，如杠杆率高、经济风险上升等，都对经济增长形成了制约。

再比如，据《国家新型城镇化规划（2014—2020年）》预测，2020年户籍人口城镇化率将达到45%左右。按2013年户籍人口城镇化率35.9%计算，年均需提高1.3个百分点，年均需转户1600多万人。2015年，按照常住人口计算，我国城镇化率已经接近55%，城镇常住人口达到7.5亿。问题是这7.5亿人口中包括2.5亿的以农民工为主体的外来常住人口，他们在城镇还不能平等享受教育、就业服务、社会保障、医疗、保障性住房等方面的公共服务，带来一些复杂的经济社会问题。①

"诗云：'行百里者半于九十。'此言末路之难也。"面对困难和挑战，只有采取力度更大、针对性更强的举措，才能实现全面建成小康社会，为开启全面建设社会主义现代化国家新征程奠定坚实的基础；只有党坚强有力，党同人民保持血肉联系，国家才能繁荣稳定，人民才能幸福安康。

---

① 《十八大以来重要文献选编》（中），中央文献出版社2016年版，第777—779页。

共享发展理念

"绝不能让一个少数民族、一个地区掉队,要让13亿中国人民共享全面小康的成果"①,这是中国共产党人做出的郑重承诺。全民共享,全面小康,一个不少,这是我们要建成的全面小康,也是全面建成小康社会的初心。

"公与平者,即国之基址也。"习近平总书记多次强调:"全面建成小康社会,最艰巨最繁重的任务在农村,特别是在贫困地区。"②全面小康,覆盖的人口要全面,是惠及全体人民的小康,是全民共享的小康。全面建成小康社会,不仅要从总体上、总量上实现小康,更重要的是让农村和贫困地区尽快赶上来,让所有人民都进入小康,一个不少。

2015年10月,党的十八届五中全会召开,提出了创新、协调、绿色、开放、共享的新发展理念,这是决胜全面建成小康社会的重要统领。

其中,共享发展理念是首次上升为发展战略的指导思想。这是一次重要的理论创新,同时也是党的指导思想长期发展的必然结果。恩格斯预测未来社会的前景:"结束牺牲一些人的利益来满足另一些人的需要的状况","使所有人共同享受大家创造出的福利,使

---

① 《2015全国两会文件学习读本》,人民出版社2015年版,第159页。
② 《习近平关于协调推进"四个全面"战略布局论述摘编》,中央文献出版社2015年版,第25页。

社会全体成员的才能得到全面的发展"。① 马克思主义是以绝大多数人的利益为价值目标的思想体系，是共享发展理念的重要理论源头。如习近平总书记指出的："要坚持以人民为中心的发展思想，这是马克思主义政治经济学的根本立场。"② "着力践行以人民为中心的发展思想。这是党的十八届五中全会首次提出来的，体现了我们党全心全意为人民服务的根本宗旨，体现了人民是推动发展的根本力量的唯物史观。"③

共享发展理念首先着眼于解决实际的民生问题，这也是加强社会稳定和国家长治久安的内在要求。习近平总书记指出："抓民生也是抓发展。"④ 民生问题就是百姓的生活生计问题，表现为经济问题，实则是社会问题和政治问题。重视民生是中国共产党的优良传统，全心全意为人民服务是中国共产党的根本宗旨。共享发展理念实实在在地体现在教育、医疗、就业、扶贫、食品安全等民生领域的方方面面。共享发展，就是给人民更好的生活，增进人民福祉。

全面建成小康社会的进程中，要努力促使经济社会发展的成果更多、更公平地惠及全体人民，为此采取了一系列重大措施，并取得显著成效。"十三五"规划中提出将全面解决收入差距过大、公共服务供给不足、社会保障滞后、教育和就业机会不均等突出问题，尤其是"增加公共服务供给"和"实施脱贫攻坚工程"。这要求我们加强保障和改善民生工作。坚持守住底线、突出重点、完善制度、引导舆论的基本思路，多些雪中送炭，更加注重保障基本民生，更

---

① 《马克思恩格斯选集》第3卷，人民出版社1995年版，第243页。
② 《党的建设大事记：十八大—十九大》，党建读物出版社2018年版，第329页。
③ 《习近平关于全面建成小康社会论述摘编》，中央文献出版社2016年版，第158页。
④ 《习近平关于全面建成小康社会论述摘编》，中央文献出版社2016年版，第152页。

加关注低收入群众生活，更加重视社会大局稳定。通过这些措施，使发展更具公平性、普惠性，让人民群众有更多获得感、幸福感。真正实现资源共享、环境共享、信息共享、成果共享的"和谐社会"，这既是共享发展理念引领我们发展所带来的源源不断的强大动力，也是维护社会稳定和国家长治久安的重要保障。

共享发展理念是社会主义的本质要求。只有在社会主义条件下，共享发展理念才能够真正成为国家的指导思想。邓小平对"什么是社会主义，怎样建设社会主义"的探寻是以社会主义优越性作为切入点的，其中包括社会主义能否给人民带来实实在在的利益。一个不能够给人民带来幸福、富裕的社会制度，人民是不会拥护的；一个不能解决人民疾苦的政府也是不能长久的。"社会主义是一个很好的名词，但是如果搞不好，不能正确理解，不能采取正确的政策，那就体现不出社会主义的本质。"[1] 社会主义制度最根本的优越性和优势就在于它不是维护少数人的利益，而是以维护最广大人民的利益为根本追求。"社会主义最大的优越性就是共同富裕，这是体现社会主义本质的一个东西。"[2] 走资本主义道路只能使中国少数人富裕起来，大部分人依然贫困，必然导致两极分化，是私有制和阶级剥削的必然结果，资本主义的本质不是为了满足人的需要，而是追求剩余价值，人是追求物质财富的手段。社会主义优于资本主义的地方，一是能更快地发展生产力，二是发展成果由人民共享，走向共同富裕。在社会主义社会，公有制占主体，人民是国家的主人，发展成果决不允许为少数人所占有，必须由人民共享。正如邓小平

---

[1] 《邓小平文选》第2卷，人民出版社1994年版，第313页。
[2] 《邓小平文选》第3卷，人民出版社1993年版，第364页。

所说:"社会主义发展生产力,成果是属于人民的。"①习近平总书记指出:"消除贫困,改善民生,逐步实现全体人民共同富裕,是社会主义的本质要求。"②《"十三五"规划建议》中也明确了"共享是中国特色社会主义的本质要求"。共享发展理念的实质就是人民创造的发展成果,一定归人民所有。把共享作为社会主义的发展原则和优越性来看待,体现了科学社会主义的核心内容和价值目标,表现出共享发展理念是社会主义的本质要求。

共享发展理念的最终目标是促进全社会每个人的全面发展。《共产党宣言》中把人的发展概括为"每个人的自由发展是一切人自由发展的条件"。马克思主义认为:"人以一种全面的方式,也就是说,作为一个完整的人,占有自己的全面的本质。"③人的发展是社会发展的主题和核心,人的发展离不开社会,社会发展的最终目的落实于人的发展。实际上所谓人的全面发展,就是人的社会关系的发展,就是人的社会交往的普遍性和人对社会关系的控制程度的发展。在人与自然、社会的统一上表现为在社会实践基础上人的自然素质、社会素质和心理素质的发展,就是在人的各种素质综合作用的基础上人的个性的发展。人的全面发展并不是指单个人的发展,而是指全社会每一个人的全面发展。每个社会成员的基本尊严和基本生存条件能够得到维护和满足,这是共享发展理念最为基础的内容,但绝不止于此。共享发展理念的确立,既在现实层面上是发展思路、发展方向、发展着力点的集中体现,更在价值层面上发挥作用,起到促进社会和人类进步的长远作用,以实现全社会每一个成员的全

---

① 《邓小平文选》第3卷,人民出版社1993年版,第255页。
② 《人民日报》2014年10月18日。
③ 《马克思恩格斯全集》第42卷,人民出版社2007年版,第123页。

面发展为终极追求。

共享发展理念,其内涵主要有四个方面:一是全民共享。这是就共享的覆盖面而言的。共享发展是人人享有、各得其所,不是少数人共享、一部分人共享。二是全面共享。这是就共享的内容而言的。共享发展就要共享国家经济、政治、文化、社会、生态各方面建设成果,全面保障人民在各方面的合法权益。三是共建共享。这是就共享的实现途径而言的。共建才能共享,共建的过程也是共享的过程。要充分发扬民主,广泛汇聚民智,最大激发民力,形成人人参与、人人尽力、人人都有成就感的生动局面。四是渐进共享。这是就共享发展的推进进程而言的。一口吃不成胖子,共享发展必将有一个从低级到高级、从不均衡到均衡的过程,即使达到很高的水平也会有差别。我们要立足国情、立足经济社会发展水平来思考设计共享政策,既不裹足不前、铢施两较、该花的钱也不花,也不好高骛远、寅吃卯粮、口惠而实不至。

习近平总书记指出:"国家建设是全体人民共同的事业,国家发展过程也是全体人民共享成果的过程。"[①] 共享发展成果是共享发展理念的最重要指向。共享发展成果,让最广大人民群众有获得感。"获得"重点是物质利益的获得,但解决温饱基本小康以后,人们不仅仅注重物质利益获得,也注重文化、精神的获得,民主权利的获得,社会和谐、安逸的获得,良好人际关系的获得,休闲娱乐的获得,更注重优良生态环境的获得。共享的对象还应包括共享发展机遇、共享发展成果、共享发展权利、共享发展过程、共享发展愿景等等。共享发展机遇,重在保障社会公正,坚持机会均等,扩大就业,

---

① 《习近平关于全面建成小康社会论述摘编》,中央文献出版社2016年版,第149页。

万众创业，人人创新；共享发展成果，重在保障人人都有获得感，人人都能真正有看得见、摸得着的真真切切的"获得"；共享发展权利，使人自身获得发展。人的全面发展必然为全面建成小康社会提供不竭动力。

理解把握和贯彻落实共享发展理念，任重而道远。在"十三五"期间，将五大新发展理念真正贯穿于各项工作中，是取得全面建成小康社会的胜利的重要环节，是下一阶段最终实现中华民族伟大复兴的坚实基础。习近平总书记指出："落实共享发展理念，'十三五'时期的任务和措施有很多，归结起来就是两个层面的事。一是充分调动人民群众的积极性、主动性、创造性，举全民之力推进中国特色社会主义事业，不断把'蛋糕'做大。二是把不断做大的'蛋糕'分好，让社会主义制度的优越性得到更充分体现，让人民群众有更多获得感。要扩大中等收入阶层，逐步形成橄榄型分配格局。特别要加大对困难群众的帮扶力度，坚决打赢农村贫困人口脱贫攻坚战。落实共享发展是一门大学问，要做好从顶层设计到'最后一公里'落地的工作，在实践中不断取得新成效。"[①] 这一指示非常清晰，重点鲜明，联系"十三五"规划中的相关内容，包含内容非常丰富和具体。"做大蛋糕"与"分好蛋糕"之辩，已经进行了很长时间，在讲话中实现了辩证统一。在谈实现途径时，他强调的仍然是人民的主体性地位，无论是"做大蛋糕"还是"分好蛋糕"，落脚点还是"人民共创"与"人民共享"。要使共享发展不停留在理想层面，有大量的实际工作要去做。

---

① 《习近平谈治国理政》第2卷，外文出版社2017年版，第216页。

文化自信

盛夏,西拉木伦河畔的翁牛特旗阿日善嘎查,林地和草场青翠丰美,白色的蒙古包,映衬出内蒙古大草原天堂般的季节。

嘎查,就是蒙古族的行政村。阿日善嘎查散居的农牧民只有寥寥400多人。然而这一天,嘎查的一片草地上,却聚拢了五六百名男女老少,他们中有的甚至是从遥远的河对岸,赶半天的路而来。几天来,一个令人激动的消息随着草原上的风一路流传:乌兰牧骑来了!当地的牧民益德日巴拉说:"听说乌兰牧骑来到我们阿日善嘎查演出,巴林右旗附近嘎查的牧民,无论路程多远,劳动多么辛苦,都来看乌兰牧骑演出,广大牧民最喜爱乌兰牧骑。"①

生活在内蒙古大草原上的农牧民,如今过上了幸福的小康生活。物质生活丰富了,对文化生活的需求就更高更迫切了。不断满足人民日益增长的文化需要,切实保障人民的文化权益,推动文化的大发展、大繁荣,是全面建成小康社会的重要内容。

乌兰牧骑在草原上的受欢迎程度,正反映出全面建成小康社会对发展文化事业的迫切要求。如果说小康社会和以往的传统社会有什么不同的话,其中一个重要的特点就是中国人民从来没有像今天这样对文化的需求如此的迫切。如今,随便找一个家庭算算账,文化消费的比重一定比以前大得多,还很可能是比重最大的。所以,全面建成小康社会,离不开文化的大发展大繁荣。反之,没有文化

---

① 益德日巴拉采访记录,2012年。

的大发展大繁荣，不可能全面建成小康社会，更谈不上现代化。

同时，小康社会的文化发展和繁荣应当建立在满足人民需求之上。早在1942年，毛泽东在《在延安文艺座谈会上的讲话》中就鲜明地提出："我们的文学艺术都是为人民大众的。"①

年过八旬的伊兰，是内蒙古自治区苏尼特右旗乌兰牧骑第一代队员，她回忆道："1957年，毛主席延安文艺座谈会15周年的时候，乌兰夫副主席当时提出来，要发展蒙古民族的文化艺术，所以决定在苏尼特右旗搞一个试点，主要是面向牧区。"②

由此，"乌兰牧骑"，这个蒙语意为"红色嫩芽"的文艺演出形式诞生了。内蒙古牧区、半农半牧区地广人稀，交通不便，居民点极其分散，乌兰牧骑的组织形式正适应了这样的区域特点。不久，在内蒙古草原的每个盟、每个旗，甚至许多的苏木，都有了这样一支文艺轻骑兵。队员们都是一专多能的文艺能手。60多年来，"乌兰牧骑"代代相传，已经成为辽阔草原上一道最美的风景、一个不老的传说，也成了新中国文化事业的一面旗帜、一个缩影。

记忆中那辆风餐露宿的马车，仿佛昨天刚刚启程。它拉着几名队员，拉着马头琴、三弦、四胡，拉着煤气灯和留声机，爬沙漠，蹚水沼，从一个牧民点到另一个牧民点，为草原带来了欢歌笑语，为农牧民送去了党的关怀和温暖。

很多时候，队员们整整一天才能吃上一顿饭，喝不到一口干净的水，有时一下牧区就要三个月。偏远的居住点哪怕只有一个牧民，乌兰牧骑也会送去专场演出。队员和牧民们同歌同舞、同吃同住，结下了深情厚谊。

---

① 《毛泽东选集》第3卷，人民出版社1991年版，第803页。
② 伊兰采访记录，2012年。

1964年，乌兰牧骑首次进京演出，受到毛泽东、周恩来和其他中央领导的多次接见和高度赞誉。1965年，乌兰牧骑到全国巡回演出，所到之处一片轰动。短短7个半月内，乌兰牧骑走遍了中国27个省、市、自治区，深入工厂、农村、部队和革命老区，演出600场，观众近百万。很快，这种流动文化工作队的样式，就在许多少数民族地区落地生根。

"文革"中，我国文化事业遭受毁灭性的打击。改革开放，"小康"目标确定后，随着文化事业的恢复与发展，草原上再度响起了乌兰牧骑的歌声，牧民们又看到了他们喜爱的"顶碗舞""筷子舞""炒米飘香"和"骏马奔腾"。1979年10月30日，邓小平在中国文学艺术工作者第四次代表大会上发表祝词，其中提出了在改革开放时期我国文学艺术事业发展的一系列指导方针，明确了文化体制改革的任务和目标。他提出："党对文艺工作的领导，不是发号施令，不是要求文学艺术从属于临时的、具体的、直接的政治任务，而是根据文学艺术的特征和发展规律，帮助文艺工作者获得条件来不断繁荣文学艺术事业，提高文学艺术水平，创作出无愧于我们伟大人民、伟大时代的优秀的文学艺术作品和表演艺术成果。""文艺这种复杂的精神劳动，非常需要文艺家发挥个人的创造精神。写什么和怎样写，只能由文艺家在艺术实践中去探索和逐步求得解决。在这方面，不要横加干涉。"[1] 1983年，邓小平为这支坚持扎根基层的文艺轻骑兵欣然题词："发扬乌兰牧骑作风，全心全意为人民服务。"[2]

随着改革开放的深入发展和小康社会初步形成、文化体制改革的逐渐展开，文化在整个社会的比重越来越大、越来越重要。1997年，

---

[1] 《邓小平文选》第2卷，人民出版社1994年版，第213页。
[2] 《邓小平年谱（1975—1997）》（下），中央文献出版社2004年版，第932页。

江泽民在党的十五大报告中阐发了党在社会主义初级阶段的基本纲领，提出了建设有中国特色社会主义的文化战略任务。

全面建设小康社会为乌兰牧骑的生存与发展提供了广阔的前景。生活改善了，条件变好了，可是乌兰牧骑队员们坚持"为人民服务"的信念却没有改变。演出之余，他们辅导牧区的孩子们识字、读书；他们帮着牧民放羊牧马、照看驼队；他们在偏远的牧区打出了唯一的一口深水井。乌兰牧骑取得的成绩受到了党和人民的充分肯定，江泽民题词赞誉道："乌兰牧骑是社会主义文艺战线上的一面旗帜。"

乌兰牧骑能够长盛不衰，最重要的是它坚持植根于人民之中，坚持做到与时俱进。文化建设要与时俱进，这是全面小康的要求。党的十六大第一次将文化分成文化事业和文化产业，强调要积极发展文化事业和文化产业。十六大报告提出："发展各类文化事业和文化产业都要贯彻发展先进文化的要求，始终把社会效益放在首位。""完善文化产业政策，支持文化产业发展，增强我国文化产业的整体实力和竞争力。"[①]十六大之后，中央对文化建设高度重视，围绕加强社会主义核心价值体系建设，提出"推动社会主义文化大发展大繁荣"的新要求，并制定了《关于深化文化体制改革推动社会主义文化大发展大繁荣若干重大问题的决定》。胡锦涛特别强调："必须坚持面向基层、面向群众，把满足人民基本文化需求作为社会主义文化建设的基本任务，鼓励创作生产更多受到群众欢迎的文化产品，让文化发展成果惠及全体人民。"[②]通过改革，文化领域整体面貌和发展格局焕然一新，文化建设开创了新局面，初步走出了一条中国特色社会主义文化发展道路。这条道路是中国特色社会主

---

① 《十六大以来重要文献选编》（上），中央文献出版社2011年版，第31—32页。
② 《胡锦涛文选》第3卷，人民出版社2016年版，第565页。

义道路的重要组成部分，是一条科学发展、改革创新的文化强国之路。内蒙古自治区乌兰牧骑协会主席阿拉坦巴干说道："建立健全农村牧区的公共文化体系，通过普及社会主义先进文化，发展传承优秀的民族艺术，这是乌兰牧骑的主要任务。"[1]

2012年，党的十八大报告强调"让人民享有健康丰富的精神文化生活，是全面建成小康社会的重要内容"[2]，并进一步提出"坚持社会主义先进文化前进方向，树立高度的文化自觉和文化自信，向着建设社会主义文化强国宏伟目标阔步前进"[3]。党的十八大以来，在以习近平总书记为核心的党中央坚强领导下，按照中央全面深化改革的总体部署，文化体制改革向纵深拓展，取得一系列开拓性的制度创新成果，文化体制改革主体框架基本确立，进一步激发了文化创新的创造活力，进一步促进了文化事业和文化产业的发展繁荣。

2013年11月，党的十八届三中全会以"全面深化改革"为主题，在文化体制改革方面，会议通过的《关于全面深化改革若干重大问题的决定》要求"推进文化体制机制创新"。这年年底，国家艺术基金设立，形成国家设立、政府主导、专家评审、面向社会的公益性基金模式，是我国艺术资助评审体制转型的里程碑。以十八届三中全会为标志，新一轮改革大潮已经启动，文化体制改革进入一个新的阶段。

中央随后制定了深化文化体制改革的总体部署。2014年2月28日，习近平总书记主持召开中央全面深化改革领导小组第二次会议，专门审议通过《深化文化体制改革实施方案》。《方案》共列出25项、

---

[1] 阿拉坦巴干采访记录，2012年。
[2] 《胡锦涛文选》第3卷，人民出版社2016年版，第639页。
[3] 《胡锦涛文选》第3卷，人民出版社2016年版，第640页。

104条重要改革举措及工作项目，并按照2015年、2017年、2020年三个时间节点明确了进度要求，新一轮文化体制改革开始进入全面实施阶段。中央紧接着出台了一批深化文化体制改革的具体措施。3月19日，由文化部、中宣部、中央编办、中央文明办、发展改革委、教育部、科技部、财政部、新闻出版广电总局等20家成员单位组成的国家公共文化服务体系建设协调组正式成立，标志着国家层面的公共文化服务体系协调机制正式运行；4月16日，《关于印发文化体制改革中经营性文化事业单位转制为企业和进一步支持文化企业发展两个规定的通知》发布；6月19日，财政部、发展改革委、国土资源部、住房和城乡建设部、中国人民银行、国家税务总局、新闻出版广电总局联合下发《关于支持电影发展若干经济政策的通知》等。一批密集出台的支持政策，为文化产业的提质增速扫除了不少障碍。十八大以来，我国还制定了《加快构建现代公共文化服务体系的指导意见》和《基本公共文化服务保障标准》，新颁布了《网络安全法》《电影产业促进法》和《公共文化服务保障法》，使我国文化领域法律从原来的4部增加到7部。

2014年10月15日，习近平总书记在人民大会堂主持召开文艺工作座谈会，并发表重要讲话。这篇讲话是新形势下我们党关于文艺问题的重要纲领性文献，为当前和今后一个时期党的文艺工作和文化建设指明了方向，体现了党对文艺繁荣发展的殷切期望和更高要求。习近平总书记提出"实现中华民族伟大复兴需要中华文化繁荣兴盛""创作无愧于时代的优秀作品""坚持以人民为中心的创作导向""中国精神是社会主义文艺的灵魂"等重要观点，在"加强和改进党对文艺工作的领导"方面，他指出："一是要紧紧依靠广大文艺工作者，二是要尊重和遵循文艺规律""对传统文艺创作生产和传播，我们有一套相对成熟的体制机制和管理措施，而对新的文艺形态，我们还缺乏有效的管理方式方法。这方面，我们必须跟上节拍，下功夫研究解决。要通过深化改革、完善政策、健全体制，形成不断出精品、出人才的生动局面"。如同1942年文艺座谈会，习总书记也鲜明地指出："人民的需要是文艺存在的根本价值所在。能不能搞出优秀作品，最根本的决定于是否能为人民抒写、为人民抒情、为人民抒怀。"[1]

我国深化文化体制改革中的一个重大事件是"文化自信"的提出。2016年，习近平总书记在庆祝中国共产党成立95周年大会上的讲话中专门阐释了文化自信，他指出："文化自信，是更基础、更广泛、更深厚的自信。在5000多年文明发展中孕育的中华优秀传统文化，在党和人民伟大斗争中孕育的革命文化和社会主义先进文化，积淀着中华民族最深层的精神追求，代表着中华民族独特的精神标识。我们要弘扬社会主义核心价值观，弘扬以爱国主义为核心的民族精神和以改革创新为核心的时代精神，不断增强全党全国各族人民的精神力量。"[2]"坚持不忘初心、继续前进，就要坚持中国特色社会主义道路自信、理论自信、制度自信、文化自信，坚持党的基本路线不动摇，不断把中国特色社会主义伟大事业推向前进。"[3]

之后，在中国文联十大、中国作协九大开幕式上的讲话中他进一步指出："文化是一个国家、一个民族的灵魂。历史和现实都表明，一个抛弃了或者背叛了自己历史文化的民族，不仅不可能发展起来，

---

[1] 《十八大以来重要文献选编》（中），中央文献出版社2016年版，第129页。
[2] 习近平：《在庆祝中国共产党成立95周年大会上的讲话》，人民出版社2016年版，第13页。
[3] 习近平：《在庆祝中国共产党成立95周年大会上的讲话》，人民出版社2016年版，第12页。

而且很可能上演一幕幕历史悲剧。文化自信，是更基础、更广泛、更深厚的自信，是更基本、更深沉、更持久的力量。坚定文化自信，是事关国运兴衰、事关文化安全、事关民族精神独立性的大问题。"①这些讲话，将党对社会主义文艺发展规律的认识提升到新的境界。从全局和战略高度，推动我国文化体制改革，促进筑就中华民族伟大复兴时代的文化高峰。

党的十八大以来，我国文化体制改革取得显著成就，对此，习近平总书记总结道："公共文化服务水平不断提高，文艺创作持续繁荣，文化事业和文化产业蓬勃发展，互联网建设管理运用不断完善，全民健身和竞技体育全面发展。主旋律更加响亮，正能量更加强劲，文化自信得到彰显，国家文化软实力和中华文化影响力大幅提升，全党全社会思想上的团结统一更加巩固。"②

2017年10月，党的十九大召开，关于文化体制改革，习近平总书记提出新的要求："要深化文化体制改革，完善文化管理体制，加快构建把社会效益放在首位、社会效益和经济效益相统一的体制机制。完善公共文化服务体系，深入实施文化惠民工程，丰富群众性文化活动。加强文物保护利用和文化遗产保护传承。健全现代文化产业体系和市场体系，创新生产经营机制，完善文化经济政策，培育新型文化业态。"③

没有社会主义文化繁荣发展，就没有社会主义现代化。关于文化体制改革，习近平总书记特别强调要把握好意识形态属性和产业

---

① 习近平：《在中国文联十大、中国作协九大开幕式上的讲话》，人民出版社2016年版，第12页。
② 《中国共产党第十九次全国代表大会文件汇编》，人民出版社2017年版，第4页。
③ 《中国共产党第十九次全国代表大会文件汇编》，人民出版社2017年版，第35页。

属性、社会效益和经济效益的关系，始终坚持社会主义先进文化前进方向，始终把社会效益放在首位。无论改什么、怎么改，导向不能改，阵地不能丢。这是当前我国文化体制改革的指导原则。

一个国家、一个民族的强盛，总是以文化兴盛为引领和支撑。伴随文化体制改革的不断深化，中华文化必将绽放更加绚烂的光彩，创造更加伟大的辉煌，为全面建成小康社会和实现中华民族伟大复兴中国梦提供强大的价值引领力、文化凝聚力和精神推动力。

2019年7月15日上午，习近平总书记来到内蒙古赤峰市松山区兴安街道临潢家园社区考察调研，兴安街道的社区群众正在乌兰牧骑队员指导下载歌载舞。习近平勉励道："乌兰牧骑这个形式，就是真正为我们的老百姓服务，为基层服务的文艺。这是我们党和政府提倡的，支持和扶持的，而且应该把它推广开来。""这种形式确实很接地气，老百姓喜闻乐见，而且这里边传承了我们很多传统优秀的文化。祝贺你们！"[①]11月1日，《内蒙古自治区乌兰牧骑条例》正式施行，这项长期服务群众的文化事业跨入依法建设发展的新时代。从草原深处走来的乌兰牧骑，如今走向了全国，走向了世界，在纽约，在伦敦，在巴黎，在世界音乐圣地维也纳，掀起了一股股"乌兰牧骑旋风"，那浓烈的草原情调，华美的民族服饰，神奇的原生态唱腔，中华民族再次以她博大精深的文化内涵令世界惊艳。

全面建成小康社会，必然伴随着中华文化的繁荣兴盛。中国人正在与时代共同进步，以高度的文化自觉和文化自信，建设中华民族共有的精神家园，创造中华文化新的辉煌。

---

① 新华社2019年7月16日电。

脱贫攻坚战

"火普",在彝语中的意思是"高山之巅"。火普村,名副其实,平均海拔 2700 米,最高海拔达 2970 米,全村辖区面积达 9.21 平方公里。火普村是全彝族村,共有 2 个社 4 个居民点,总人口 706 人,其中贫困户 79 户 246 人,村民党小组 4 个,党员 25 人,村两委干部 5 人。火普村属昭觉县解放乡,所在的四川省凉山彝族自治州,是全国"三区三州"深度贫困地区,也是全国全省脱贫攻坚的主战场之一。自然条件恶劣、基础设施落后、社会发育不足,大凉山几乎聚集了所有贫困因子,火普村此前更是典型的高山贫困村。2019 年 10 月,当我们来到火普村时,发现这片土地上确实发生了质的飞跃。

来到火普,向我们介绍情况的是身高一米八多的彝族汉子、驻村第一书记马天。他之前是凉山州广播电视台教育栏目的制片人,家在距此 60 多公里的西昌,由于火普村是凉山州广播电视台精准扶贫工作中的对口帮扶点之一,所以他来到这里,开始了带领村民脱贫的艰苦征程。第一次走访全村的所有人家,他就用了一个月的时间。

马天回忆:"经过走访,我发现火普村要脱贫,首先必须改变思想。村里存在着轻生重死、高价彩礼、大操大办等陋习。我到村后遇到的第一场丧事,村里的一家贫困户的母亲去世,受传统观念束缚和害怕邻居的议论,决定办丧事时要杀二十头牛。"① 为逐步破

---

① 马天采访记录,2019 年。

除农村铺张浪费、大操大办的陈规陋习，火普村成立了火普村红白理事会，通过修订村规民约等形式，党员干部主动介入，推进厚养薄葬，治理高价彩礼。尽管马天苦口婆心，但这户人家仍没有松口的意思。后来他请来了村里德高望重的彝族德古，即调解员，从早上9点一直说到晚上11点，才做通了这家人的思想工作，最终依照村规标准办了丧事，没有铺张浪费。

火普村处在地形崎岖、海拔较高的大凉山腹地，交通闭塞、气候高寒，仅仅是积温不足，就使大多数农作物无法正常种植，天然阻断了许多致富可能。因此，火普村采用了易地搬迁的扶贫形式。易地搬迁的选址，既要考虑到科学安全，又要尊重群众意愿。综合考虑群众居住安全、致富增收、生活配套等多种因素，最终在山腰处确定了集中安置点。在施工过程中，村党支部成立了党员突击队，动员全村党员和社员代表，组成志愿服务、监督施工、协调保障三支工作队，充分调动了村民安居的主动性。2016年10月，全村贫困户搬进了新房子。房子刚建好，村里的基础配套设施还跟不上，首先就是手机没信号。马天和村支书吉色次哈一道，几次协调争取，终于在村里建起了一座通信网络基站，村民不用再"爬上山坡'找'信号了"[①]。

转变思想，易地搬迁，这是脱贫的先决条件，而在真正脱贫的攻坚战中，还有很多工作要做。火普村两委采取的主要措施是：党建引领脱贫，加强党支部堡垒"旗帜举起来"，发挥党员先锋模范作用"党员带起来"，通过思想引导让"群众跟起来"；产业造血脱贫，探索新的产业发展道路，破解发展难题"能脱贫"，利益向

---

① 《人民日报》2018年6月29日。

民倾斜"真脱贫",拓展延伸产业"脱真贫";帮扶带动脱贫,按照四川省委"五个一"派驻干部"强力量",进行"机关+社区+农村"帮扶联姻"结对子",社会各界纷纷伸出帮扶之手"共参与";全面提升脱贫,改善环境"住上好房子",多项保障"过上好日子",移风易俗"养成好习惯",教育引导"形成好风气"。[1]

土豆、荞麦、元根,曾经是火普村出产作物的"老三样",村里也一直在苦苦思索如何推动村里的传统种植业转型。马天回忆:"一次入户时,我偶然发现了几株长在路边的羊肚菌和草莓,我就想既然这里能生出野生菌和野草莓,我们能不能自己种一些呢?"[2]马天买来种子,在村委会旁的空地上尝试种植了一小片高山草莓和羊肚菌。一年下来,这一片试验地的丰收和羊肚菌、草莓的高收益让乡亲们看到了发展新产业的前景。马天说:"党员干部带头,让村民们看到脱贫致富的希望,就可以让他们主动参与进来。"[3]

村党支部定下了以壮大村集体经济为驱动的产业发展思路,在前期调研论证的基础上,很快确定了以"种养"为主的产业发展项目。对口帮扶昭觉县的绵阳市涪城区,为火普村带来了资金和项目。2017年,火普村成立涪火专业养殖合作社,利用帮扶资金购买了西门塔尔基础母牛95头、基础母猪74头,采取"借牛还牛""借猪还猪"的方式,分到村民家中代为饲养,权责分离、利益共享。种植业方面,村党支部牵头成立专业合作社,为村民提供大棚、种子和技术指导,承包给愿意带头发展产业的党员、群众代表,通过"个体参与+模范带头",让越来越多的村民感受到了依托集体发展的优势,更加

---

[1] 火普村党支部:《火普村脱贫"变"在党建引领中——昭觉县火普村脱贫工作的基本情况》,2019年10月。
[2][3] 马天采访记录,2019年。

积极参与到村产业发展中来。从几毛一斤的土豆到上百元一斤的羊肚菌，而且这里种出的羊肚菌品质高，卖得特别好，新鲜羊肚菌每亩产值可达 1.8 万元以上，扣除成本后可以增收 1 万元以上。依靠产业发展，2017 年火普村户均增收 1.6 万元，人均可支配收入达 5200 元。①

2018 年，火普村扩建大棚 15.4 亩发展羊肚菌产业，又新种了 1.7 亩草莓，村集体收入达到 3.8 万元；砖瓦房宽敞明亮，硬化路通村入户，路灯新装 30 盏；两个幼教点有 37 名儿童入学；凉山州广播电视台与火普村共建党支部，开展"学前学会普通话"试点；农民夜校顺利开展；卫生室、幼儿园、文化室一应俱全；光纤网络畅通。这一年，全村人均收入达到 9800 多元，火普村实现整村脱贫②，"曾经一步跨千年，而今跑步奔小康"③。

火普村是一个成功脱贫的样本，从更宏观的角度来看，自"小康"目标诞生以来，我国的扶贫工作连续攀登了几个陡峭险峻的台阶，才走到如今得以实现跨越的历史阶段。

从"小康"目标提出到 1984 年全面改革，我国首先推动了土地经营制度的变革，这种变革极大地激发了广大农民的劳动热情，从而解放了生产力，提高了土地产出率。同时进行的多项改革，也为广大农村的贫困人口打开了新的出路。随着国民经济快速发展和乡镇企业异军突起，改革红利主要通过三个渠道向贫困人口身上传递。这三个渠道是：农产品价格逐步放开；农业产业结构向附加值更高的产业转化；农村劳动力在非农领域就业。大批贫困农民得以脱贫

---

① 《人民日报》2018 年 6 月 29 日。
② 四川新闻网，2019 年 2 月 11 日。
③ 《人民日报》2019 年 1 月 9 日。

致富，农村贫困问题得到大幅缓解。

20世纪80年代中后期，在小康社会建设和全面改革开放政策的推动下，我国绝大多数地区凭借各自的优势，经济得到快速增长，贫困现象显著减少。但少数地区由于各种条件的制约，发展相对滞后。贫困地区与其他地区，特别是与东部沿海发达地区在经济、社会、文化等方面的差距逐步扩大。我国发展存在不平衡问题，低收入人群中有相当一部分人生活非常困难。自此时起，党和国家开始对传统的救济式扶贫进行彻底改革，确定了开发式扶贫的方针，有针对性地采取了一系列扶贫措施，如：成立专门扶贫工作机构，安排专项资金，制定专门的优惠政策。通过数年的努力，我国农村贫困人口减少到8000万人。

90年代，随着"翻两番"的提前实现、改革的深入发展和国家扶贫开发力度的不断加大，我国贫困人口逐年减少，贫困特征也发生较大变化，贫困人口分布呈现明显的地域特征。1994年3月，中央发布《八七扶贫攻坚计划（1994—2000年）》，提出集中人力、物力、财力，动员社会各界力量，力争用7年左右的时间，到2000年底基本解决当时全国农村8000万贫困人口的温饱问题。这是新中国历史上第一个有明确目标、明确对象、明确措施和明确期限的扶贫开发行动纲领。在此统领下，1997年至1999年这3年中，我国每年有800万贫困人口解决了温饱问题。到2000年底，基本实现《八七扶贫攻坚计划（1994—2000年）》提出的目标。这也是我国如期实现总体小康目标的重要一环。

进入新千年，我国连续实施《中国农村扶贫开发纲要（2001—2010年）》和《中国农村扶贫开发纲要（2011—2020年）》，使贫困人口大幅减少，贫困发生率也显著下降。根据中国社会科学院和国务院扶贫办发布的我国首部"扶贫蓝皮书"——《中国扶贫开发报告2016》提供的数据，小康建设开展以来，我国在减少贫困人口、提高居民生活质量方面取得了重大进步。2011年，我国将国家扶贫标准定为农民年人均纯收入2300元（按2010年不变价计算）。按照这个标准，我国农村贫困人口从1978年的7.7亿人减少到2015年的5575万人，减少了71464万人或者92.8%；同期农村贫困发生率，从97.5%下降到5.7%，降低了91.8个百分点。按照世界银行2011年购买力平价1天1.9美元的贫困标准，1981年至2012年全球贫困人口减少了11亿或者55.1%，同期中国贫困人口减少了7.9亿。我国减少的贫困人口占到全球减少全部贫困人口的71.82%。[①] 联合国发表的《千年发展目标2015年报告》显示，全球极端贫困人口从1990年的19亿降至2015年的8.36亿，中国在其中的贡献率超过70%，为全球减贫事业做出了重大贡献。

在小康社会建设的过程中，我们积累了丰富的扶贫经验，开拓出中国特色扶贫道路。党的十八大以来，以习近平总书记为核心的党中央不断创新扶贫开发方式，实现扶贫开发重大理论创新，开创脱贫攻坚新局面，为全球减贫事业提供了中国经验。

中央实施精准扶贫精准脱贫基本方略，提出"六个精准""五个一批"和"四个切实"，重点实施"五个一批"工程，即通过发展生产脱贫一批，易地搬迁脱贫一批，生态补偿脱贫一批，发展教育脱贫一批，社会保障兜底一批。对集中连片特困地区和革命老区、民族地区、边疆地区出台针对性政策，强化了"四项措施"，即强化基础设施建设，推进生态保护和建设，进行资源的合理开发和有

---

① 中国社会科学院、国务院扶贫办：《中国扶贫开发报告2016》。

效利用，加大民族地区、边疆地区的脱贫攻坚力度。同时加强财政投入保障，加大金融扶贫支持力度，加大深度贫困地区政策倾斜力度，深入推进"万企帮万村"精准扶贫行动，鼓励有条件的大型民营企业通过设立扶贫产业投资基金等方式参与脱贫攻坚。

2015年，党的十八届五中全会从实现全面建成小康社会奋斗目标出发，明确到2020年我国现行标准下农村贫困人口实现脱贫，贫困县全部摘帽，解决区域性整体贫困。11月，习近平总书记在中央扶贫开发工作会议上指出："消除贫困、改善民生、逐步实现共同富裕，是社会主义的本质要求，是我们党的重要使命。全面建成小康社会，是我们对全国人民的庄严承诺。脱贫攻坚战的冲锋号已经吹响。"①

会后，党中央、国务院联合发布《关于打赢脱贫攻坚战的决定》，成为脱贫工作的纲领性文件。2016年2月1日，中央办公厅、国务院办公厅印发《关于加大脱贫攻坚力度支持革命老区开发建设的指导意见》，进一步加大扶持力度，加快老区开发建设步伐。2016年11月23日，《"十三五"脱贫攻坚规划》发布，进一步明确了扶贫开发工作的目标任务和基本要求：到2020年，稳定实现现行标准下农村贫困人口不愁吃、不愁穿，义务教育、基本医疗和住房安全有保障——即"两不愁、三保障"。贫困地区农民人均可支配收入比2010年翻一番以上，增长幅度高于全国平均水平，基本公共服务主要领域指标接近全国平均水平。确保我国现行标准下农村贫困人口实现脱贫，贫困县全部摘帽，解决区域性整体贫困。2017年，党的十九大把脱贫攻坚战作为决胜全面建成小康社会必须打赢的三大攻坚战之一，做出全面部署。从2012年到2017年，我国有6000多万

---

① 《习近平谈治国理政》第2卷，外文出版社2017年版，第83页。

贫困人口稳定脱贫，贫困发生率下降到4%以下。

2018年2月11日上午，习近平总书记专程来到火普村。他走进贫困户吉地尔子家的新居，在院内平台远眺火普村全貌，听取推进易地扶贫搬迁、彝家新寨新村建设、产业扶贫和公共服务保障等情况介绍，随后进屋察看住房功能布局。习近平指出，这里的实践证明，易地扶贫搬迁是实现精准脱贫的有效途径，一定要把这项工作做好做实。搬迁安置要同发展产业、安排就业紧密结合，让搬迁群众能住下、可就业、可发展。离开村子时，身着彝族盛装的乡亲们唱起《留客歌》，给总书记拜年。当年12月31日晚，习近平发表2019年新年贺词。在他办公室的书架上精心摆放的15幅照片中，新增了7幅拍摄于2018年的照片，其中就包括他与火普村乡亲们握手的瞬间。

习近平在这次视察中说："我们搞社会主义就是要让人民群众过上幸福美好的生活，全面建成小康社会一个民族、一个家庭、一个人都不能少。我们党从诞生之日起，就以为民族求解放、为人民谋幸福为己任。让人民群众脱贫致富是共产党人始终不渝的奋斗目标。""全面建成小康社会最艰巨繁重的任务在贫困地区，特别是在深度贫困地区，无论这块硬骨头有多硬都必须啃下，无论这场攻坚战有多难打都必须打赢。"①

他还为当地脱贫攻坚工作开出良方：

> 继续加大易地扶贫搬迁力度，让住在大山深处的彝族同胞搬进安全舒适的新居，解决他们交通出行的难题；
> 发展适合当地生态条件的种植养殖业。随着基础条件

---

① 《人民日报》2018年2月15日。

改善，乡村旅游也可以发展起来；

加强对村民的实用技术和职业技能培训，让大家掌握一技之长，能够通过发展生产和外出务工稳定增加收入；

最重要的，教育必须跟上，决不能再让孩子输在起跑线上。①

2018年5月31日，中央政治局会议审议通过《关于打赢脱贫攻坚战三年行动的指导意见》，指出，未来三年，还有三千万左右农村贫困人口需要脱贫。我们必须清醒认识打赢脱贫攻坚战面临的困难和挑战，切实增强责任感和紧迫感，再接再厉、精准施策，以更有力的行动、更扎实的工作，集中力量攻克贫困的难中之难、坚中之坚，确保坚决打赢脱贫这场对如期全面建成小康社会、实现第一个百年奋斗目标具有决定性意义的攻坚战。

2019年的火普村又进了一步，彝族乡亲们因地制宜，发挥地理环境的自然优势，将村里的特色农产品打造成原生态品牌。夏天，依托凉爽晴朗、索玛花布满山野的自然条件，经过改建旧房，培训农户厨师，推出"火普村彝家乐"，自营自销彝家美味。马天说："对火普村这种以山地高原为主的高寒的山区来说，只要保证农产品生产过程绿色、生态，保证农产品质量和特色，就能用绿色、生态农产品叩开市场的门，才能实现真正意义上的脱贫。"②

扶贫工作是全面建成小康社会的短板，广大农村地区是全面小康建成工作的重点，而贫困地区的贫困群众脱贫则毫无疑问是关键。邓小平在1985年就指出："我们奋斗了几十年，就是为了消灭贫困。

---

① 《人民日报》2018年2月15日。
② 马天采访记录，2019年。

第一步,本世纪末,达到小康水平,就是不穷不富,日子比较好过的水平。第二步,再用三五十年的时间,在经济上接近发达国家的水平,使人民生活比较富裕。这是大局。"①习近平总书记常说:"小康不小康,关键看老乡"②,"没有贫困地区的小康,没有贫困人口的脱贫,就没有全面建成小康社会。我们不能一边宣布实现了全面建成小康社会目标,另一边还有几千万人口生活在扶贫标准线以下。如果是那样,就既影响人民群众对全面建成小康社会的满意度,也影响国际社会对全面建成小康社会的认可度"③。贫困人口实现脱贫是全面建成小康社会的标志性指标之一。在当前,最紧迫的任务莫过于扶贫工作的完成,这已成为全面建成小康社会最艰巨的任务和促进共享发展最基本的要求。先脱贫才能缩小收入差距,才能向共享发展靠近。确保到 2020 年我国现行标准下农村贫困人口实现脱贫,是党对人民的郑重承诺。习总书记指出,做好这项工作必须"立下愚公移山志,咬定目标、苦干实干","坚决打赢脱贫攻坚战,确保到 2020 年所有贫困地区和贫困人口一道迈入全面小康社会"。④之后,我们还要"巩固脱贫攻坚成果,建立解决相对贫困的长效机制"⑤,以实现脱贫、缩小收入差距为突破口,以维护社会公平正义为价值取向,以推进区域、城乡基本公共服务均等化为手段,努力实现共同富裕的目标。

党的十九大报告提出:"从现在到二〇二〇年,是全面建成小

---

① 《邓小平文选》第 3 卷,人民出版社 1993 年版,第 109 页。
② 《十八大以来重要文献选编》(上),中央文献出版社 2014 年版,第 658 页。
③ 《习近平关于协调推进"四个全面"战略布局论述摘编》,中央文献出版社 2015 年版,第 57 页。
④ 《习近平谈治国理政》第 2 卷,外文出版社 2017 年版,第 83 页。
⑤ 《中共中央关于坚持和完善中国特色社会主义制度推进国家治理体系和治理能力现代化若干重大问题的决定》,人民出版社 2019 年版,第 27 页。

康社会决胜期。""特别是要坚决打好防范化解重大风险、精准脱贫、污染防治的攻坚战，使全面建成小康社会得到人民认可、经得起历史检验。"① 到 2020 年 2 月底，我国脱贫攻坚任务接近完成。贫困人口从 2012 年年底的 9899 万人减到 2019 年年底的 551 万人，贫困发生率由 10.2% 降至 0.6%，连续 7 年每年减贫 1000 万人以上。2013 年至 2019 年，832 个贫困县农民人均可支配收入由 6079 元增加到 11567 元，年均增长 9.7%，比同期全国农民人均可支配收入增幅高 2.2 个百分点。全国建档贫困户人均纯收入由 2015 年的 3416 元增加到 2019 年的 9808 元，年均增幅 30.2%。贫困群众"两不愁"质量水平明显提升，"三保障"突出问题总体解决。习近平总书记于 2020 年 3 月 6 日指出，我国"区域性整体贫困基本得到解决"②。

---

① 《十九大以来重要文献选编》（上），中央文献出版社 2019 年版，第 19、20 页。
② 习近平：《在决战决胜脱贫攻坚座谈会上的讲话》，新华社 2020 年 3 月 6 日电。

扎实解决三农问题

回首 21 世纪之初，我国总体小康目标实现，综合国力明显提升，但与新的全面小康的要求还有很大差距，城乡二元体制持续、"三农"问题突出就是重要表现。习近平总书记多次谈道："一定要看到，农业还是'四化同步'的短腿，农村还是全面建成小康社会的短板。中国要强，农业必须强；中国要美，农村必须美；中国要富，农民必须富。农业基础稳固，农村和谐稳定，农民安居乐业，整个大局就有保障，各项工作都会比较主动。"①

"我们党成立以来就一直把依靠农民、为亿万农民谋幸福作为重要使命。"②新民主主义革命时期，党领导农民"打土豪、分田地"，带领亿万农民求解放，为革命胜利提供了重要力量。社会主义革命和建设时期，党领导农民开展互助合作，发展集体经济，大兴农田水利，大办农村教育和合作医疗，对改变农村贫穷落后面貌做了不懈探索，虽历经波折，但取得了了不起的成就。改革开放，党领导农民率先拉开了改革序幕。家庭联产承包责任制打响了农村改革第一枪。确立小康目标以来，实行家庭承包经营为基础、统分结合的双层经营体制，乡镇企业异军突起，农民工进城打工，统筹城乡发展，改善农村基础设施，发展农村社会事业，农业农村发生了翻天覆地的巨变。

农村工作有成绩，也有矛盾和困难。从 1995 年到 1999 年粮食

---

① 《十八大以来重要文献选编》（上），中央文献出版社 2014 年版，第 658 页。
② 《中国共产党农村工作条例》，人民出版社 2019 年版，第 17 页。

连续5年丰收，其中有3年粮食产量超过10000亿斤。从消费者的角度看，粮食充裕，价格便宜，按当时观念这意味着农业形势很好。但这个阶段却是农民收入增长最困难时期，农民收入增长幅度持续下降，尤其是来自农业的收入绝对额减少，使农民发展农业生产的积极性受挫。20世纪末，农民负担重是反映最强烈的问题之一。中央高度重视减轻农民负担，一再重申贯彻执行减轻农民负担的各项政策，取得一定成效。但是，乱收费、乱集资、乱罚款和乱摊派屡禁不止，税费层层加码、巧立名目搭车收费的违规现象依然存在，一些地方还在进行不切实际的达标升级。改革开放初期，我国农村贫困发生率为97.5%，这个数字到20世纪末下降很多，但中西部农村贫困发生率仍然在60%以上，贫困人口仍占多数。

  针对这种情况，2000年的十五届五中全会提出"巩固和加强农业的基础地位"，并明确：在农业、农村经济发展的新阶段，农村经济工作的根本任务就是要推动战略性的结构调整；同时要"千方百计增加农民收入"。2002年，党的十六大首次提出统筹城乡经济社会发展，反映了发展理念的重要变化。减轻农民负担，增加农民收入，统筹城乡发展，进入综合改革，是本阶段农村改革的主线。2003年中央农村工作会议提出，全面建设小康社会，重点和难点都在农村，要把"三农"工作作为全党工作的重中之重。2003年中央在关于农业农村工作意见中，要求对农业实行"多予、少取、放活"的方针。2003年10月，党的十六届三中全会通过的《关于完善社会主义市场经济体制若干问题的决定》，按照统筹城乡发展、统筹区域发展、统筹经济社会发展、统筹人与自然和谐发展、统筹国内发展和对外开放的要求，提出了完善社会主义市场经济体制的7大目标和任务，其中第二个就是建立逐步改变城乡二元经济结构的体制。2004年，胡锦涛在十六届四中全会上提出"两个趋向"的重要论断："综观一些工业化国家发展历程，在工业化初始阶段，农业支持工业、为工业提供积累是带有普遍性的趋向；但在工业化达到相当程度以后，工业反哺农业、城市支持农村，实现工业与农业、城市与农村协调发展，也是带有普遍性的趋向。"①"两个趋向"的判断是这一时期处理我国工农和城乡关系的重要指导思想。习近平在次年 2 月就指出："胡锦涛总书记关于'两个趋向'的重要论断，立意高远，内涵深刻，对于我们正确把握进入以工促农、以城带乡新阶段后的经济社会发展规律特别是'三农'工作的客观规律，具有重大的指导意义。"②

为了从根本上解决问题，1993 年开始，河北、湖南、安徽等地探索农村税费制度的改革途径。2000 年，中央决定在安徽全省进行农村税费改革试点。2001 年，江苏省自主在全省范围实施改革试点。2002 年，国务院确定河北、内蒙古、黑龙江、吉林、江西、山东、河南、湖北、湖南、重庆、四川、贵州、陕西、甘肃、青海、宁夏 16 个省市为扩大农村税费改革试点。改革试点的主要内容是：取消乡统筹费等专门面向农民征收的行政事业性收费和政府性基金；取消农村教育集资；取消屠宰税；3 年内逐步取消统一规定的劳动积累工和义务工；调整农业税政策，调整农业特产税政策；改革村提留征收使用办法，即"三取消、两调整、一改革"。据安徽省统计，改革后农民负担水平平均减轻 25% 以上。

2003 年，在试点基础上，农村税费改革在全国全面推开。税费改革规范了农村税费制度和征收方式，有效遏制农村"三乱"，深

---

① 《胡锦涛文选》第 2 卷，人民出版社 2016 年版，第 247 页。
② 习近平：《干在实处走在前列——推进浙江新发展的思考与实践》，中共中央党校出版社 2006 年版，第 147 页。

受农民欢迎。2004年，中央加大农村税费政策改革力度，决定从当年开始逐步降低农业税税率，并提出5年内全面取消农业税的目标。

取消农业税是减轻农民负担、增加农民收入、推进社会主义新农村建设的重要举措。在当时农民收入水平总体偏低、农民负担过重、国家财政收入结构发生根本变化的情况下，全面取消农业税，使广大农民更多地分享改革开放和现代化建设的成果，有利于加快构建社会主义和谐社会、维护国家长治久安，有利于全面建设小康社会。

取消农业税是巩固和加强农业基础地位，增强农业竞争力，提高农业综合生产能力的重大措施。随着我国加入世贸组织过渡期结束和市场化改革的深入，我国农业面临着严峻的挑战。取消农业税，有利于进一步增加农业生产投入，提高农业综合生产能力和农产品的国际竞争力，促进农村经济健康发展。

取消农业税是逐步消除城乡差别、促进城乡统筹发展的客观需要。取消农业税，有利于加快公共财政覆盖农村的步伐，逐步实现基层政权运转、农村义务教育等供给由农民提供为主向政府投入为主的根本性转变；有利于促进城乡税制的统一，推进工业反哺农业、城市支持农村；有利于落实科学发展观和统筹城乡发展。

而且，到2006年这个时间节点，全面取消农业税的时机也已成熟，国家财政已经具备了这样的承受能力和良好的工作基础。经过20多年的改革开放和小康社会建设，国家财政实力不断增强，财政收入稳定增长的机制已经基本形成，农业税占国家财政收入的比重不断下降，取消农业税对财政减收的影响不大。另外，对取消农业税减少地方财政收入，中央财政已做出安排。2005年减免农业税中央财政安排转移支付356亿元，为农村税费改革和全面取消农业税提供了财力保证。加上自主决定免征农业税的20个省份，2005年全国实际免征农业税的省份达到28个,也为取消农业税积累了工作经验。2005年12月,十届全国人大常委会第19次会议决定,自2006年1月1日起废止《农业税条例》,取消除烟叶以外的农业特产税,全部免征牧业税,取消农业税的设想提前2年实现。自此,延续两千年的农业税退出历史舞台,这对我国农业具有划时代意义。

对党的十六大以来我国陆续出台的保护和扶持农业发展一系列政策措施,有一个"三减免、三补贴"的统称:"三减免"指减免农业税,取消除烟叶以外的农业特产税,全部免征牧业税;"三补贴"指对种粮农民实行直接补贴,对部分地区农民实行良种补贴和农机具购置补贴。2006年全面取消征收农业税后,与税费改革前的1999年相比,农民年人均减负120元左右,年减负总额超过1000亿元。我国农村改革开始了以乡镇机构、农村义务教育和县乡财政管理体制改革为主要内容的综合改革。例如,2004年到2007年,党中央、国务院实施了在我国西部地区基本普及九年义务教育、基本扫除青壮年文盲攻坚计划,简称"两基攻坚"计划,也称"两基攻坚"工程。该计划如期完成,主要目标全部实现。而农村综合改革的一个基本特点是大力推动城乡经济社会一体化发展。

2004年,党中央发出《关于促进农民增加收入若干政策的意见》,在新中国历史上,这是第一次专门制定促进农民增收的文件,也是时隔18年之后,重新把关于农村工作的文件定为中央一号文件。其中包括对种粮农民进行直接补贴,减轻农业税费负担,对重点农产品实行最低收购价制度,引导我国粮食生产和农民增收出现转机,当年即增产粮食700多亿斤。从这年开始直到现在,党中央连续发布指导"三农"工作的一号文件,不断加大"三农"投入,形成比较完善的强农惠农富农政策体系。

2006年的中央一号文件《关于推进社会主义新农村建设的若干意见》，具有纲领性的作用。新中国成立以来，我们党对建设社会主义新农村进行了不懈探索，在不同时期曾多次提出过建设社会主义新农村的任务和要求。特别是进入20世纪80年代后，伴随着农村改革推进，党中央再次提出建设社会主义新农村，并不断丰富其内涵。2005年1月，党的十六届五中全会通过的《关于制定国民经济和社会发展第十一个五年规划的建议》提出了建设社会主义新农村的目标和任务，紧接着在相继召开的中央经济工作会和农村工作会上又专门就建设社会主义新农村的问题进行部署，随后就是2006年中央一号文件的正式发布。这之后，在北京举办省部级领导建设社会主义新农村的研讨班，胡锦涛、温家宝亲自授课。在半年多的时间内，如此高强度来部署社会主义新农村问题，在我们党的历史上是不多见的。

建设社会主义新农村并不是新的概念，但此次进一步明确提出，同我们党改革开放以来提出的农村改革发展目标在战略思想上一脉相承，都是为了促进农业和农村发展、改善农民生活，促进国家经济社会发展、保持社会稳定，同时又有着鲜明的时代特征。这一点最突出地表现为：在这个历史时期，我国总体上已进入以工促农、以城带乡的发展阶段，在统筹城乡经济社会发展的前提下，通过实行"工业反哺农业、城市支持农村"的方针推进社会主义新农村建设，具有很强的现实针对性。

从思路看，这次强调建设社会主义新农村，是要贯彻科学发展观，统筹城乡发展，推动农村全面小康建设进程，指导方针更明确。从背景看，这次强调建设社会主义新农村，是在我国经济实力不断增强、农村生产力持续发展、农村经营体制日趋完善的新形势下提出的，发展起点更高。从目标看，这次强调建设社会主义新农村，提出了生产发展、生活宽裕、乡风文明、村容整洁、管理民主的总体要求，体现了经济建设、政治建设、文化建设、社会建设和党的建设协调统一的发展要求，工作布局更全。从方式看，这次强调建设社会主义新农村，明确要加大国家投入，实行工业反哺农业、城市支持农村，并动员全社会广泛参与，扶持力度更大。总之，这次强调建设社会主义新农村，是对我们党长期以来，特别是改革开放以来重视"三农"问题的战略思想的继承和发展，是面对新的形势加强"三农"工作、更好推进全面建设小康社会进程和现代化建设的战略举措。

建设社会主义新农村是一项重大历史任务，要实现这一伟大历史任务，根本途径就是要统筹城乡经济社会发展，把加大政府支持力度与激发农村内部活力结合起来，把加快农村经济发展与促进农村社会进步结合起来，把遵循客观规律与尊重农民意愿结合起来。"生产发展、生活宽裕、乡风文明、村容整洁、管理民主"，是建设社会主义新农村的总要求。这5句话20个字，体现了我国广大农民群众的根本利益和强烈愿望，涵盖了这一个时期"三农"工作的主要方面。

在社会主义新农村建设的进程中，党中央关于农业问题的指导思想也愈发明确。2007年，党的十七大对加快形成新型工农城乡关系提出明确要求："建立以工促农、以城带乡的长效机制，形成城乡经济社会发展一体化新格局。"①2008年9月，胡锦涛在农村改革发展问题座谈会上总结了30年农村改革发展的成功经验，再次强调"统筹城乡经济社会发展"。同年，党的十七届三中全会也指出，我国总体上已进入以工促农、以城带乡的发展阶段，进入加快改造传统农业、走中国特色农业现代化道路的关键时刻，进入加速破除

---

① 《胡锦涛文选》第2卷，人民出版社2016年版，第547页。

城乡二元结构、形成城乡经济社会发展一体化新格局的重要时期。这次全会通过的《关于推进农村改革发展若干重大问题的决定》，从加强农村制度建设、积极发展现代农业、加快发展农村公共事业等方面进行了部署，其中除了强调现有土地承包关系保持稳定和长久不变外，还鼓励土地实行流转，成为下一阶段推进农村改革发展的重要指导。

到 2012 年，我国农村综合改革、集体林权制度改革均取得重要进展，粮食连续 8 年增产，农民收入连续 8 年较快增长，13 亿人口的中国从容置身于国际粮食危机冲击之外，这成为中国特色社会主义进入新时代的重要基础。

党的十八大以来，全面深化改革如火如荼，在农村改革领域，加快推进农业现代化，加快建设美丽宜居乡村，深入推进城乡发展一体化，一系列改革措施密集出台。以习近平总书记为核心的党中央坚持把解决好"三农"问题作为全党工作重中之重，统筹工农城乡，着力强农惠农，引领我国"三农"发展取得历史性成就。

通过区域开发和系列扶贫开发政策的推进落实，到 2015 年年底，我国农村贫困发生率已下降到 5.7%。与此同时，经过多年扶贫开发，条件相对较好的农户基本都已脱贫，剩下的都是很难脱贫的群众，其中有不少贫困人口或丧失劳动能力，或患重病慢性病，或文化程度低，脱贫难度很高，对他们的扶贫工作是难啃的"硬骨头"。而且，贫困户分布也更加分散，致贫原因更加复杂多元，地区贫困差异也更大。仅通过危房改造、饮水安全以及教育、卫生等区域指向性的公共服务政策，很难再有效惠及每个贫困个人，很难有效体现出对贫困人口的格外关注。同时，"三农"补贴发放主要以种养规模为依据，种粮大户、养殖大户、农机大户得到的多，贫困农户得到的少。

而土地增减挂钩等政策效益也难以惠及边远贫困地区的贫困人口。面对当前我国剩余贫困人口的特性和扶贫开发的形势要求，中央做出的郑重选择，就是实施精准扶贫、精准脱贫。只有通过实施精准扶贫脱贫，面向特定人口、具体人口，精准发力，才能保障在全面建成小康社会的道路上不让任何一个贫困群众掉队。

2018年2月，习近平总书记在中央农村工作会议上回顾："在2013年12月召开的中央农村工作会议上，我就做好'三农'工作讲了5个问题。2016年4月我在安徽凤阳县小岗村主持召开的农村改革座谈会上，就推进农村改革发展讲了3个问题。这些问题对当前和今后一个时期的'三农'工作仍然是适用的。"这两次会议在我国农村改革和发展的历史进程中发挥了重要的作用。

这"5个问题"包括"关于确保我国粮食安全""关于坚持和完善农村基本经营制度""关于农产品质量和食品安全""关于'谁来种地'"和"关于加强农村社会管理"。"3个问题"是"坚定不移深化农村改革""坚定不移加快农村发展"和"坚定不移维护农村和谐稳定"。可以看出，两次讲话的最后一点基本一致，而其他各点则各有侧重，相互补充，共同构成了一个完整的农村发展和改革指导思想体系。

处理好农民与土地的关系，始终是农村改革的主线，改革由此开启，今天仍是关键。随着我国深入推进工业化、信息化、城镇化和农业现代化，农村劳动力大量转移，新型农业经营主体不断涌现，土地流转和适度规模经营已成为必然趋势。2013年，习近平总书记在中央农村工作会议上指出："顺应农民保留土地承包权、流转土地经营权的意愿，把农民土地承包经营权分为承包权和经营权，实现承包权和经营权分置并行，这是我国农村改革的又一次重大创新。"①2016年，中央正式确立农村承包地坚持集体所有权、稳定农户承包权、放活土地经营权的"三权分置"。这是继家庭联产承包责任制后我国农村改革的又一大创新，为推动农村进一步改革和发展奠定了坚实基础。

党的十八大以来，出台的改革措施和进行的新鲜试验非常多。十八大，十八届三中、五中全会，多个中央一号文件，都高度重视农村改革。从十八大到十九大的5年间，习近平总书记主持召开39次中央深改小组会议，其中19次涉及农村改革议题，审议了28项涉农改革方案。58个农村改革试验区围绕中央部署的农村改革试点试验事项展开探索。2014年，中央发文对土地经营权有序流转发展农业适度规模经营进行引导规范。2015年，农业部在黑龙江、江苏等地的7个县区开展土地经营权入股发展农业产业化经营试点。2016年12月，中央发布《关于稳步推进农村集体产权制度改革的意见》，全国逐步推开农村集体产权制度改革。同一时间，全国耕地流转面积达到4.79亿亩，建立了近2万个土地流转服务中心。2017年5月，中央发出《关于加快构建政策体系培育新型农业经营主体的意见》，促进和规范家庭农场、农民合作社、龙头企业等新型经营主体的发展。到2017年6月底，全国已完成确权面积10.5亿亩，占二轮家庭承包耕地面积的76%。

出台的这一系列改革方案，其中的重点包括：推进农村集体资产确权到户和股份合作制改革，发展多种形式股份合作，赋予农民对集体资产更多权能，赋予农民更多财产权利；构建新型农业经营体系，推动家庭经营、集体经营、合作经营、企业经营共同发展，

---

① 《习近平关于全面深化改革论述摘编》，中央文献出版社2014年版，第66页。

提高农业经营集约化、规模化、组织化、社会化、产业化水平；推进供销合作社综合改革，按照为农服务宗旨和政事分开、社企分开方向，把供销合作社打造成为同农民利益联结更紧密、为农服务功能更完备、市场运作更有效的合作经营组织体系；健全农业支持保护制度，完善农产品价格形成机制，完善农产品市场调控制度，完善农业补贴制度，加快形成覆盖全面、指向明确、重点突出、措施配套、操作简便的农业支撑保护制度；推进户籍制度改革，促进有能力在城镇稳定就业和生活的农业转移人口有序实现市民化，推动城乡劳动者平等就业、同工同酬；健全城乡发展一体化体制机制，推动城乡生产要素平等交换和公共资源均衡配置，加快形成以工促农、以城带乡、工农互惠、城乡一体的新型工农城乡关系。这一系列改革方案，"作出了长远性、战略性制度安排，农村改革'四梁八柱'基本建立起来了"①。

农业科技的自主创新能力也进一步提高，成果转化进一步加快，体制机制改革进一步深化。2016 年，我国农业科技进步贡献率已经超过了 56%；主要农作物耕种收综合机械化率超过 65%；主要农作物良种覆盖率稳定在 96%。在农业供给侧改革、"厕所革命"等方面，更是取得显著的成效。到 2017 年，我国农业农村发展的外部环境和内在动因发生了深刻变化，农业农村发展已进入"结构升级、方式转变、动力转换"的阶段。这一年又是一个丰收年，夏粮产量 2810 亿斤，同比增加 0.9%。更重要的是，前三季度我国农村居民人均可支配收入达到 9778 元，同比增长 7.5%，分别高于 GDP 增速和城镇居民收入增速 0.6 和 0.9 个百分点，城乡居民人均收入倍差 2.81。其

---

① 《党的十九大报告辅导读本》，人民出版社 2017 年版，第 211 页。

中，三季度末农村外出务工劳动力总量 17969 万人，同比增长 1.8%；外出务工农村劳动力月均收入为 3459 元，同比增长 7%。这些成绩为新的农村改革战略的提出打下了坚实基础。

2017 年 10 月，党的十九大召开，习近平总书记代表中央正式提出实施乡村振兴战略。党的十九大报告指出："农业农村农民问题是关系国计民生的根本性问题，必须始终把解决好'三农'问题作为全党工作重中之重。要坚持农业农村优先发展，按照产业兴旺、生态宜居、乡风文明、治理有效、生活富裕的总要求，建立健全城乡融合发展体制机制和政策体系，加快推进农业农村现代化。巩固和完善农村基本经营制度，深化农村土地制度改革，完善承包地'三权'分置制度。保持土地承包关系稳定并长久不变，第二轮土地承包到期后再延长三十年。深化农村集体产权制度改革，保障农民财产权益，壮大集体经济。确保国家粮食安全，把中国人的饭碗牢牢端在自己手中。构建现代农业产业体系、生产体系、经营体系，完善农业支持保护制度，发展多种形式适度规模经营，培育新型农业经营主体，健全农业社会化服务体系，实现小农户和现代农业发展有机衔接。促进农村一、二、三产业融合发展，支持和鼓励农民就业创业，拓宽增收渠道。加强农村基层基础工作，健全自治、法治、德治相结合的乡村治理体系。培养造就一支懂农业、爱农村、爱农民的'三农'工作队伍。"[1]

乡村振兴战略横空出世，我国农村改革事业进入全新阶段。其与科教兴国战略、人才强国战略、创新驱动发展战略、区域协调发展战略、可持续发展战略、军民融合发展战略并列为决胜全面建成

---

[1] 《中国共产党第十九次全国代表大会文件汇编》，人民出版社 2017 年版，第 25—26 页。

小康社会、开启全面建设社会主义现代化国家新征程需要坚定实施的七大战略。农业农村发展也同教育、就业一起处于优先发展的战略位置。其中还明确了"保持土地承包关系稳定并长久不变,第二轮土地承包到期后再延长三十年"。乡村振兴第一次被提升至国家战略高度,并写入党章。"产业兴旺、生态宜居、乡风文明、治理有效、生活富裕",这是乡村振兴战略在社会主义新农村建设基础上提出的更高要求,是当前农村改革的主题。

按照乡村振兴战略的总要求,我们需要建立健全城乡融合发展体制机制和政策体系,加快推进农业农村现代化。在实践中推进乡村振兴,根本要靠深化农村改革。我们要继续深化农村土地制度改革、农村集体产权制度改革和完善农业支持保护制度,确保国家粮食安全,构建产业体系、生产体系、经营体系这现代农业的三大体系,调整农业结构,促进农村一、二、三产业融合发展,发展多种形式适度规模经营,实现小农户和现代农业发展有机衔接,健全自治、法治、德治相结合的乡村治理体系,加强"三农"工作队伍建设,以满足农民群众对美好生活的需要为根本目标,使乡村振兴战略为全面建成小康社会,全面建设社会主义现代化强国发挥重要作用。

我国的农村改革,核心是土地,基本经验首在于解放思想、实事求是和维护农民权益。在当前贯彻实施乡村振兴战略的最新实践中,我们面临的困难和挑战还有很多。何以解忧?唯有改革!习近平总书记指出:"开弓没有回头箭,改革关头勇者胜。"[1] 如同当年的"一声惊雷",新一轮农村改革为决胜全面建成小康社会增添一抹更加靓丽的色彩。

---

[1] 《人民日报》2015年1月1日。

保卫绿水青山

牛玉琴，是陕西省靖边县东坑镇金鸡沙村的农民。如今，年过七旬的她时常会站在家附近的山坡上，打量着远远近近、漫山遍野的绿色。树林和草丛紧紧依偎着高低起伏的大地。很难想象，在中国北方、陕蒙交界处，这片看来赏心悦目的风景，曾经是万里荒沙的"毛乌素沙漠"。

对当地人来说，过去这里是沙进人退，过几年如果不搬家，房子就会被沙子压塌。回顾这一场与荒沙的较量，30多年来种树治沙的千辛万苦，岁月让曾经年轻的牛玉琴渐渐变老，而牛玉琴却把10万亩沙海变成了一片绿洲。

处理好人与自然的关系是人类社会现代化进程的一个难题，特别是在现代化初级阶段的小康社会，资源与环境问题尤为突出。从西方文明的历史进程看，许多国家的现代化都是以牺牲环境为代价换来的，先污染后治理是人类文明的惨痛教训。保护好资源、环境，实行可持续发展战略，是全面建成小康社会的必然要求和重要内容。

改革开放、奔小康，离不开保护环境。改革开放之初，邓小平就提出，要抓紧制定《森林法》《草原法》《环境保护法》，做到环境保护的法律化。1978年11月，一项被称为中国奇迹、世界奇迹的"三北防护林工程"启动了。中国政府为改善生态环境，在西北、华北北部、东北西部，绵延4480公里的风沙线上，开始了持续至今的、世界最大规模的植树造林活动。

牛玉琴家所在的陕北靖边县,正是三北防护林工程覆盖的近600个县之一。牛玉琴回忆当年的情景:"后面的沙漠很大,我们又靠沙边,祖祖辈辈就受这个黄沙危害。有一天下午,我正在种洋芋,'哗'一下,那个大风来了,啥都看不见,把那个掘地的犁抓住,就站那儿不敢动了。"[1]

1981年,全国五届人大四次会议做出《关于开展全民义务植树运动的决议》。自此,从中国最高领导人到亿万民众,年年履行植树义务。对于植树造林,深受风沙之害的靖边人有着更深的体会,但是如何才能把树种好?牛玉琴陷入了思考之中。她感到:"以前大集体种树,春季动员都把树种上了,夏天就是放羊,就是春种夏不管,到秋天就让捡柴娃儿捡回来烧灶火了。当时我们一开始就在后沙大沙漠里面私种了几棵树,结果都活了。当时有一个大胆的想法,就是不敢栽。"[2]

怀揣着这个大胆的想法,牛玉琴很快迎来了又一个充满绿色的春天。1983年,环境保护被列为中国政府的基本国策。1984年,黄沙荒山可以个人承包的消息,传遍了金鸡沙村。牛玉琴和丈夫当即决定,承包一万亩荒沙,栽树种庄稼。在旁人不理解的目光中,夫妻俩变卖了家里所有值钱的物件,凑够了买树苗的资金。牛玉琴说:"我这个人的脾气、性格就是这样子,我一旦干事情一定要干下去,我就脱皮掉肉啊,也要坚持干下去,刀子山我敢上,火海我敢下。还要靠鸡蛋来换树苗,有一次我这个小儿子,病了两天不吃饭,我狠了狠心拿了两个鸡蛋,让儿子吃,结果小儿子很懂事,就说妈妈不要把鸡蛋给我,我不吃鸡蛋,不要给我吃鸡蛋。当时我心里很酸

---

[1][2] 牛玉琴采访记录,2012年。

啊。"①

　　牛玉琴一家艰难前行的身影,从此成了一望无边的沙漠里最动人的风景。这支"家庭治沙队"老老少少齐上阵,每天天不亮,就背着一捆捆沉重的树苗往大沙漠里赶。牛玉琴回忆当年:"背树苗,大儿子的背被这个树苗给压烂了……那时候没有现在的罐罐了煲煲了,就拿纱布编一个筐子,把玉米面放好了,提到沙漠里,提一壶水,然后一场风过来,风沙把这个馍馍给压住了,把纱布拿起来抖一抖,馍馍上都是沙,又不能拨拉,一拨拉就坏了,只能拿起来吹一吹,吃了两口拿水涮一涮。"②

　　一开始,树苗种下去就被风沙埋住,甚至连根拔起。慢慢地,牛玉琴摸索出了一些经验,好不容易种下去的树苗开始成活了,命运却给了她当头一击。1988年,丈夫张加旺积劳成疾,不幸去世。就在牛玉琴最悲痛无助的时候,林业局给牛玉琴送来了一万棵大树苗,这让牛玉琴增添了重新战胜困难的勇气。她说:"政策就好嘛,都是好政策,一个绿化政策也好,封山育林的政策也好……还有有关部门的扶持、帮助、关心。所以能走到今天。"③

　　环境保护是一个世界性的难题,需要全世界各个国家高度重视、共同面对。1987年,挪威女政治家布伦特兰夫人领导的联合国环境和发展委员会,向联合国大会提交了《我们共同的未来》的报告,第一次提出了人类"可持续发展"的问题。1992年,里约热内卢世界环境发展大会正式确立了人类可持续发展战略。中国政府积极响应。20世纪90年代中期,党中央国务院批准了我国环境与发展十大对策,将"实行持续发展战略"列为十大对策之首。转变发展战略,

---

①②③　牛玉琴采访记录,2012年。

走持续发展道路,成为我国经济发展、解决环境问题的正确选择。

1993年10月,在泰国曼谷金碧辉煌的泰王宫,牛玉琴从诗琳通公主手中接过了联合国粮农组织颁发的"拉奥博士奖"。当年全世界仅有三人获此殊荣。一个普通的中国妇女站到了联合国讲台上,与全世界分享她的治沙心得。一个曾经荒漠化严重的国家,拥有了可以与全世界分享的宝贵经验。她回忆说:"我也很自豪,也很激动,一时间也很紧张……很多词都忘了,我记得最后讲的是……动员咱们全世界人民把世界的沙漠都治理住,都绿化起来。"①

在建设小康社会的全过程中都要坚持不懈地实施可持续发展战略,把环境保护放到重中之重的战略地位,这是党中央的一贯主张。1997年,江泽民来到了我国自然环境比较恶劣的西北地区,郑重提出,在西部大开发中,要采取有效措施,"再造一个山川秀美的西北地区"。这给了牛玉琴极大的鼓励。这一年,牛玉琴当初签下的15年治沙合同到期了,她毫不犹豫地续签了一份沙地承包合同,面积11万亩,期限70年。

转眼之间,又是一个15年过去了。茫茫的毛乌素沙海脱胎换骨,牛玉琴和她的乡亲们已经植树2000多万株,7300多公顷荒沙滩变成了希望的绿洲。风沙退却了,土层生长了,榆林地区在全国率先实现了荒漠化的逆转。过去一亩玉米地产量只有五六百斤,如今达到了两千多斤。牛玉琴发现,沙区不仅可以"绿起来",还能让她"富起来"。牛玉琴的儿子、孙子们,也从她的帮手逐渐变成了治沙事业的主力军。环境保护是人类社会永恒的课题。社会越发展,环境保护越重要。在这个问题上,执政的中国共产党的认识是随着改革

---

① 牛玉琴采访记录,2012年。

开放和全面建设小康社会实践的发展不断深化的。

党的十六大将"可持续发展能力不断增强,生态环境得到改善,资源利用效率显著提高,促进人与自然的和谐,推动整个社会走上生产发展、生活富裕、生态良好的文明发展道路"定为全面建设小康社会的四大目标之一。党的十七大又提出了新的更高要求,将"建设生态文明""成为生态环境良好国家"确定为全面建设小康社会的目标。

生态文明建设的提出,进一步开启了牛玉琴一家人的治沙环保新思路。用绿色的理念搞环保,把环境保护纳入规模经济发展的轨道,是十七大之后牛玉琴殚精竭虑的事情。为此,牛玉琴的小儿子张立强设计完成了一套节能环保系统,以太阳能光伏板为动力取水,用激光给布设的管道均匀打孔,在苗圃中采取了节水灌溉新技术。张立强说:"我现在基本上杜绝传统的漫灌,在大田造林的时候,尽可能采取滴灌、渗灌。羊的粪便做一个沼气池,产的气,生活用,做饭用。沼液,用在育苗、种地、种植经济作物上。"①

在全面建成小康社会的历史进程中,建设生态文明应该成为中国人民的共同理念,成为全社会共同的责任,成为越来越多社会成员的自觉行动。生态文明还要靠自下而上,从每天的日常生活里的小事做起,自下而上和自上而下结合起来,推进中国的生态文明建设。牛玉琴用她的辛勤劳动向世人证明,环境是可以改变的,沙漠是可以整理的,人类能够利用沙漠创造幸福富裕的小康生活。中国的可持续发展,需要千千万万个牛玉琴。

2012年,国家林业局宣布,根据第四次全国荒漠化和沙化监测

---

① 张立强采访记录,2012年。

的结果，中国已持续 10 年实现荒漠化趋势逆转，2005 年至 2009 年，年均净减少 2491 平方公里，为世界防治荒漠化事业做出了突出贡献。但保卫蓝天绿水青山，远远不是仅有荒漠防治这一件事。

2013 年夏，国家气象局发布的数据显示，当年春季中国内地平均雾霾天数为 1961 年以来历史同期最多。北京市雾霾天数为 46 天，较常年同期偏多 5.5 倍，为近 60 年最多。①

环保部的数据还显示，长时间、大范围的雾霾天气，影响全国 17 个省（市、区），约占国土面积的 1/4，受影响人口达 6 亿。②

此时，我国 1987 年出台的《中华人民共和国大气污染防治法》，在 2000 年之后没有经过修改，相关规定明显滞后。用 13 年前修改的法律治理严重的大气污染已明显不合时宜，《大气污染防治法》亟须修改。

解决问题，需要迅速行动。自党的十八大以来，我国相继出台《关于加快推进生态文明建设的意见》《生态文明体制改革总体方案》，制定了 40 多项涉及生态文明建设的改革方案，从总体目标、基本理念、主要原则、重点任务、制度保障等方面对生态文明建设进行全面系统部署安排。2013 年 9 月 10 日，国务院印发《大气污染防治行动计划》。2018 年 6 月 27 日，国务院又发布了《打赢蓝天保卫战三年行动计划》。

"绿水青山就是金山银山"，这是 2005 年 8 月时任浙江省委书记的习近平在浙江湖州安吉考察时提出的科学论断。为坚持和完善生态文明制度体系，促进人与自然和谐共生，我国实行了最严格的生态环境保护制度，不断健全源头预防、过程控制、损害赔偿、

---

① 《人民日报》2013 年 6 月 5 日。
② 生态环境部：《中国空气质量改善报告（2013—2018 年）》。

责任追究的生态环境保护体系。为了让生态保护制度不沦为"纸老虎",我国严明生态环境保护责任,施行了最严格的考核问责制度。健全政绩考核制度,大幅增加生态环境考核权重,不唯经济增长论英雄。具体到"蓝天保卫战"中,将细颗粒物指标作为经济社会发展的约束性指标,作为对领导班子和领导干部综合考评的重要依据。而且,对严重破坏生态的要记录在案,不得转任重要职务或提拔使用,已调离的也要问责,进行终身追责。

我们还强化了执法监督,对各类环境违法行为"零容忍"。强化对大气违法排污、破坏大气环境等行为的执法监察和专项督查。独立开展环境行政执法,健全行政执法与刑事司法衔接,禁止领导干部违法违规干预执法活动。加强基层执法队伍建设,建立起一支生态环境保护铁军。

通过联防联控,区域协同,系统推进污染治理工作。由环保部牵头形成了全国协调机制,避免各自为战。建立了环保和公安部门联动机制,提高环保执法的震慑力。健全跨区域污染防治协调机制,成立了京津冀以及周边地区大气污染防治协作小组,抓好北京和周边地区大气污染防治工作。

经过几年的奋战,2018年,我国首批实施环境空气质量新标准的74个城市PM2.5平均浓度下降42%,二氧化硫平均浓度下降68%。京津冀、长三角和珠三角3个大气污染防治重点区域,PM2.5平均浓度分别比2013年下降了48%、39%和32%。[①]"蓝天保卫战"初战告捷。

雪消门外千山绿,花发江边二月晴。如今,牛玉琴依然早出晚归,

---

① 《人民日报》2019年6月6日。

带领一家三代人奔忙着，她投资的樟子松能产生数千万元的经济效益。离牛玉琴家不远的金鸡沙湖，已经成为风景如画的生态旅游区。湖水清澈如明镜，绿树环绕如屏风，不再肆虐的金色沙丘是那么的温顺柔美。牛玉琴的身影从未孤单，从治沙劳模、植树英雄、护绿志士、蓝天保卫战的战士，到每一个心系环保的中国人，一个民族正用勤勉和智慧，讲述着人与自然和谐共荣的不屈信念，追逐着青山不老、绿水长流的美丽梦想。

全面小康社会，作为中国共产党带领中国人民创立的一种全新的社会形态，在短短的时间里，就以它蓬勃的生机和活力，让14亿人口迅速摆脱了贫困，告别了落后，大踏步赶上了时代的潮流，取得了举世瞩目的人间奇迹。2020年，我国将构建起由自然资源资产产权制度等8项制度构成的生态文明制度体系，推进生态文明领域国家治理体系和治理能力现代化，把生态文明建设纳入法制化、制度化轨道。不断推进生态文明制度化建设，已经成为我国全面深化改革的重要有机组成部分，成为完善和健全社会主义制度的重要内容，也必将全面推进国家治理体系和治理能力的现代化。全面建成小康社会的道路有蓝天绿水青山环绕，中国人民的脚步更加从容而坚定。

第六章

小康的现实与未来

改革的答卷
共同富裕的曙光
实现民族复兴的行动指南
小康的真谛

改革的答卷

程夕兵,是安徽省凤阳县小溪河镇小岗村的种粮大户。他告诉我们:"现在种了590多亩地。今年我一定要把地种好。"[1]

原本担任村委会副主任的程夕兵在国家政策的鼓励下,从2014年6月开始流转土地。当时他的想法是:"什么要流转土地呢?我们小岗大包干这么多年,农业这一块发展是比较慢的,我想我们走上标准化、现代化,要有一些愿意去做的农民去做,做好以后才能增加我们农业这一块的收入。"[2]通过土地流转,他开始尝试进行规模化的粮食种植,但是起步就很不顺利,因为下雨导致种的玉米减产,第一年就亏损3万多元。程夕兵当时就已经明白要搞规模化,否则的话达不到机械化的水平。机械化是现代农业的必要元素。水稻插秧时节气温高,人工成本就高,一亩地差不多需要300元,而且温度超过40摄氏度就不敢用人工了。全用机械就不存在天气限制的问题,还非常节约成本,能够带来经济效益。但流转来的土地分散且高低落差大,极不利于大型机械作业。这一方面要求程夕兵反复走进乡亲们家中联系交换土地,把分散的土地集中起来;另一方面,为了适应机械化,需要投资平整土地。程夕兵回忆:"当时就是岔开的,土地条件不太好的,就不利于机械化,也不利于管理。"[3]

土地分割分散,恐怕是所有进行土地流转的农户都要面对的严

---

[1][2][3] 程夕兵采访记录,2018年。

峻问题。为解决这个问题，程夕兵"一家一户做工作，就是讲他家这有一块田，比方我流转一家，通过双方的同意，我调到一起，平整成大田，路也修出来了"①。这一句话轻描淡写，其实包含了无数的艰辛。不仅在农业，在农村，放眼全面深化改革的方方面面，尽可能地为创业者、改革者、劳动者减少前进中的障碍，减轻奋斗中的痛苦，应当是我们不遗余力去完成的使命任务。

二月春风翻碧浪，清明前后麦花香。冬天播种下的小麦，清明时已生机盎然。立夏之后，几场暴雨让程夕兵的心里慌慌的，他很担心自己的麦子霉变。田里的麦子长势很好，程夕兵心里的石头落了地。到6月10号至20号，小麦就要全部收割了，在这里的生长周期大约240天。天空终于放晴，开始抢收。为了这一季的收获，不管是农民，还是田里沉甸甸的麦穗，都经过了漫长的等待。作业没多久，自家的收割机就坏在了麦田里，但这并没有难倒程夕兵。他赶快请来专业的收割队伍来田里帮忙。收割机唱着欢快的歌曲在土地上耕耘，农忙全面展开。在小岗村，农作物一年种植两季——冬小麦和水稻。麦收还没结束，村民们已来到水田里开始新一季的水稻种植。从平整土地，到施肥、收割、烘干，再到水稻育苗、插秧……

截至2017年底，程夕兵总共种植流转、代种土地近600亩；而这3年仅在土地平整上就投入十几万元。不过，在把握品种和质量的前提下，通过流转土地规模种粮，他于2015年当年就实现盈利，2016年的收入有20万元，2017年仅上半年已达30万元。2018年，程夕兵建造了现代化粮仓和农机大院，还准备创建品牌和商业米场，

---

① 程夕兵采访记录，2018年。

以增加粮食附加值，估计每一斤粮食可增长10%。根据程夕兵本人的测算，他的整体投入是300多万，可在8到10年内收回成本，实现更大赢利。①

土地流入一方的情况比较明朗，而另一方面，将土地流转出去的农民的生活又如何呢？小岗村民缪夕青的例子很能说明问题。

缪夕青家里承包的土地是20亩左右。在这片热土上，他已经耕耘了将近30年，收入水平也能达到温饱。缪夕青回忆当年："家里种地，头几年粮价比较低一点，自己家小孩读书，基本上就没有多余了，只能说够用了，没有节余了。"②到2016年，村里发展旅游业，家里这20亩土地可以进入流转，但当时缪夕青心里非常排斥。毕竟已经是50岁的人，不愿再出门打工，离开土地后做什么是一个现实问题。最后，考虑到不能耽误全村的发展，缪夕青忍痛割爱，将20亩地流转出去18亩。之后，村干部主动给他介绍工作，于是他开始在建筑工地工作。2018年，他是小岗村大包干干部学校二期工程的一位木工师傅。令缪夕青没有想到的是，年近半百时开始的新工作，却为他开启了新的生活方式。这几年，小岗村里大的工程他都参加了，还成了工地上管事的人，对这份新职业慢慢地也有了感情。"看到自己做的工地跟楼房，说句话心里挺自豪的。你们早上过去看我的工地，我自己拿的图纸，我自己带的一班工人。"③缪夕青感叹。工作方式转化了，收入情况的变化也很明显，缪夕青计算得很清楚："像我两个人干，就种20亩地的话，年收入也就是在两万多块钱，是吧？如果土地流转出去了，自己能得到一部分，你出门打工的话，就像我在工地上面一个月7000块钱左右，一年下来也就

---

① 程夕兵采访记录，2018年。
②③ 缪夕青采访记录，2018年。

是六七万。"① 对还剩下的 2 亩地，缪夕青采取绝对的精工细作。谈起未来，他最在意的是孙辈的教育。

这是三权分置的优越性，与传统社会出现的失地农民完全不同，今天的中国农民将土地流转出去后依然可以从中获得收益和保障，成为实现共同富裕的重要基础。农业农村部党组副书记、副部长韩俊告诉我们："只有农民、村民才有权去承包他的土地。我们是放活土地的经营权，但是要稳定农民的土地承包权，所有权毫无疑问是集体的。这叫承包土地三权分置制度，这是我们农村土地制度方面最重要的一个创新。"②

党的十九大报告指出，我国"城乡区域发展和收入分配差距依然较大"③。也是在党的十九大，乡村振兴战略提出并写入党章。要实现全体人民共同富裕的目标，农村是重点和难点。农业改革是综合性的、多方面的，从实现共同富裕的角度考虑，这里主要着眼于农民收入的提高。习近平总书记在视察小岗村时指出："中国要富，农民必须富。""农民小康不小康，关键看收入。检验农村工作实效的一个重要尺度，就是看农民的钱袋子鼓起来没有。"那么，如今的小岗，在实现村民致富，尤其是共同富裕方面做得如何呢？是否像有些传说中的那样"是失败的实践"，"始终徘徊在温饱线上"呢？

历史上，小岗村确实存在发展很不理想的阶段，但如今小岗的发展态势是比较好的，从数据可见一斑：

---

① 缪夕青采访记录，2018 年。
② 韩俊采访记录，2018 年。
③ 《人民日报》2017 年 10 月 28 日。

人均可支配收入：11年8400元，12年10200元，13年12000元，14年14500元，15年14700元，年均增长15.01%。

集体经济收入：11年缺，12年410万，13年505万，14年665万，15年670万。

工农业总产值：11年缺，12年5.8亿元，13年6.02亿元，14年7.38亿元，15年8.26亿元。

到2017年底，小岗村户籍人口是4173人，村域面积2.25万亩，可耕种面积1.45万亩，农业用地1.36万亩，村民可支配收入是18106元。

根据国家统计局发布的数据，2017年我国居民人均可支配收入25974元，其中农村居民人均可支配收入13432元。[①]小岗的收入水平，虽然距离全国领先水平还有不小差距，但也绝不是"徘徊在温饱线上"，在全国属于中上水平，也符合其试点的定位。显然，这与农业改革有着重要的关系。

我国农村改革是从调整农民和土地的关系开启的。在新时期深化农村改革，主线仍然是处理好农民和土地的关系。最大的政策就是必须坚持和完善农村基本经营制度，决不能动摇。2013年，习近平总书记在中央农村工作会议上指出："完善农村基本经营制度，要顺应农民保留土地承包权、流转土地经营权的意愿，把农民土地承包经营权分为承包权和经营权，实现承包权和经营权分置并行。"[②]2016年，中央正式确立农村承包地坚持集体所有权、稳定农户承包权、放活土地经营权的"三权分置"。这是继家庭联产承

---

① 《经济日报》2018年1月18日。
② 《十八大以来重要文献选编》（上），中央文献出版社2014年版，第670页。

包责任制后我国农村改革的又一大创新，为推动农村进一步改革和发展奠定了坚实基础。

在我国农村改革的历程中，两次权利分置都起到了历史性的巨大作用。第一次分置是所有权和承包权的分置，小岗是集中的代表。第二次"三权分置"，习近平总书记指出："这是我国农村改革的又一次重大制度创新。这将有利于更好坚持集体对土地的所有权，更好保障农户对土地的承包权，更好用活土地经营权，推进现代农业发展。"[①] "三权分置"规范和推动了土地流转，使之成为当前我国农村最火热的实践。这一方面，小岗也处在前沿。

小岗村土地流转情况统计表[②]		
企业流转土地情况		
序号	流转单位	流转面积（亩）
1	从玉	96
2	梨园公社	608
3	普朗特	901.3
4	安徽农垦集团	4028
5	小岗葡萄园	200
6	小岗生物科技有限公司	115
	合计	5948.3

---

① 《十八大以来重要文献选编》（上），中央文献出版社2014年版，第670页。
② 以下三个表格的数据来自笔者赴小岗村实地调查，数据的收集、整理得到了当地村委会协助。统计时间为2017年10月。

小岗村土地流转情况统计表

农户自发流转土地情况

序号	农户	流转面积（亩）	序号	农户	流转面积（亩）
1	程夕兵	350	16	张荣旺	60
2	杨学增	240	17	刘洪加	60
3	程夕龙	40	18	殷友付	110
4	杨学松	60	19	殷传发	50
5	杨术松	70	20	李学生	40
6	缪洪正	40	21	杨玉豹	140
7	崔金刚	80	22	杨文柱	50
8	乔术民	90	23	周串之	40
9	张荣刚	120	24	周界之	50
10	张元鹏	110	25	袁世界	110
11	张元刚	70	26	袁怀清	65
12	缪健康	120	27	袁世发	65
13	缪夕兵	80	28	严衡	21
14	刘占海	70	29	严德宝	55
15	徐从兵	80	30	袁世祥	20

合计：2556亩（小岗村全村流转土地面积8504.3亩）

小岗村民收入情况统计表

序号	户主	村民组	人口	年收入	收入类型
1	崔志林	后范	7	100万	从事建筑业、办厂
2	严德友	小岗	5	33万	流转土地300亩从事葡萄种植
3	程夕如	程圩	6	30万	粮食收购
4	刘占全	小韩	4	30万	人力资源开发公司
5	严余山	小岗	4	29.8万	旅游商品淘宝、上班、农歌汇KTV娱乐
6	程夕兵	程圩	3	25万	流转土地320亩种植
7	徐家友	小韩	7	25万	经商、务农、生产电动车
8	殷玉荣	小殷	4	21万	养猪（在栏250头）
9	杨玉兵	小杨	4	20万	流转土地330亩从事种植养殖
10	周党之	小吴	8	20万	流转土地132亩种植蔬菜
11	严德双	小岗	4	20万	从事经商、餐饮业（金昌食府）
12	严家旺	小严	4	20万	水电安装、销售
13	杨玉贵	小吴	4	18万	养猪230头
14	关正金	小岗	10	17万	务工、餐饮业（小岗梦菜馆）
15	李保国	上李	4	16万	蔬菜种植
16	关正景	小岗	5	15万	上班、从事餐饮业（大包干农家菜馆）
17	杨越岭	小杨	2	15万	养羊120只（心易家庭农场）
18	李士伟	下李	4	14万	养猪130头

可见，在小岗村，村民们主要通过土地流转实现适度规模经营与多种经营，达到"一、二、三产融合"，从而有效地提高了收入水平。

依靠土地流转和农业科技，程夕兵同时实现了规模化和机械化，成为小岗村新一代致富带头人。程夕兵没有想到，从大规模流转土地开始，自己一步步走出来的，是一种新的经营形式。全国人大农业与农村委员会主任委员、中央农村工作领导小组原副组长陈锡文说："规模经营是发展现代农业的基础，要改变我国农村这种分散的、粗放的农业经营方式，那将是一个很长的历史过程。中国农业的现代化不可能一蹴而就，但是你不扎扎实实地做具体工作去推进，一事无成。"①

土地规模，什么样才是适度的？当程夕兵勾画着自己的千亩良田时，小岗村的年轻一代也在进行新的尝试和探索，退伍军人杨伟的实践就很值得借鉴。

1987年出生于小岗的杨伟，2004年参军入伍，在福建沿海经历了军营战斗生活的淬炼。他在部队入党，还成为一位二级士官。2012年退伍后，他回到家乡，参加了县里的退伍军人技能培训学习汽车驾驶。2014年初，杨伟放弃了去宁波发展的机会，选择在家乡创业。由于家中的土地比较分散，不方便经营，地理位置也不理想，他尝试以个人名义从企业手中流转土地的办法，以600元一亩的价格从小岗村企业洪张健康产业园流转了20亩土地。尽管出生于小岗，但搞农业对杨伟来说是从头学起，其间的挫折不少。第一年种了西瓜，但在品种选择和管理上处理不好，西瓜成熟之后个头比较大，口味不佳，销售困难。偶然的机会，杨伟发现游客更喜欢进园采摘，随即到处参观学习，最终选择了便于携带的草莓，潜心钻研种植技术，还为草莓园申请了家庭农场。由于流转来的这20亩土地位于村

---

① 陈锡文采访记录，2018年。

里的"黄金地带",园里的草莓光靠采摘就可全部售罄。更进一步,从 2017 年开始,他尝试通过网上宣传、销售,又显著地增加了收入。杨伟表示:"现在国家、县、村里面都鼓励我们农民搞'互联网+',虽然我们的草莓不愁卖,但这是一个渠道……明显感觉到草莓不够卖。现在 20 亩土地种植得非常好,收益也比较好。纯收入有八九万块钱,我自己上班(在村里还有一份兼职)一年有两三万块钱,我感觉自己在家小孩也能照顾了,也不用去外面租房子、找工作,现在与父母在一起,和孩子也能在一起,我感觉现在过得也挺好的。"①

我国农业总体上还是小农经济。截至 2016 年底,经营规模 50 亩以下的农户仍然有近 2.6 亿户,其中绝大多数户均仅 5 亩左右;农村流转土地面积超过 35%,经营 50 亩以上的新型主体 350 万个。这对世界来说是一个很大的数量,但对中国来说比例依然很低,而且平均每户 100 亩的经营规模与美国、澳大利亚、新西兰、英国等国相比,也都算是小农户。在相当长的时期内,小农户始终是中国农业生产经营的主体组织形式,这是基本国情。

发展现代农业可以有多种模式,尤其在我国大部分农民仍然要依靠土地吃饭的现实情况下,帮助小农户发展现代农业,既有利于提高农业现代化水平,也有利于满足农民的就业和社会保障需求。因此,各地应充分尊重农民的首创精神,因地制宜探索以小农户为主体的农业经营模式,保护农民利益,解决小农户土地细碎化问题,实现农业规模经营的全方位发展。农业供给侧结构性改革需要加快培育现代小农,要依靠的是政策、科技、创新,应该做的是服务,包括硬件和安全上的服务。

---

① 杨伟采访记录,2018 年。

2017年3月,农业部专门开展了农民手机培训。目前在中国,新型农业要素正在逐渐融入生产过程。智能、共享、泛在的信息技术为加快培育"现代小农"提供了难得机遇。应推动小农户与大市场相衔接,进入互联网时代;让小农户融入产业链,分享产业增值;让小农户用上新技术,成为新应用的定制者;探索小农联合联营共享,实现小农户的标准化生产和按需定制;把小农户培育成新农民,成为现代农业建设的主力军。

小岗村还通过发展集体经济反哺个体收入和支持公共事业。习近平总书记在2017年12月的中央农村工作会议上指出:"壮大农村集体经济,是引领农民实现共同富裕的重要途径。"小岗村因地制宜地发展集体经济,创建了"村企一体"的经济组织——小岗村创新发展有限公司,注册资金3150万元,全面负责村内集体资产的管理和经营,确保集体资产保值增值,最大限度保护村民权益。公司先后组织实施了改革大道、小岗村干部教育培训中心、大包干纪念馆等55个重点项目建设,通过承包、租赁、合作等多种经营方式,挖掘集体资产资源潜力,增加村集体经济收入。围绕"中国农村改革主要发源地""大包干精神、沈浩精神诞生地"等全国知名品牌做文章,通过合作经营、品牌入股、招商引资等方式,放大小岗品牌效应。比如,与安徽省农垦集团有限公司签订合作协议,将小岗村12个村民组、426户农户的4300亩土地流转给安徽农垦小岗现代农业发展股份有限公司,在获得资源租赁收入的同时,带动现代农业发展。

党的十八大以来,特别是自2016年实施"三年大变样"行动后,小岗迎来快速改革发展期。小岗村级集体经济收入从2012年的410万元,到2017年增加到820万元,年均增长率20%。通过壮大集体经济，加大小岗公共事业投入，强化民生保障，带动村民致富。2017年，村集体累计投入98.9万元免费为全体村民办理新农合、新农保、政策性保险等，平均每个村民获益230多元。2018年初，小岗村实现首次村集体资产收益分红，每位村民分红350元。在集体经济的支持下，群众获得感、安全感、幸福感明显提升。[1]到2018年底，小岗集体经济达到1020万元，人均分红金额520元。2019年底，这两项数据分别达到1100万元和580元。2019年，小岗的贫困户全部"摘帽"，村民人均可支配收入突破25000元[2]，比2012年增长70%以上。邓小平在提出著名的"两个飞跃"思想时指出："第二个飞跃，是适应科学种田和生产社会化的需要，发展适度规模经营，发展集体经济。"[3]从小岗村的实践来看，邓小平的设想是符合实际的。

从冬到秋，四季农事。土地，承载着农民丰收的喜悦。人与土地的故事，演绎了千百年。土地最安静，在她身上，有改革者一步步艰辛探索的积淀；土地最活泼，在她身上，有创业者走在筑梦路上的欢欣；土地最坚韧，在她的身上，流淌着每一位中国劳动者辛勤耕耘的质朴品质。特别重要的是，在即将全面建成小康社会的历史时刻，我们在这片熟悉的热土上看到了共同富裕的曙光。

---

[1] 《人民日报》2018年7月19日。
[2] 《新华每日电讯》2020年1月20日。
[3] 《邓小平文选》第3卷，人民出版社1993年版，第355页。

共同富裕的曙光

在全面小康社会即将建成的今天，共同富裕已经成为全体社会成员的共同愿望。但是，共同富裕并不是能够自然产生的，需要卓越的智慧与艰辛的努力。事实上，共同富裕是人类历史上尚未出现的社会状态，在古今中外都没有真正合适的样板可资借鉴。

中华文明在古代曾经达到世界之巅，农耕文明长期居于世界领先水平。汉代时，我国人口就超过6000万，垦地超过8亿亩。唐代长安城面积超过80平方公里，人口超过100万，宫殿金碧辉煌，佛寺宝塔高耸，东西两市十分繁荣。诗人岑参就有"长安城中百万家"的诗句。北宋时，国家税收峰值达到1.6亿贯，是当时世界上最富裕的国家。那个时候，伦敦、巴黎、威尼斯、佛罗伦萨的人口都不足10万，而我国拥有10万人口以上的城市近50座。[①] 根据国内外学者的研究成果，当时中国的GDP占全世界的比重很高。而且，中国政治哲学中的民生、民本思想也比较发达。但是，客观地说，中国从来不是一个非常平衡的、小差异的社会。即使在盛唐时期，古诗中也展现出"朱门酒肉臭，路有冻死骨"的景象，国力衰弱时期则更不必说。而在20世纪中期的计划经济时期，确实社会成员之间的经济差异比较小，但并不是完全没有，尤其是城市居民和农民之间的差异是广泛存在的。更重要的是，这一时期社会成员之间的政治差异非常大，由此产生的社会地位和处境差异是非常悬殊的，换

---

① 《习近平谈治国理政》第2卷，外文出版社2017年版，第246页。

句话说，只有当经济因素不在社会中起主要作用时它才获得了实现平衡的机会。而在世界范围内，无论是曾经辉煌的苏联社会主义模式，还是西方发达资本主义国家，虽然其具备一些可资借鉴的抑制贫富差距的政策措施，但从整体来看，都没有实现共同富裕。当今西方社会，虽然占据领先地位，但依然是一个贫富差距巨大的阶级社会。所以，实现共同富裕是一个超越现存社会的伟大目标。

相对于共产主义的最高理想，共同富裕这一社会主义的目标既同样光明、伟大，又更加贴近现实，非常自然地在全体社会成员中达成共识，有利于凝聚各方面力量，不断克服现实中的困难，并且有比较扎实的生产力基础和越来越清晰的实现途径，是一个既需要经过艰苦奋斗，又能够实现的清晰目标。当前，我们即将全面建成小康社会，生产力发展的问题得到了初步解决，共同富裕已经成为全社会关注的焦点，人民群众普遍认为这是必须实现的目标，包括产生的许多过激言论，也从侧面证明这一思想的预见性和现实指导性。在全面建成小康社会的基础上，伴随着社会主义优越性的不断展现，如果我们能够跨越这道贫富差距的峡谷，就意味着中华文明达到了一个更高的发展水平，向着最终实现共产主义更进了一步。

马克思指出："问题就是公开的、无畏的、左右一切个人的时代声音。问题就是时代的口号，是它表现自己精神状态的最实际的呼声。"[1] 共同富裕的问题是邓小平提出的，如他所说："共同致富，我们从改革一开始就讲，将来总有一天要成为中心课题。社会主义不是少数人富起来、大多数人穷，不是那个样子。社会主义最大的优越性就是共同富裕，这是体现社会主义本质的一个东西。如果搞

---

[1] 《马克思恩格斯全集》第 40 卷，人民出版社 1982 年版，第 289—290 页。

两极分化，情况就不同了，民族矛盾、区域间矛盾、阶级矛盾都会发展，相应地中央和地方的矛盾也会发展，就可能出乱子。"① 也是他较早地发现："我们讲要防止两极分化，实际上两极分化自然出现。""少部分人获得那么多财富，大多数人没有，这样发展下去总有一天会出问题。分配不公，会导致两极分化，到一定时候问题就会出来。这个问题要解决。""十二亿人口怎样实现富裕，富裕起来以后财富怎样分配，这都是大问题。题目已经出来了，解决这个问题比解决发展起来的问题还困难。"② 共同富裕是一个正在不断发展不断深入的前沿课题，由于其重要的现实意义，共同富裕不论在实践上还是理论上都是开放的。

党的十九大宣布，中国特色社会主义进入新时代，并明确提出：这个时代是"逐步实现全体人民共同富裕的时代"，"我国社会主要矛盾是人民日益增长的美好生活需要和不平衡不充分的发展之间的矛盾，必须坚持以人民为中心的发展思想，不断促进人的全面发展、全体人民共同富裕"；到二〇三五年，我们要实现"全体人民共同富裕迈出坚实步伐"；到21世纪中叶，我们要达到"全体人民共同富裕基本实现"③。这是我们党第一次把全体人民共同富裕的社会主义本质外化为具体奋斗目标，并安排了进度表、设定了路线图。在全面建成小康社会的决胜期，一定程度上实现共同富裕也是现阶段我国小康建设的应有内容之一；在全面建成小康社会之后，实现共同富裕是我们必须更加着力完成的使命。要早日实现共同富裕，当前社会主要的对立面就是贫富差距问题，而在实践中还有一些方

---

① 《邓小平文选》第3卷，人民出版社1993年版，第364页。
② 《邓小平年谱（1975—1997）》（下），中央文献出版社2004年版，第1364页。
③ 《人民日报》2017年10月19日。

面值得注意。

邓小平说:"现在全国人口有九亿多,其中百分之八十是农民。""耕地少,人口多特别是农民多,这种情况不是很容易改变的。这就成为中国现代化建设必须考虑的特点。"[①]我国目前的贫富差距问题最主要不是刚参加工作的大学毕业生与华人首富之间的"两极分化",而是仍然占人口大多数的农民与一些高收入行业工作者之间"两极分化"。

贫富差距问题自然属于分配问题,但是马克思主义认为:生产决定分配、交换和消费;生产的发展状况,决定分配、交换和消费的水平、结构和方式。马克思在《〈政治经济学批判〉导言》中指出:"一定的生产决定一定的消费、分配、交换和这些不同要素相互间的一定关系。"[②]"分配的结构完全决定于生产的结构。""就形式说,参与生产的一定方式决定分配的特殊形式,决定参与分配的形式。"[③]从邓小平开始,已经反复强调生产力的基础性作用,生产力水平问题的初步解决是我们实现共同富裕的基础。但是,一定意义上,当前生产领域的一种不平衡状态是造成贫富差距的重要原因,也是实现共同富裕的重要障碍。这种生产力不平衡的状态主要体现在不同产业之间。众所周知,人类社会已经发生了三次产业革命,目前,以互联网在全球普及为重要标志的信息革命方兴未艾,中国搭上了这一次技术革命的快车。2015年3月,全国人大十二届三次会议提出的"制定互联网+行动计划",推动新兴产业地位升级,又对传统产业进行升级换代,正是着眼于此。即使是普通百姓也能感受到

---

① 《邓小平文选》第2卷,人民出版社1994年版,第164页。
② 《马克思恩格斯选集》第2卷,人民出版社1995年版,第17页。
③ 《马克思恩格斯选集》第2卷,人民出版社1995年版,第13页。

互联网企业的快速增长和资源的迅速汇集。但与此同时，可以看到我国的信息革命主要集中在第三产业，第二产业有所发展，但第一产业非常滞后。

小康建设开展以来，我国农业生产力得到了很大提高，丰收以及群众营养状况的提升就是最好的反映，但是从经济效益的角度来看，我国农业生产力水平是生产领域的一个明显短板。我们过去常说我国第三产业吸收了大量农业剩余劳动力，但实际上农业的劳动力并不充足，而是经济效益太差导致的农业转移劳动力。一定意义上说，我国的农业处于农业文明，工业处于工业文明，只有交通和服务行业进入了信息时代。而近几年国际市场粮价下跌，国内土地、劳动力成本快速上升，使农业实际遭受损失。与此同时，中国人民在解决了温饱之后快速进入了"耐用品消费"时代，并且随着电子商务的出现，国内统一市场和世界市场的形成，在消费领域全国乃至全世界都几乎同步，加上媒体的推波助澜，贫富差距被突出地表现出来，引起了社会心理的极大忧虑。从根本上说，我国农业的生产力水平低，形成了经济效益的洼地，新兴产业与农业转移劳动力又不相契合，在很大程度上阻碍了共同富裕的实现。这也是新时代我国社会主要矛盾是人民日益增长的美好生活需要和不平衡不充分的发展之间的矛盾的一个反映。

这是目前实现共同富裕在生产领域的重要障碍，解决方法就是真正实现农业现代化。一方面，依靠科技进步。邓小平很早就提出思路："农业现代化不单单是机械化，还包括应用和发展科学技术等。"[①] "将来农业问题的出路，最终要由生物工程来解决，要靠尖

[①] 《邓小平文选》第 2 卷，人民出版社 1994 年版，第 28 页。

端技术。"① 另一方面，通过改革解决"三农"问题中的农业发展问题，尤其是提高其经济效益。如习近平总书记指出的："通过富裕农民、提高农民、扶持农民，让农业经营有效益，让农业成为有奔头的产业，让农民成为体面的职业，让农村成为安居乐业的美丽家园。"② 我国正在实施乡村振兴战略，这是"决胜全面建成小康社会、全面建设社会主义现代化国家的重大历史任务，是新时代'三农'工作的总抓手"③。在五个方面的总要求中，要"以产业兴旺为重点"，"生活富裕为根本"，继续通过改革解放生产力从而实现共同富裕，是我们全面建成小康社会和实现全体人民共同富裕、向社会主义现代化宏伟目标迈进的一个重要着力点。

另一个分配的方面，当年邓小平就考虑到通过税收进行调节和引导，他说："要调节分配，调节税要管这个。"④ "对一部分先富裕起来的个人，也要有一些限制，例如，征收所得税。还有，提倡有的人富裕起来以后，自愿拿出钱来办教育、修路。当然，决不能搞摊派，现在也不宜过多宣传这样的例子，但是应该鼓励。"⑤ 法国经济学家托马斯·皮凯蒂说："税收不是一个技术问题。它很大程度上是一个政治和哲学问题，也许是最重要的政治问题。"⑥ 《中共中央关于全面深化改革若干重大问题的决定》提出："形成合理有序的收入分配格局"⑦，"完善以税收、社会保障、转移支付为主要

---

① 《邓小平文选》第 3 卷，人民出版社 1993 年版，第 275 页。
② 《十八大以来重要文献选编》（上），中央文献出版社 2014 年版，第 678 页。
③ 《中共中央国务院关于实施乡村振兴战略的意见》，人民出版社 2018 年版，第 1 页。
④ 《邓小平年谱（1975—1997）》（下），中央文献出版社 2004 年版，第 1317 页。
⑤ 《邓小平文选》第 3 卷，人民出版社 1993 年版，第 111 页。
⑥ 托马斯·皮凯蒂《21 世纪资本论》，中信出版社 2014 年版，第 507—508 页。
⑦ 《中共中央关于全面深化改革若干重大问题的决定》，人民出版社 2013 年版，第 45 页。

手段的再分配调节机制,加大税收调节力度"①,这应当在实践得到更充分的落实。在全面建成小康社会的基础上,通过加强累进税并以此支撑更为完善的社会保障体系,采取诸如此类的调节收入再分配手段是合理的。这是发挥社会主义优越性的重要手段,也是最终实现共同富裕的重要途径。

小康建设与共同富裕是始终联系在一起的。在一定程度上实现共同富裕是小康建设的奋斗目标,共同富裕伴随小康中国前进的脚步逐步实现,全面建成小康社会是实现共同富裕的必经阶段。这种密不可分的联系在全面小康社会建成之后也不会有所改变,因为共同富裕是社会主义的本质属性,实现共同富裕是我们矢志不渝的现代化目标。世界银行2018年的最新收入分组标准为:人均国民总收入低于995美元为低收入国家,在996美元至3895美元之间为中等偏下收入国家,在3896美元至12055美元之间为中等偏上收入国家,高于12055美元为高收入国家。2020年1月17日,国家统计局发布数据,2019年我国国内生产总值接近100万亿元大关。按年平均汇率折算,人均GDP达10276美元,跨上1万美元台阶。一个拥有14亿人口的大国,实现人均GDP过万美元,这是人类发展史上的重要时刻。数据显示,2018年人均GDP过万美元经济体人口约15亿。中国人均GDP的突破,让全球加入这一行列的人口达到近30亿。全面建成小康社会目标实现之时,中国人民将在全面解决温饱问题的基础上,普遍过上比较殷实富足的生活②,全面建成小康社会标志

---

① 《中共中央关于全面深化改革若干重大问题的决定》,人民出版社2013年版,第46页。
② 中共中央宣传部编:《习近平总书记系列重要讲话读本(2016年版)》,学习出版社、人民出版社2016年版,第55页。

着我国从中等收入国家向高收入国家发展迈出坚实步伐,由此也为到21世纪中叶"全体人民共同富裕基本实现"奠定了牢固基础。

党的十九大,不仅为我们在全面建成小康社会的决胜期以及建成之后30年对实现共同富裕的追求擘画了战略蓝图,更取得了极其重要的理论成果,这就是习近平新时代中国特色社会主义思想。

实现民族复兴的行动指南

党的十九大提出:"党的十八大以来,以习近平同志为主要代表的中国共产党人,顺应时代发展,从理论和实践结合上系统回答了新时代坚持和发展什么样的中国特色社会主义、怎样坚持和发展中国特色社会主义这个重大时代课题,创立了习近平新时代中国特色社会主义思想。习近平新时代中国特色社会主义思想是对马克思列宁主义、毛泽东思想、邓小平理论、'三个代表'重要思想、科学发展观的继承和发展,是马克思主义中国化最新成果,是党和人民实践经验和集体智慧的结晶,是中国特色社会主义理论体系的重要组成部分,是全党全国人民为实现中华民族伟大复兴而奋斗的行动指南,必须长期坚持并不断发展。"[1] 习近平新时代中国特色社会主义思想在十九大确立为党的指导思想并写入党章,在第十三届全国人大一次会议载入宪法,是新时代党的思想旗帜,是国家政治生活和社会生活的根本指针。

马克思曾说:"理论只要说服人,就能掌握群众;而理论只要彻底,就能说服人。"[2] 作为当代中国的马克思主义、21世纪的马克思主义,习近平新时代中国特色社会主义思想运用马克思主义立场观点方法,立足全新的时代条件,总结创新的实践经验,提出一系列崭新的思想观点论断,构建起严整而开放的理论体系。其核心内容是"八个明确"和"十四个坚持"。"八个明确"中,最为重要的

---

[1] 《中国共产党第十九次全国代表大会文件汇编》,人民出版社2017年版,第103页。
[2] 《马克思恩格斯选集》第1卷,人民出版社2012年版,第9—10页。

是明确坚持和发展中国特色社会主义，提出总任务是实现社会主义现代化和中华民族伟大复兴，做出了在全面建成小康社会的基础上，从2020年到20世纪中叶分两步走建成富强民主文明和谐美丽的社会主义现代化强国战略安排。这是党和国家新的战略目标，落实到实践中，无论在广度还是在深度上，都将是一场更广泛、更深刻的革命。

回顾40多年小康建设的历程，我们发现，要真正贯彻落实习近平新时代中国特色社会主义思想，全面建成小康社会，并在此基础上继续前进，实现社会主义现代化和中华民族伟大复兴，首先要做的就是坚持中国特色社会主义，并传承发展改革精神。

习近平总书记指出："中国特色社会主义是中国共产党和中国人民团结的旗帜、奋进的旗帜、胜利的旗帜。我们要全面建成小康社会、加快推进社会主义现代化、实现中华民族伟大复兴，必须始终高举中国特色社会主义伟大旗帜，坚定不移坚持和发展中国特色社会主义。"[①] 中国特色社会主义是中国共产党领导人民历经千辛万苦，付出巨大代价，经过长期艰辛探索开辟出来的。在党的十二大开幕词中，邓小平正式提出"走自己的道路，建设有中国特色的社会主义"，在"南方谈话"中他说："基本路线要管一百年，动摇不得。只有坚持这条路线，人民才会相信你，拥护你。"党的十八大报告指出："回首近代以来中国波澜壮阔的历史，展望中华民族充满希望的未来，我们得出一个坚定的结论：全面建成小康社会，加快推进社会主义现代化，实现中华民族伟大复兴，必须坚定不移走中国特色社会主义道路。"习近平总书记在中国共产党成立95周年之际提出："我们要坚信，中国特色社会主义道路是实现社会主

---

① 《十八大以来重要文献选编》（上），中央文献出版社2014年版，第74页。

义现代化的必由之路,是创造人民美好生活的必由之路。"

我们必须深刻认识中国特色社会主义的唯一性。中国特色社会主义之所以正确,之所以能够引领中国发展进步,在于其既坚持了科学社会主义的基本原则,又根据我国实际和时代特征赋予自身鲜明的中国特色。在当代中国,坚持中国特色社会主义,就是真正坚持社会主义。中国特色社会主义之所以正确,还在于其经受了长期实践的检验。实践是检验思想理论是否科学的标准,也是衡量社会道路是否正确的尺度。中国共产党90多年艰苦卓绝的奋斗,新中国70多年翻天覆地的变化,改革开放、小康建设40多年举世瞩目的成就,都验证了中国特色社会主义的强大生命力和巨大优越性。

对中国特色社会主义,"必须倍加珍惜、始终坚持、不断发展"[1]。40多年来,我们坚定不移地坚持中国特色社会主义,坚持不懈地进行改革开放和小康社会建设,从而在根本上改变了中国人民和中华民族的前途命运。同时,随着社会主义现代化事业继续全面快速发展,中国共产党对中国特色社会主义发展规律的认识,同提出这个命题时相比,大大地深化了。习近平总书记指出:"纵观世界,变革是大势所趋、人心所向,是浩浩荡荡的历史潮流,顺之则昌、逆之则亡。领导我们这样前无古人、世所罕见的伟大事业,最要不得的是思想僵化、故步自封。我们既不能因为改革发展取得的成绩、得到的赞扬而骄傲自满,更不能躺在前人的功劳簿上睡大觉。"[2] 我们要继续深化对中国特色社会主义的研究,快速展开对全面小康中国的探索,努力使中国特色社会主义道路越走越宽广。

2019年,十九届四中全会再次强调:"全面建成小康社会,必

---

[1] 《习近平谈治国理政》,外文出版社2014年版,第6页。
[2] 《习近平关于全面深化改革论述摘编》,中央文献出版社2014年版,第11页。

须以更大的政治勇气和智慧，不失时机深化重要领域改革，坚决破除一切妨碍科学发展的思想观念和体制机制弊端。"①创造美好未来，需要不断解放思想，与时俱进，开拓创新。"南方谈话"中讲道："社会主义基本制度确立以后，还要从根本上改变束缚生产力发展的经济体制，建立起充满生机和活力的社会主义经济体制，促进生产力的发展，这是改革，所以改革也是解放生产力。"②来时路，我们用改革的办法解决了党和国家事业发展中的一系列问题。征途中，在认识世界和改造世界的过程中，又会不断产生新的问题，道路、理论、制度，甚至文化都需要不断发展完善，所以"改革既不可能一蹴而就、也不可能一劳永逸"③。今天，全面深化改革方兴未艾，其目的是"不断推进我国社会主义制度自我完善和发展，赋予社会主义新的生机活力"④。时代的重任迫切地要求我们，切实通过全面深化改革，不断发展中国特色社会主义。不管是全面小康社会的建成，还是在此基础上向社会主义现代化的迈进，包括一系列的具体工作，每一个方面都面临着艰巨的发展和改革任务。全面深化改革，就是要在中国特色社会主义道路的根本方向指引下，对中国特色社会主义进行完善和发展。坚定道路自信，绝不是故步自封，而是要不断革除体制机制弊端，使我们的理念与时俱进，使我们的制度日趋成熟，确保中国特色社会主义道路走得宽广、长远。我们必须在体现时代性、把握规律性、富于创造性的基础上，以更大的政治勇气和智慧，不断推进改革、深化改革，破除现实存在的与五大发展理念相违背

---

① 《中共中央关于坚持和完善中国特色社会主义制度 推进国家治理体系和治理能力现代化若干重大问题的决定》，人民出版社2019年版，第47页。
② 《邓小平文选》第3卷，人民出版社1993年版，第370页。
③ 《习近平关于全面深化改革论述摘编》，中央文献出版社2014年版，第8页。
④ 《习近平关于全面深化改革论述摘编》，中央文献出版社2014年版，第18页。

的思想观念误区和体制机制障碍。习近平总书记指出："今后，我们要坚持走这条正确道路，这是强国之路、富民之路。我们不仅要坚定不移走下去，而且要有新举措，上新水平。"①要有新举措，上新水平，就必然要求进一步的全面深化改革。

"小康"目标的提出是实事求是的成果，要在眼前完成全面建成小康社会的历史使命，要在未来的激烈竞争中取得优势，我们依然要牢牢抓住"实事求是"这个传家宝。要清醒认识当今世界和当代中国发展的大势，全面把握我国发展的新要求和人民群众的新期待，从纷繁复杂的事物表象中把准改革脉搏，把握全面深化改革的内在规律，创造性地运用规律来指导研究和解决我国改革开放和社会主义现代化建设中的重大问题，使我们的思想和行动更加符合客观实际，更加符合社会主义初级阶段的国情和时代发展的要求，更加符合人民群众的愿望和利益。

坚持中国特色社会主义是做好一切工作的前提，全面深化改革是关系党和国家事业发展全局的重大战略部署，实现二者的有机结合、良性互动，是政治性很强的工作任务，也是坚定不移走中国特色社会主义道路在当今时代的必然要求。只有在正确的方向引领下，通过全面深化改革，不断拓展中国特色社会主义，才能抓住难得的历史机遇，激发我国经济社会发展的生机和活力，增强我国的发展后劲，抢占未来发展制高点，在激烈的国际竞争中赢得主动；才能逐步解决我国发展过程中的深层次矛盾和问题，有效应对各方面的风险和挑战，彰显中国特色社会主义的制度优势，促进经济社会持续健康发展；才能克服前进道路上的艰难险阻，取得全面建成小康社会的最终胜利，真正实现社会主义现代化和民族复兴的宏伟目标。

---

① 《习近平关于全面深化改革论述摘编》，中央文献出版社2014年版，第2—3页。

小康的真谛

2020年,"我们将全面建成小康社会,实现第一个百年奋斗目标"[①]。全面建成小康社会的如期实现,将为到新中国成立一百年时把我国建设成为社会主义现代化强国奠定牢固的基础,将为开启全面建设社会主义现代化国家新征程打开明亮的前进路线,也将进一步激发和汇聚实现中华民族伟大复兴的磅礴力量。

从1979年提出"小康"目标,到2020年全面建成小康社会,我们走过了40多年的历程。抚今追昔,在这样的重要历史结点,我们不禁会想:"小康",到底是什么?

"小康",原本是现代化的发展目标。

无论是最初作为"中国式的现代化"的小康目标、80年代中期的小康社会、20世纪末的总体小康,还是新世纪的全面建设小康社会、如今的全面建成小康社会,都是为我国在不同时期规定的发展目标。

纵观全局,中国实现社会主义现代化的伟大征程,如同一场漫长艰苦、环境复杂、竞争激烈的马拉松比赛,为了民族和文明的存续与繁荣,我们不仅要跑到终点,更要以最好的成绩完成历史使命。在现实中,世界顶级的马拉松选手都会针对比赛中的不同阶段制定不同的运动策略。可想而知,要制定这样的策略必须始终贯彻实事求是的精神,运用科学严谨的方法,采用清晰可靠的表述,并根据环境变化和最新进展不断进行调整矫正。

[①] 习近平:《二〇二〇年新年贺词》,新华社2019年12月31日电。

历史上，我们曾经犯过刚离开起跑线就采用百米冲刺的错误。痛定思痛，我们终于提出了既符合我国客观实际又能充分调动全国人民的主观能动性，既避免了急躁冒进又富有竞争力的发展目标，并由此扩展，完成了务实、有效、系统、开放、清晰、详细、动态、全面的发展战略。这，是"小康"的本意。

"小康"，已经逐步成为真实存在的中国社会状态。

中国找到了小康，正确的发展目标和发展战略得以制定，与实践的完美结合则使其发生了质的飞跃，从而诞生了小康中国的奇迹。在中国共产党的正确领导下，全国各族人民通过艰苦的劳动，使"小康"由理论上的发展目标转化为广泛深刻的社会实践，并最终成为活生生的社会现实。

中国共产党的领导是中国特色社会主义最本质的特征，是中国特色社会主义制度的最大优势。中国共产党是小康建设事业的领导核心，是在前进过程中总揽全局、协调各方、战胜一切困难和风险的"定海神针"。坚持党的领导，是做好国家各项工作的根本保证，是小康建设成功的命脉所在，也是全国各族人民的利益所在、幸福所在。

"人世间的美好梦想，只有通过诚实劳动才能实现"，"人民创造历史，劳动开创未来，劳动是推动人类社会进步的根本力量"。在"奔小康"的拼搏中，我国亿万劳动者焕发出惊天动地的磅礴力量。是劳动人民的智慧，为小康社会注入源源不竭的创意；是劳动人民的双手，为小康建设提供澎湃无尽的动力。再前进，我们依然必须紧紧依靠人民，凝聚人民群众的力量，认真为人民群众谋取幸福，把人民群众对美好生活的向往作为一切工作的奋斗目标，让人民群众共享发展成果，拥有更多的获得感。

"小康"是实实在在的，因为它是我们用实干创造出来的。那么，它究竟是一种什么样的社会状态呢？概括地说，是一个中间状态。

"小康"，是中华文明由农耕文明向工业文明转化的中间状态。

看着英国曼彻斯特工业革命博物馆中那些略显简陋的机械，人们也许很难想象就是它们改变了世界文明的版图。中华文明曾经是世界的领先者，到清朝乾隆末年，中国经济总量还居世界第一，人口占世界三分之一。然而当大清王朝沉湎于康乾盛世的繁荣之时，西方开始了工业革命，各主要国家大约用了200年的时间先后完成了工业化，世界文明的中心转移到欧洲。经过20世纪的两次世界大战，美国跃居西方乃至全世界的领先地位，并延续至今。

中国人曾经奋起直追，然而在那个半殖民地半封建的、分裂的中国，无数珍贵的梦想都幻灭了。中华人民共和国的建立，才为民富国强的现代化梦想奠定了必要的政治条件和经济基础。小康社会的建设，充分利用新中国前30年打下的基础，把中国工业化进程与世界现代化发展进程联系起来，把经济社会的发展与人民改善生活的愿望统一起来，充分解放和发展生产力，跟上世界科技和经济发展的时代步伐，创造了一个跨越初级工业化、迈向现代化的新的历史起点。"小康"，使中国在初步工业化基础上，实现了对西方工业化200年历程的赶超，中华文明已经逐步追赶上世界文明的步伐，开始向领先迈进。

小康中国，也以其辉煌的成就向全世界展示了社会主义制度的优越性和不可战胜性。20世纪，社会主义作为一种新兴的社会制度从理论走向实践，整个世界一度形成社会主义和资本主义两大阵营。到90年代，以苏联为首的许多社会主义国家放弃了社会主义，国际共产主义运动陷入低潮。西方的预言家们公然宣称，社会主义将彻底走向失败。而同一个历史时期，中国共产党领导的中国小康建设以无可辩驳的事实证明，社会主义不仅没有失败，反而显示出强大的生命力和创造力，昭示了人类社会的美好前景。

不过，辉煌的"小康"依然只是中国特色社会主义的初级阶段，是中国社会由农业社会向工业社会转型的过渡性社会形态，是中华文明由农业文明向工业文明转化过程中，由自身的历史条件和社会特点所决定而必经的一个特殊状态。根据十九大绘就的蓝图，到2035年，我国将"基本实现社会主义现代化"；到21世纪中叶，我国将"建成富强民主文明和谐美丽的社会主义现代化强国"，"成为综合国力和国际影响力领先的国家"，也就意味着中华文明将真正进入领先的工业文明的现代化状态，这是小康中国的壮丽未来。

"小康"，是中国人民生活不穷不富、日子好过的中间状态。

在中国传统观念里，"小康之家"是生活宽裕、安定的象征，古人曾经孕育了很多相关的美丽梦想。然而，世外桃源只是乌托邦般的幻想。即使在短暂的古代"盛世"，大量无地和少地农民也难得温饱，隐藏着下一轮社会危机的病灶。唐代诗人李绅哀叹："春种一粒粟，秋收万颗子。四海无闲田，农夫犹饿死。"中国几千年的历史，灾荒饥馑、农民起义、朝代更迭不断上演。而如今谈起中国人民生活自"小康"目标诞生以来的变迁，"从吃不饱到怕吃饱""以前单车骑不上现在汽车停不下"是最形象的描述。

现代化不可能建筑在短缺经济的基础上，"小康"引领中国告别了短缺，从而超越了温饱不足的几千年文明。小康建设，通过不断解放和发展生产力，全面促进社会进步，使14亿人民解决温饱、摆脱贫穷、走向富足。全面建成小康社会，意味着全体中国人民的衣食住行得到全面提升，就业、教育、医疗等基本需求得到解决，根本利益得到切实保障。困扰中华民族几千年的绝对贫困问题得到历史性的解决，中华文明从此走出贫穷、短缺的不发达泥潭，向着一个更高的现代文明阶段昂首前进！

同时应该看到，中国人民的小康生活与西方发达国家的生活水平还存在明显的差距，虽然日子比以前好过多了，但仍处于不穷不富的中间状态。我们的发展中出现了经济发展不平衡、收入差距较大、生态环境恶化等问题，当前全面建成小康社会的主要任务就是补齐发展中出现的不平衡、不协调、不可持续的短板。即使全面建成小康社会的整体目标实现了，这也是对全国而言，并不是说不同地区、不同人群都达到了全面小康水平。针对现实，各地区各群体要根据自身实际情况完成既定的目标任务，绝不能搞"数字小康"，弄虚作假。着眼未来，我们要顺应人民过上更好生活的新期待，继续谋取更大的发展，并使发展成果最大限度地惠及全体人民，朝着共同富裕的正确方向扎实前进。

"小康"，是充实的过去，奋斗的现在，坚实的起点。

回首过去，千回百转地追寻探索，千锤万凿地攻坚克难，40多年小康建设的艰苦历程，是我们无比珍贵的共同财富。这座巨大、厚重且含金量极高的宝藏，尚需要我们去认真开采，细致提炼，打造出更加璀璨的精品成果。

着眼现实，全面建成小康社会，表明中华民族自古以来孜孜以求的社会理想在当代中国变为现实，这是浓墨重彩的一个篇章。我们不可以有丝毫的倦怠，要把这个篇章的尾声用心写好，真正做到经得起人民考问，经得起历史检验。

展望未来，在全面建成小康社会的基础上，我们继续前进的目标十分清晰。我们要始终坚持一路走来的正确经验，坚决革除已经发现的顽瘴痼疾，到 2035 年基本实现社会主义现代化，本世纪中叶把我国建成富强民主文明和谐美丽的社会主义现代化强国。到那时，"我国人民将享有更加幸福安康的生活，中华民族将以更加昂扬的姿态屹立于世界民族之林"。

走过"小康"，我们跨过了现代化必经的承上启下的重要阶段；立足"小康"，我们拥有了伟大复兴必备的物质精神的牢固基础；从"小康"再出发，我们充满了向前迈进必需的初心不改的坚定信念！